FLENSBURGER HEFTE

Strafprozeß
Strafvollzug
Resozialisierung

Die Mauern müssen weg!

Wegen verschiedener Engpässe in unserem Verlag mußten wir, liebe LeserInnen, kurzfristig umdisponieren: das als Sonderheft Nr.6 vorgesehene Heft über "Strafprozeß - Strafvollzug - Resozialisierung" erscheint nun als das vorliegende Heft 27. Auch weitere Projekte unseres Verlages sind noch nicht erschienen, zum Beispiel kann das schon mehrfach angekündigte Sonderheft Nr.5, "Volkssouveränität - Demokratie - Volksgesetzgebung", erst Anfang 1990 erscheinen, weil wegen der brisanten Entwicklung in der DDR noch ein Entwicklungsschritt abgewartet und beschrieben werden muß, der unbedingt zu dem Gesamtkomplex des Themas dazugehört. —

Mit dem vorliegenden Heft wenden wir uns einer Gruppe von Menschen zu, die man gerne vergißt: den sogenannten Kriminellen. Das Heft ist nach den drei Bereichen Strafprozeß, Strafvollzug und Resozialisierung gegliedert und zeigt, wie Menschen in unterschiedlichsten Positionen mit ihrem ganzen Leben und Wirken dafür eintreten, Mauern zwischen den sogenannten Kriminellen und dem Rest der Welt durchlässiger zu machen, denn die Verbindungen zwischen denjenigen, die hinter den Mauern isoliert werden und denjenigen, die von ihnen unberührt diesseits der Mauern ihrer Wege gehen, sind enger als manch einer sich eingestehen möchte. —

Auch die Menschen jenseits *der* Mauer, die jetzt zunehmend zerbröselt, brauchen unsere Hilfe. Seit 2.1/2 Jahren bemühen wir uns, den Menschen in der DDR durch die FLENSBURGER HEFTE anthroposophische Literatur in die geistige Einöde zu senden. Mehrere tausend FLENSBURGER HEFTE haben wir bereits erfolgreich hinüberschicken können. Unter ihnen sind auch mehr als hundert Geschenkabos für DDR-BürgerInnen, bezahlt von LeserInnen der FLENSBURGER HEFTE. Die Reaktionen und zahlreichen Briefe, die wir von den LeserInnen aus der DDR erhalten haben, sprechen eine Sprache - voller Dankbarkeit und Wissensdurst -, wie wir sie in unserem Lande kaum noch kennen. Bitte helfen auch Sie mit, indem Sie ebenfalls ein DDR-Geschenkabo der FLENSBURGER HEFTE übernehmen (Bestellzettel liegt bei); wir besorgen die Empfängeradressen und vermitteln den Kontakt.

Aber auch sämtliche andere Literatur wird in der DDR dringend benötigt. Stefan Schulze aus Leipzig, Mitglied des Neuen Forums und Inaugurator eines biologisch-dynamischen Gärtnerhofes, ist von allen anthroposophischen Initiativen zum "Literaturbeschaffer" ernannt worden. Er koordiniert und verteilt die Buchsendungen, die bei ihm eingehen. Besonders gefragt sind die Werke Rudolf Steiners, aber auch sämtliche anthroposophische Sekundärliteratur, ferner alle Bücher, die man bisher in der DDR nicht erwerben konnte; neu oder gebraucht! Bitte beachten Sie die jeweiligen Zollbestimmungen! Anthroposophische Literatur kann man aber seit zwei Jahren ohne Schwierigkeiten über die Grenze schicken. Denken Sie an die vielen offenen Ohren und Augen in der jetzt erwachenden DDR. — Ihre Buchsendung schicken Sie bitte direkt an: Stefan Schulze, Walter-Heise-Str. 2, DDR-7050 Leipzig.

Zur Übernahme eines DDR-Abos wenden Sie sich bitte an uns: FLENSBURGER HEFTE Verlag, Holm 64, D-2390 Flensburg.

Immer wieder strecke ich meine Hand aus

INTERVIEW MIT DR. ERNST-MARTIN KRAUSS

von Arfst Wagner und Wolfgang Weirauch

Dr. Ernst-Martin Krauss, *geboren 1935, verheiratet, drei Kinder; Strafrichter am schleswig-holsteinischen Oberlandesgericht in Schleswig; Fortbildungsreferent für Richter in Schleswig-Holstein; zahlreiche, insbesondere juristische Vorträge mit geisteswissenschaftlichem Hintergrund; seit langem beschäftigt mit Malen, Arbeit an Märchen und psychoanalytischen Fragen.*

Wir leben in einer Zeit, in der unsere sozialen Zusammenhänge noch so beschaffen sind, daß derjenige, der gegen die von der Gemeinschaft entworfenen bzw. in ihr geltenden Rechte verstößt, entsprechend seiner Tat bestraft wird. Wie unterschiedlich die Gesetze in den einzelnen Staaten sind, zeigt ein Blick in die verschiedenen Kulturen; wie schnell sich das Rechtsgefühl der Menschen ändert, eröffnet ein kurzer Vergleich der heutigen Rechtsprechung mit der vor einigen hundert Jahren. Die Todesstrafe - vor wenigen Jahrhunderten weltweit noch selbstverständlich - wird zunehmend hinterfragt und abgeschafft. Die Blutrache, an der um 1900 in Albanien noch 25 % der Gesamtbevölkerung starben, erweckt heutzutage für fortschrittliche Gemüter bereits den Eindruck eines finsteren verabscheuungswürdigen Reliktes aus grauen Vorzeiten.

Aber die Entwicklung wird weitergehen! Rechtsleben entspringt aus dem Gefühl, dem sozialen Mit- und Gegeneinander der Menschen und manifestiert sich durch demokratische Mehrheitsbeschlüsse, zum Beispiel durch Volksentscheide bzw. durch parlamentarische Beschlüsse. Im Zuge der weltweiten Demokratiebewegung, die in diesem Jahr 1989 ganz neue Dimensionen angenommen hat, ist es nicht ausgeschlossen, daß wir über kurz oder lang zu ganz neuen Formen des menschlichen Miteinanders kommen könnten.

Der Richter aber, als unabhängige Persönlichkeit, steht in der Situation, sich an die jeweils geltenden Rechte halten zu müssen, bei allem Ermessensspielraum, der ihm obliegt, bei aller Entscheidungsfreiheit, die ihn quasi zu einem Erzieher machen könnte, wenn er sein Amt wirklich mit heilenden Kräften durchdringen will. Und an dieser Stelle ergeben sich die Fragen, die die Menschen auf Zukunft gesehen verstärkt stellen werden, wenn sie sich für den Bereich des Schuldigwerdens und der Strafe sensibilisieren.

Wenn der Mensch eine Straftat begeht, ist dies dann wirklich allein seine Schuld, oder sind wir alle - das soziale Umfeld - mitschuldig? Kann ein Mensch bestraft werden, wenn diese Frage offenbleibt? Welchen Sinn hat die Strafe überhaupt, und ist es nicht bereits antiquiert, die Strafe automatisch mit dem Freiheitsentzug zu verknüpfen? Ist es ohne Frage hinzunehmen, daß ein Richter einen Straftäter verurteilt, weil unser Rechtsstaat entsprechend eingerichtet worden ist? Wie steht es dabei mit der Strafzumessung und den vielen Faktoren, die diese beeinflussen? Hat ein Mensch überhaupt das Recht, über einen anderen Menschen zu Gericht zu sitzen, macht er sich dabei selber schuldig, und welche karmischen Verbindungen ergeben sich dadurch? Ist es uns möglich, eine christliche Welt vorzustellen, in der die Menschen so miteinander umgehen, daß keiner mehr an dem anderen schuldig wird und niemand mehr durch einen anderen verurteilt und gerichtet wird?

Diese Fragen eröffnen weite Perspektiven, rühren an den Grundnerv allen menschlichen Zusammenlebens, besonders an die scheinbar so unantastbare Position des Richters. Ernst-Martin Krauss, Richter am Oberlandesgericht in Schleswig, hat versucht, diese Fragen zu beantworten, denn es sind auch seine Fragen, weil sie ihn zeitlebens in der Praxis seines Berufes beschäftigen.

Wolfgang Weirauch: Welcher Unterschied besteht zwischen dem alten Strafgesetzbuch und dem neuen seit der Reform von 1969 und 1975/76?

Ernst-Martin Krauss: Die Geschichte der Strafrechtsnovellen ist sehr kompliziert und müßte außerordentlich differenziert dargestellt werden. Allgemein kann man aber sagen, daß wir in früheren Jahrhunderten vornehmlich den Körper des Menschen bestraft haben, und zwar Körperstrafen bis einschließlich der Todesstrafe. Erst vom 18. Jahrhundert an wurde im deutschen Raum nicht mehr die Prügelstrafe vergeben. Allerdings wird die Prügelstrafe noch heute in den islamischen Regionen häufig angewandt.

Die Fliegen tummelten sich im Blut

Ich las zum Beispiel neulich einen gräßlichen Bericht darüber, wie in einem islamischen Land ein Mann in einem Stadion mit tausenden von Zuschauern öffentlich ausgepeitscht wurde. In einem anderen Bericht wurde beschrieben, wie drei Männer, die eine Frau vergewaltigt hatten, öffentlich gesteinigt wurden. Der Bericht schilderte in drastischen Farben, wie dem einen der drei der Angstschweiß auf dem Gesicht stand, als die Polizisten vor seiner Haustür erschienen, wie alle drei bis zu den Hüften eingebuddelt wurden und wie der Journalist dann nach der Steinigung in das Dorf kam und die drei Leichen - mit den Beinen noch in der Erde - erblickte: sie lagen flach auf dem Boden, Fliegen tummelten sich in den Blutstellen und Kinder spielten um die Leichen herum.

Vierteilung des Königsmörders J. Clement, Paris 1589; zeitgenössischer Kupferstich

Diese Körperstrafen sind also heute noch in anderen Kulturen üblich, werden aber im deutschsprachigen Raum seit dem 18. Jahrhundert als Justizstrafe nicht mehr angewandt. Aber da es noch gar nicht so lange her ist, daß wir Deutschen die Prügelstrafe als Strafrichter anwandten, sitzt sie noch sehr drastisch in unseren Knochen. Es ist keineswegs so, daß wir dieses Bedürfnis, das früher offensichtlich vorhanden gewesen ist, aus unseren Seelen und Gedanken völlig eliminiert hätten. Die Katharsis ist nicht durchgemacht worden, und die Neigung, körperlich zu züchtigen - bis hin zur Todesstrafe - schwelt untergründig weiter. Das sieht man auch daran, wie schwer wir Eltern uns tun, wenn eines unserer Kinder zum wiederholten Male etwas Ungezogenes getan hat und wir ihm am liebsten eine Ohrfeige geben würden. Anhand dieses Beispieles kann man bei sich selbst wahrnehmen, wie tief dieses Bedürfnis, den anderen körperlich zu traktieren, noch in uns drin sitzt. In meiner Volksschulzeit habe ich es sogar noch selbst erfahren müssen, Schläge mit einem Reetstock auf die Hand zu bekommen.

In der Bundesrepublik Deutschland gibt es keine Prügelstrafe und auch keine Todesstrafe mehr, aber die Diskussion über die Todesstrafe kommt zu bestimmten Zeiten

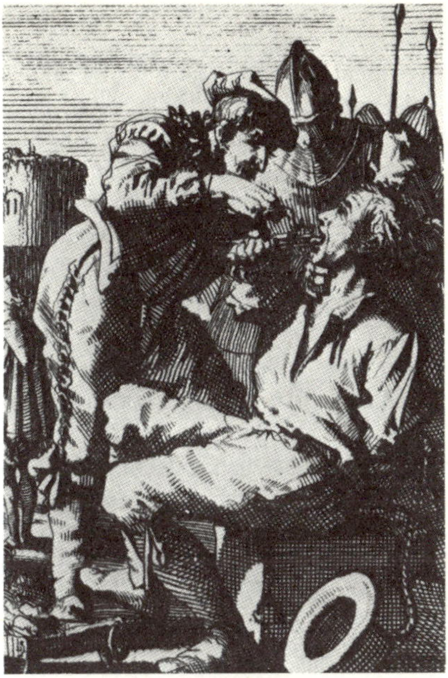

Zungenausreißen
Ausschnitt aus einem Kupferstich in der "Schaubühne der Martyrer" von Johann Luyken, Leyden 1700

Prügelstrafe, Stock und Halsgeige; 18. Jhdt.

immer wieder in Gange. Auch diese Diskussion macht es deutlich, daß wir das Problem der körperlichen Züchtigung bzw. Bestrafung noch nicht überwunden haben. Ferner kommt noch ein weiteres hinzu: Auch ansonsten haben wir den Körper nicht aus unserem Strafinteresse herausgenommen, denn wenn jemand eingesperrt wird, sperren wir in erster Linie den Körper ein, zumindest ist dieses für den jeweils Betreffenden entsprechend fühlbar. Daß in diesem Körper auch die Seele und der Geist enthalten sind, ist zwar auch wahr, aber der gewöhnliche Gefangene wird vor allem die körperliche Gefangensetzung als ein besonderes Übel empfinden. Auch insofern sind wir vom körperlichen Strafen nicht sehr weit entfernt. Aber immerhin haben wir die gröbsten körperlichen Strafen in unserem Strafalltag abgeschafft. Nur am Rande sei bemerkt, daß es noch vor kurzem einen Staatsanwalt gegeben hat, welcher dann auch später verurteilt worden ist, der Jugendliche, die er zu ermahnen hatte, vor die Alternative gestellt hat, die vom Gesetz vorgesehene Strafe zu bekommen oder einige Hiebe mit dem Reetstock auf den Allerwertesten. Letzteres hat er dann auch tatsächlich in einigen Fällen in seinem Dienstzimmer vollzogen.

"Wir haben noch nicht begriffen, daß der Körper kein seelenloses Ding ist"

Wir haben nun heutzutage die Bestrafung weitgehend vom Körperlichen auf das Seelische verlagert; daraus möchte ich allerdings nicht den Schluß ziehen, daß es keine Bedeutung für das Seelisch-Geistige hatte, wenn wir den Körper bestraft haben.

Aber rein faktisch ist es so, daß die Bestrafung mehr auf die seelische Ebene gebracht worden ist. Das Übel, das ihm durch ein Strafgericht zugefügt wird, wirkt sich für den Bestraften weitgehend seelisch aus, selbst wenn er nicht ins Gefängnis muß und nur eine Bewährungsstrafe, Geldstrafe oder sonstige Auflagen erhält. Allein die Tatsache, daß er in einem Strafregister verzeichnet wird, empfindet er als eine seelische Belastung.

W.W.: Warum wurde denn in früheren Zeiten zunächst der Körper bestraft?

E.-M. Krauss: Das ist eine sehr wichtige Frage. Nach meinem Verständnis steht hinter den früheren Praktiken, die sich ja, wie gesagt, bis in unsere Tage zum Teil erstrecken, unsere Unfähigkeit, Geistiges wirklich zu erfassen. Wir haben nicht begriffen, daß der Körper kein seelen- und geistloses Ding ist. Er ist nun aber in Wirklichkeit Ausdruck der Seele und des Geistes. Ähnlich ist es aber auch heutzutage, wenn wir bei unseren Straftätern ihr Seelisches traktieren, denn auch in diesem Zusammenhang haben wir eigentlich nicht begriffen, was das Seelische bzw. Geistige wirklich ist. Und man kann die gesamte Frage des Sinns des Strafens nur dann angehen, wenn man sich diese Frage wirklich beantwortet. Und dazu gehört, daß ich mir weitgehende Klarheit darüber verschaffe, was Karma und Reinkarnation wirklich bedeuten, denn ohne den Reinkarnationsgedanken, der das Geistige überhaupt erst richtig verständlich macht, ist unser menschliches Sein überhaupt nicht erfaßbar. Insbesondere ohne diesen Gedanken ist die Frage des Strafens nicht wirklich zu ergründen, weil ich ohne ihn überhaupt nicht wirklich weiß, warum ich strafe. Wenn das Leben in meiner Vorstellung nur auf eine Inkarnation beschränkt ist, werde ich immer die Neigung haben, zunächst die Gerechtigkeit sichtbar und exemplarisch durchzuführen, und zwar am Körper. Nur wenn ich in der Lage bin, den Reinkarnationsgedanken und den des Karma zu denken - also daß es um Entwicklungen und Zusammenhänge geht -, kann ich verstehen, was ein Ich bedeutet. Nur dann kann ich mit dem anderen Ich, welches für mich ein Du ist, in fruchtbarer Weise umgehen und mich auf einer bestimmten Ebene mit diesem anderen Ich finden.

"In uns schlummert verborgen und unerlöst die Sehnsucht nach dem karmischen Ausgleich"

W.W.: Nun gibt es verschiedene Theorien, zum Beispiel die Vergeltungstheorie, die davon ausgehen, daß die göttliche Ordnung in einer bestimmten Weise verletzt worden ist und durch die Bestrafung des Straftäters wiederhergestellt werden muß, und die davon ausgehen, daß die Strafe einen Wert in sich hat. Zum Beispiel schreibt Kant: "Selbst wenn sich die bürgerliche Gesellschaft mit aller Glieder Einstimmung auflösete (z.B. das eine Insel bewohnende Volk beschlösse auseinander zugehen und sich in alle Welt zu zerstreuen), müßte der letzte im Gefängnis befindliche Mörder vorher hingerichtet werden, damit jedermann das widerfahre, was seine Taten wert sind, und die Blutschuld nicht auf dem Volke hafte, das auf diese Bestrafung nicht gedrungen hat: weil es als Teilnehmer an dieser öffentlichen Verletzung der Gerechtigkeit betrachtet werden kann." (Immanuel Kant, Metaphysik der Sitten, Berlin 1916, S.141)

Darin liegt ja die Tendenz, den Gerechtigkeitsgedanken auf dieses eine Leben zu beschränken, indem man Rache oder Vergeltung ausübt und der Strafe einen Wert in sich beimißt.

Arfst Wagner: Und es liegt zusätzlich eine moralische Verfehlung darinnen, wenn diese Strafe nicht ausgeübt wird.

E.-M. Krauss: Meines Erachtens sieht Kant dies ideell, also nicht unbedingt auf das eine Leben beschränkt. Etwas vom Geistigen hat er also erfaßt. Zwar kenne ich dieses Zitat nicht, aber dahinter steckt für mich die Idee der Gerechtigkeit, und diese Gerechtigkeitsidee - das kann jeder an sich wahrnehmen - ist in uns allen mehr oder weniger enthalten, und sie verlangt nach einer Realisierung. Es fragt sich allerdings nur, auf welche Weise wir die Gerechtigkeit realisieren. Wo ist unser Beitrag und wo sind unsere Beitragsgrenzen? Strafrechtlich könnte man es auch so bezeichnen, daß dahinter ein allgemeines Strafbedürfnis der Menschen steckt. Wenn zum Beispiel ein Mensch einen anderen umgebracht hat, dann ist zunächst in jedem Menschen das Bedürfnis vorhanden, daß diese Tat gesühnt werden muß und daß in sie Gerechtigkeit hineingebracht werden muß.

W.W.: Aber wie steht es mit dem Wert der Strafe in sich, daß also eine Strafe auch dann noch ausgeführt werden muß, selbst wenn sich die gesamte Gesellschaft auflöst?

E.-M. Krauss: Dieses notwendige Vollziehen der Strafe setzt Kant voraus, und daran muß man natürlich ein sehr großes Fragezeichen heften. Aber es geht doch wohl darum, ob man der Gerechtigkeit nicht auf eine ganz andere Weise zur Wirklichkeit verhelfen kann bzw. ob der Gerechtigkeitsgedanke nicht aus seinen bloß irdischen Dimensionen herausgelöst werden muß.

A.W.: Ist es nicht auch ein Schutz vor sich selber, wenn man verlangt, daß eine Strafe vollzogen wird, weil dann stellvertretend der Teil in einem, der Strafen möchte, zurückgedämmt wird?

E.-M. Krauss: Es ist noch gar nicht so lange her, daß der sogenannte Prügelknabe integrierter Bestandteil der damaligen Gesellschaft war. Der Aristokrat wollte zum Beispiel nicht, daß sein Sohn, der etwas Strafwürdiges begangen hatte, von ihm oder einem anderen bestraft wird, aber er hatte trotzdem das Bedürfnis, daß das Unrecht, welches von seinem Sohn ausgegangen ist, irgendwie ausgeglichen werden sollte. Und so hat er zum Beispiel den Sohn des Hausmeisters oder des Fuhrknechtes herbeigerufen, der sich dann bücken mußte und die Hiebe übergebraten bekam, die an sich der eigene Sohn hätte bekommen müssen. Dieses Bedürfnis, Schuld auszugleichen und öffentlich zu demonstrieren, insbesondere den Ausgleich sozusagen materiell sichtbar zu haben, ist in uns Menschen sehr stark vorhanden. Vielleicht könnte man sagen, daß in unserem Bedürfnis nach irdischem Ausgleich verborgen und noch weitgehend unerlöst unsere Sehnsucht nach dem schlummert, was wir karmischen Ausgleich nennen, und das hat ja sehr viel mit dem Christus zu tun.

A.W.: Ich dachte auch an die öffentlichen Hinrichtungen, zu denen Tausende von Menschen eingeladen werden, während dagegen die Hinrichtungen in den westlichen Staaten - soweit sie vorkommen - meist in der verborgensten Kammer vollzogen werden, unter Ausschluß der Öffentlichkeit. Früher dagegen wurde die Bestrafung, wie heute noch in verschiedenen islamischen Ländern, möglichst öffentlich demonstriert. Das hat natürlich die psychologische Wirkung, daß man die anderen Menschen abschreckt.

Der rollende Kopf als echtes Lusterlebnis

E.-M. Krauss: Das wäre der generalpräventive Gedanke, der aber nach weit verbreiteter Meinung der Strafrechtswissenschaft im Grunde keine große Bedeutung hat, weil das abschreckende Moment nicht sehr viel bringt. Ich sehe in diesen öffentlichen Hinrichtungen und Auspeitschungen noch etwas ganz anderes: Ich habe Berichte gelesen, in denen geschildert wurde, wie dann, wenn bei einer öffentlichen Hinrichtung der Kopf gefallen war, ein Aufschrei der Begeisterung durch die Menge ging. Das ist ein echtes Lusterlebnis. Wenn man sich das einmal bildlich vorstellt: der Kopf fällt herunter, das Blut fließt heraus, die Lustempfindung der Menschen steigt auf, dann korrespondiert diese Lustempfindung der Menschen mit dem, was der Täter vorher getan hat, zum Beispiel mit dem Mord an einem anderen Menschen. Die Tatsache, daß der Täter sein Leben lassen muß, empfinden viele Menschen als Lust. Und daran können wir sehen, daß

Enthauptung des Hans Misel 1571 in Warthausen.
Kupferstich in der "Schaubühne der Martyrer" von Johann Luyken, Leyden 1700

in fast allen Menschen eine ungeheure Zerstörungswut vorhanden ist, die die Gerechtigkeitssehnsucht korrumpiert, gegebenenfalls verschüttet. Der Mörder hat diese Zerstörungswut aus sich herausgelassen, während die Massen, die bei einer derartigen öffentlichen Hinrichtung zuschauen und das entsprechende Lustempfinden haben, es genauso herauslassen, wenn auch auf etwas andere Weise. Rudolf Steiner spricht auch von dieser Zerstörungswut, sagt aber, daß diese Zerstörungsherde in uns belassen werden sollten und nicht herausgelassen werden dürften, allerdings auch nicht eleminiert werden sollten, weil diese Zerstörungswut in uns selber eine ganz wichtige Funktion hat (vgl. Rudolf Steiner: Anthroposophie als Kosmosophie; Band 1. GA 207/23.09.1921/S.21 f.). Das eigentlich Schwierige ist, diese Zerstörungswut nicht aus uns herauszusetzen. Man könnte nun diese Zerstörungswut auch mit einem anderen Namen belegen, nämlich mit Vergeltungswut oder Rachsucht. Und dieser Vergeltungsdrang spielt noch heute in unserem Strafrecht - wenn auch nicht expressis verbis - eine große Rolle, zumindest den Fakten nach.

Mit falsch verstandenem Harmoniebedürfnis keine Erlösung der Zerstörungswut des Menschen!

A.W.: Welches sind die Kräfte dieser Zerstörungswut im Inneren des Menschen und warum sind sie dort notwendig?

E.-M. Krauss: Rudolf Steiner sagt, und wir können es, wenn wir unser Denken in Bewegung setzen, erkennen: Die Kräfte der Zerstörungswut und das Leben in Gegensätzen sind für die Entwicklung der Bewußtseinsseele des Menschen fundamental wichtig, und zwar deswegen, weil sich die Bewußtseinsseele dadurch überhaupt erst richtig entwickeln kann (vgl. Rudolf Steiner: Die Verbindung zwischen Lebenden und Toten. GA 168/10.10.1916/S.97 f.). Wir würden unsere Mission in unserem jetzigen Kulturabschnitt völlig verfehlen, wenn wir uns daran machten, diesen Zerstörungsherd in uns zu eliminieren oder aus übergroßem oder falsch verstandenem Harmoniebedürfnis, welches die Konfliktnotwendigkeit gar nicht erfaßt, zu verdrängen. Es ist oftmals eine Verkennung der gegenwärtigen Situation vorhanden, wenn man ein falsch verstandenes Harmoniebedürfnis sucht und jegliche Konflikte meidet. Dann kann sich unsere Bewußtseinsseele, die sich an den Konflikten erst gerade entwickeln und stärken kann, überhaupt nicht richtig bilden.

A.W.: Ist es nicht so, daß dieser Zerstörungsherd im Menschen ihn dazu anregen kann, schöpferisch tätig zu sein?

W.W.: Wenn er diese zerstörerischen Kräfte umwandelt, indem er sie auf Geistiges richtet.

E.-M. Krauss: So würde ich das auch sehen wollen. Das Paradoxe ist, daß dieser Zerstörungsherd bzw. die Kräfte, die von ihm ausgehen, Heilungs- und Befriedungstendenzen inhärent in sich bergen. Durch die Kräfte der Zerstörungswut können wir zu einer bewußten Befriedung und Erlösung der Kräfte des Bösen in uns kommen. Dies wird zum Beispiel in zwei Grimmschen Märchen deutlich dargestellt, zum einen in dem "Bärenhäuter", in welchem geschildert wird, daß der Teufel am Ende dienen muß. Der Bärenhäuter selbst war durch sein Leben hin zunehmend verwahrlost, war aber gut zu den Armen und ließ diese für sich beten, so daß der Teufel - bezwungen - am Ende die Aufgabe bekam, ihn zu reinigen. Das muß man sich einmal vorstellen: der Teufel hat die Aufgabe, uns zu reinigen! Das Dunkle macht rein, das Finstere licht!

Das andere Märchen ist "Der Geist in der Flasche". Da ist es allerdings so, daß der Schüler, der dann später zu einem berühmten Arzt wird, den Geist aus der Flasche herausläßt, mit der Folge, daß dieser (Un)geist - er hatte aber auch sein Gutes, wie man später sehen wird - ihn umbringen will. Der Schüler, wie er zunächst genannt wird, besaß allerdings die Geistesgegenwart, mit dem Geist in der Flasche umzugehen, indem er ihn wieder in die Flasche zurücklockte. Weil der Schüler dann Meister des Geistes wurde, souverän blieb und sich von ihm emanzipierte, war er fähig, letzten Endes einen wesentlichen Beitrag zur Erlösung dieses Geistes zu leisten. Und dann durfte dieser als aus der Verbannung entlassener, als erlöster Geist wiederum aus der Flasche herauskommen. Eine weitere Folge war, daß der inzwischen zum Meister gewordene Schüler die Kraft zum Heilen erworben hatte. Und diese Kraft des Heilens hat er deswegen bekommen, weil er wirklich in Beziehung mit dem Geistigen, Geistesgegenwärtigkeit gelebt hat d.h. das Geistwesen in seinem Verbanntsein erkannt hat. Heiler zu sein, setzt von vornherein eine spirituelle Weltanschauung voraus, sagt Rudolf Steiner (Pastoral-Medizinischer Kurs. GA 318/16.09.1924/S.124).

Vom Sinn des Strafens

W.W.: Ich möchte noch einmal auf die Vergeltungssucht zu sprechen kommen. Zwar ist es so, daß in der Bundesrepublik Deutschland die Vergeltungstheorie zunehmend in den Hintergrund getreten ist und man weitgehend soziale und gesellschaftliche Umstände bei der Bestrafung mit einbezieht, aber tauchen nicht trotzdem umgekehrte Tendenzen erneut auf, zum Beispiel in Bayern, wenn ich allein an das Urteil im Memminger Prozeß denke, aber auch anderswo?

E.-M. Krauss: Vielleicht sollte ich vorwegschicken, was in der heutigen Strafrechtswissenschaft und Strafrechtspraxis als Sinn des Strafens angesehen wird. Selbstverständlich gibt es hier ein ganzes Konglomerat von Gründen des Sinns und Zwecks der Strafe. Im Gesetz selbst ist der Sinn und der Zweck des Strafens nicht mehr umschrieben. Aber wie es in dem kleinen Kommentar von Dreher/Tröndle heißt, läßt das Gesetz Rückschlüsse auf den von ihm gemeinten Sinn und Zweck des Strafens zu. Zum einen wird in § 46 gesagt, daß die Schuld des Täters Grundlage für die Zumessung der Strafe ist, so daß man daraus wohl entnehmen kann, daß der Gesetzgeber zum einen die Schuld des Täters als Grund für ein Strafen ansieht. Ferner wird im § 47 gesagt, daß eine Freiheitsstrafe in bestimmten Fällen nur dann verhängt werden kann, wenn dies zur Einwirkung auf den Täter oder zur Verteidigung der Rechtsordnung unerläßlich ist. Beide Gesichtspunkte können als Aspekte des Sinns und Zwecks des Strafens betrachtet werden.

Ansonsten und allgemein kann man sagen, daß als Sinn des Strafens der Bürgerschutz angesehen wird, das Strafen als Abwehrrecht, die Strafe nur als Demonstration von Normgeltung bzw. als Einübung in Normvertrauen und die Strafe als Resozialisierung. Rudolf Steiner spricht über die Strafe:

"Alles Bestrafen hat nur den Sinn, solche Kräfte in der Seele aufzurufen, daß das Bewußtsein sich auch auf solche Fälle erstreckt, die sonst bewirken, daß das Bewußtsein sich ausschaltet. ... Die einzig mögliche (Theorie, E.-M.K.) findet man nur, wenn man weiß, daß es sich darum handelt, mit der Strafe die Kräfte der Seele so anzuspannen, daß das Bewußtsein sich erweitert über Kreise, über die es sich vorher nicht erstreckt hat." (Rudolf Steiner: Notwendigkeit und Freiheit im Weltgeschehen und im menschlichen Handeln. GA 166/01.02.1916/S.88 f.)

Rudolf Steiner erblickt den Sinn des Strafens im Grunde nur darin, den Täter aufzuwecken. Das ist auch meine Meinung. Wenn man sich zu dieser Auffassung durchringt, bekommt sie aber - wie gesagt - auch nur dann einen Sinn, wenn man den Karma- und Reinkarnationsgedanken mit hinzunimmt, denn ohne ihn wird es nur ein begrenztes Verständnis geben. Fernerhin muß man sich beständig bemühen, das Geistige wirklich zu verstehen. Der Sinn des Strafens hängt also unlöslich, so wird man nun sagen müssen, mit dem Sinn des Menschseins zusammen. Eigentlich kann man den Beruf des Richters und des Staatsanwaltes gar nicht ausüben, wenn man nicht immer wieder die Frage des Sinns des Menschseins bis in die tiefsten Tiefen auslotet und sich von daher erst überhaupt in den Stand versetzt, nicht nur zu einem richtigen Urteilen zu kommen, sondern auch zu einem richtigen Umgang mit dem Angeklagten sowie der Gesellschaft, die unsichtbar in diesem Vorgang anwesend ist. Außerdem - und das muß gerade heute betont werden, weil esw nämlich so gut wie gar nicht geübt wird - kommt es mehr denn je auf den realen und richtigen Umgang mit den geistigen Wesen an, die ebenfalls dabei sind, unsichtbar, aber real.

Der Vergeltungs- und Rachegedanke steckt in uns allen

W.W.: Den Vergeltungsgedanken, wie er neuerdings wieder intendiert wird, haben Sie nicht erwähnt!

E.-M. Krauss: Genau, und das wäre der zweite Teil der Antwort auf Ihre Frage. Dieses Vergeltungsbedürfnis habe ich - offengestanden - bei mir selber immer wieder entdecken müssen, und ich habe es genauso bei meinen Kollegen und sonstigen Prozeßbeteiligten erleben können. Wenn wir es bemerken, schämen wir uns. Aber es steckt noch ganz tief in uns darinnen. Weil es in unseren Knochen steckt, braucht man sich auch nicht zu wundern und auch nicht allzu furchtbar entrüstet zu sein, wenn irgendwelche Strafrechtskommissionen diesem Vergeltungsgedanken, dieser Rachsucht in uns wiederum zu einer Geltung verhelfen wollen. So schrecklich es ist, so möchte ich mich doch auch in diesem Punkt nicht über die anderen erheben, die wiederum entsprechende Tendenzen artikulieren.

Aber es wird viel um diesen Punkt gerungen. Prof. Horst Schüler-Springorum bringt zum Beispiel in der Zeitschrift "Der Strafverteidiger" (6/89, S.262 f.) einen neuen Aufsatz zur "Tatschuld im Strafvollzug" und schildert dort, wie auf einer Sondersitzung im Februar 1987 der Strafvollzugsausschuß der Länder eine Bundesratsinitiative vorbereitet hat, die wieder mehr auf einen Vergeltungs- und Sühnevollzug alter Tage abstellen will. Er schreibt dort: "So war z.B. abgestimmt und angenommen worden, § 3 des Strafvollzugsgesetzes um die Aufgabe zu erweitern, 'die Einsicht des Gefangenen in seine Schuld' zu wecken (= Antrag Baden-Württemberg), und den § 11 Abs. 2 Strafvollzugsgesetz als zusätzlichen Grund für eine Versagung von Vollzugslockerungen aufzunehmen, 'wenn dies wegen der Schwere der Schuld geboten ist' (Antrag Bayern)".

Schüler-Springorum fragt dann, ob dies etwa aus heiterem Himmel käme und legt dann im näheren dar, daß diese "Gegenreform" schon lange von der Rechtsprechung vorbereitet worden sei. Er bringt im weiteren, um die ganze Brisanz zu zeigen, wie weit man diesen Vergeltungsgedanken im Grunde treiben kann, ein Zitat eines Autors namens Funck, welches ich auch noch gerne verlesen möchte: "Am Beispiel der Anstaltspost läßt sich aufzeigen, daß nicht nur schuldadäquate, sondern auch schuldspezifische Vollzugsgestaltung möglich ist. Serienbetrüger oder Wirtschaftskriminelle, die auf Kosten anderer gut gelebt hatten, werden eine dürftige Küche durchaus schmerzlich registrieren. Möglichkeiten der Sühnevermittlung bietet auch die Bequemheit der Ruhestatt. Auch die Temperatur des Wasch- und Duschwassers läßt Spielarten zu. Mit diesem Mittel zu behandeln wären einerseits Brandstifter, andererseits Straftäter, die wegen Entwendung von Brennmaterial oder elektrischer Energie verurteilt sind." (Siehe auch A. Funck: Schuld und Sühne im Strafvollzug, in: ZRP 1985, S.137 f.) Und dann fügt Schüler-Springorum allerdings noch hinzu: "Daß Juristen und Nichtjuristen, Richter, Vollzugspraktiker und Zeitungsredakteure den Spuk (dieses Zitates, E.-M.K.) nicht als solchen durchschauten, sondern für eine bare juristische Neuprägung nahmen, steht auf einem anderen Blatt."

Die NS-Vergangenheit wurde von uns nicht bewältigt

W.W.: Viele Richter waren während der Zeit des Faschismus ein wesentlicher Bestandteil des Naziregimes, saßen aber - genau wie viele Lehrer und Industrielle - sehr bald wieder in der neuen Republik in Amt und Würden! Auf sie wurde der Vergeltungsgedanke kaum angewandt. Macht dieser Faktor nicht den Richterstand völlig unglaubwürdig, da er es nicht geschafft hat, sich aus sich heraus von diesen Kräften und Personen zu reinigen und als Vorbild zu wirken?

E.-M. Krauss: Also zunächst einmal: Der Vergeltungsgedanke sollte heute, jedenfalls in seinem Racheaspekt, aus unserem Denken verschwinden, auch im Hinblick auf NS-Verbrecher. Aber zum anderen muß ich sagen: Wir haben nach 40 Jahren Grundgesetz und nach 40 Jahren scheinbarer Bewältigung der NS-Vergangenheit kaum eine wirkliche Bewältigung zustandegebracht, insbesondere auch nicht innerhalb der Justiz. Das ist nicht nur tief beschämend, sondern vor allem zutiefst beunruhigend. Ich bin der Meinung, daß wir als Gesellschaft - einschließlich der Richter - die NS-Vergangenheit nicht bewältigt haben. Wir haben es nicht fertiggebracht, etwa bevor wir die NS-Verbrecher zu einem Aufwacherlebnis hätten bringen können, uns selbst aufzuwecken. Denn, wenn wir das getan hätten, dann würde die gesamte Problematik der Behandlung der NS-Verbrecher nicht so gelaufen sein, wie sie bisher gelaufen ist. Vielleicht wäre es sogar möglich gewesen, einen Teil von ihnen nicht zu bestrafen; allerdings nicht auf Grundlage derjenigen Scham, die wir heute empfinden, weil wir sie nicht bestraft haben. Denn in diesem anderen Fall hätten wir Richter - und die Gesellschaft als solche - unsere Läuterungsarbeit an uns selber vollzogen haben müssen.

A.W.: Man verfällt dann doch sehr schnell wiederum in die Rachsucht.

E.-M. Krauss: Das ist genau das, worauf ich hinaus will, denn wenn wir nur unsere Vorväter oder die greifbaren Täter an den Pranger stellen wollen und sie beschuldigen, daß sie die einzigen Täter seien, nicht aber wir selbst, dann ist die Bewältigung der Vergangenheit nicht eingetreten. Im Prinzip ist es mit der Nicht-Bewältigung der NS-Vergangenheit auch so gelaufen, und weil wir es nicht wahrhaben wollten, daß wir alle selber mitbeteiligt sind, haben wir sogar noch davon Abstand genommen, die NS-Täter zu bestrafen. Deswegen leite ich zum Beispiel im Herbst ein Seminar in der Akademie Sankelmark mit dem Thema "Die NS-Judikatur und wir". Auf das "Wir" kommt es mir besonders an.

W.W.: Gibt es zum Vorleben der NS-Richter etwas Interessantes anzufügen? In welchem Bewußtsein lebten sie, sind typische Bewußtseinsverdunkelungen festzustellen?

Die gesamte Wesenheit des Richters fließt in das Verhandlungsgeschehen mit ein

E.-M. Krauss: Ich möchte da nicht speziell auf die bewußtseinsmäßigen Hintergründe der NS-Richter eingehen. Viel interessanter ist es, wie es um das Bewußtsein von uns Richtern heute bestellt ist, gerade angesichts der Bewußtseinstrübungen der NS-Richter. Die eigene Bewußtseinsarbeit der Richter, die in ihrem Stellenwert innerhalb der Justiz auch heute noch nicht genügend wahrgenommen ist, wäre vorrangig zu betrachten. Auch hier ist es wiederum so, daß insbesondere in der Strafrechtswissenschaft einiges in Gang gesetzt worden ist. Man hat zum Beispiel erforscht, wie die Gerichtssprache ist, wie der sprachliche Umgang der Kollegen untereinander vollzogen wird sowie der Richter mit den Parteien bzw. Angeklagten; aufgedeckt wird dabei zum Beispiel, wie sich ein hierarchisches Denken bis hinein in die Sprache zeigt.

Meine Richtertätigkeit begann als Gerichtsassessor innerhalb einer Großen Strafkammer in Flensburg, und zu dieser Zeit war es selbstverständlich, daß der Angeklagte, wenn er sprach, aufstehen mußte. Dergleichen hat man meist schon vergessen, denn mittlerweile ist es vollkommen normal, daß der Angeklagte - wie der Richter auch - bei der Verhandlung sitzt. Aber es ist noch gar nicht so lange her, daß der Angeklagte - oftmals stundenlang - während der Verhandlung stehen mußte. Mit diesem kleinen Beispiel möchte ich auch auf das Atmosphärische einer Verhandlung hinweisen. Wie bringe ich es fertig, wirklich sine ira et studio, also ohne Zorn und Eifer, zu verhandeln und ein Urteil zu sprechen? Denn das würde bedeuten, daß ich den Angeklagten nicht als einen schlechteren Menschen betrachte als mich selbst und daß ich einen Verbrecher ganz anders ansehen kann, und zwar so, wie dies Rudolf Steiner in seinem Buch "Wie erlangt man Erkenntnisse der höheren Welten?" erwähnt: daß man einen Verbrecher als einen Menschen ansieht, der vom Schicksal schlechter in das Leben gestellt worden ist als ich selbst. Vielleicht habe ich meine günstigen Voraussetzungen gerade auf seine Kosten bekommen!

Wenn man diese Möglichkeiten latent in seinem Bewußtsein tragen würde und auch während des Studiums auf entsprechend wichtige Fragen hingewiesen worden wäre, wenn diese Fragen sogar geschult würden, dann käme auch in die Richterschaft eine Veränderung des Bewußtseins in bezug auf das Strafen. Ich versuche immer wieder, meinen Kollegen deutlich zu machen, daß wir uns aus dieser Gesamtbetrachtung nicht herausnehmen können, indem wir uns auf unsere Privatperson zurückziehen. Wir Richter sind mit unserer Privatperson in diese Aufgabe hineingestellt, denn letztlich ist es nur der Privatmensch, der als Richter ermöglicht, daß eine Verhandlung geleitet wird und letztlich ein Urteilsspruch herauskommt. Wir können uns mit unserem geistigen Hintergrund als Privatperson nicht mehr ausnehmen.

Meine gesamte Wesenheit fließt in das Verhandlungsgeschehen mit ein: Ob ich zum Beispiel eine überhebliche Verhaltensweise gegenüber Angeklagten allgemein an den Tag lege, ob ich weitere negative Vorurteile habe, zum Beispiel als Mann gegen Frauen. Umgekehrt könnten aber auch Dinge mit einfließen, die dem Täter gegenüber - von der Sache her unberechtigt - günstig sind, zum Beispiel daß ich in einer Verhandlung kurz vor Weihnachten milder gestimmt bin und ihm statt einem Jahr Gefängnis nur sechs Monate gebe, und das noch auf Bewährung. Mitten im Sommer hätte ich ihm vielleicht das eine Jahr gegeben. Diese hidden motivs, versteckten Motive, diese nicht bewußtgemachten Vorurteile und Begünstigungen wirken fast immer von der Persönlichkeit des Richters in die Verhandlung mit ein. Wenn ich mir zum Beispiel meine Geltungssucht, die in mir lauert, nicht bewußtmache, wird sie eine Verhandlung beeinflussen. Daraus wird deutlich, daß die Bewußtseinsarbeit, die ich von einem Richter wünsche, außerordentlich wichtig ist. Das Traurige ist, daß diese Fragen im Studium nicht systematisch geschult werden, im Referendariat spielen sie ebenfalls überhaupt keine Rolle, und dann geht man als Gerichtsassessor - heute nennt man es "Richter auf Probe" - in die Praxis. Man ist aber menschenkundlich, man ist erkenntnismäßig kaum geschult. Auch philosophische Grundlagen spielen nur eine Nebenrolle, weil sie kein Prüfungsfach abgeben. Man ist in vielem, was zum Wichtigsten des Richterberufes gehört, Autodidakt.

W.W.: Ich möchte noch einmal auf die NS-Verbrecher zurückkommen. Wie hätte denn nach Ihrer Ansicht eine Bewältigung dieses Problems durch die Justiz aussehen können?

E.-M. Krauss: Das ist eine schwierige, fast nicht beantwortbare Frage. Denn nur zu sagen: Sie hätten eben alle bestraft werden müssen, ist mir zu platt. Ich möchte da auf das soeben Dargelegte verweisen: Ich denke, daß auch für die Justiz die eigene Erkenntnis-, die eigene Läuterungsarbeit das Allerwichtigste gewesen wäre. Sie ist aber - das ist das Aufregende - leider ausgeblieben.

Aber vielleicht können wir die Frage jetzt auf einer mehr allgemein-strafrechtlichen Ebene diskutieren. Wie ist es möglich gewesen, daß die NS-Verbrechen in der Bundesrepublik Deutschland keinen strafrechtlichen Ausgleich erfahren haben?

Es ist mir schon immer als sehr bedenkenswert erschienen, daß die NS-Verbrecher sowohl vor dem Nazi-Regime als auch danach ein Leben "ehrbarer Bürger" geführt haben, wie viele von uns: angepaßt, unauffällig, arbeitssam und familiär. Hinter diesem Phänomen steht doch eine sehr tiefgreifende Frage. Ich darf, um mich an diese Frage heranzupirschen, vielleicht etwas weiter ausholen.

Begeht der brave Familienvater sein Verbrechen ein zweites Mal?

In dem Zyklus "Soziale Zukunft" schildert Rudolf Steiner, wie zum Geistesleben die Fähigkeiten gerechnet werden, zum Rechtsleben das Mündigsein - weil sich dort Gleiche unter Gleichen begegnen - und zum Wirtschaftsleben die Bedürftigkeit. Nun ist die Frage, wie wir im Bereich des Rechtslebens, zu dem die Mündigkeit gehört, mit den NS-Verbrechern umgehen können, die unter Umständen jahrelang ein völlig einwandfreies, angepaßtes, nicht-kriminelles Leben geführt haben, vielleicht sehr liebe und fürsorgliche Familienväter waren oder sind. Wie wollen wir mit solchen mündig erscheinenden Menschen umgehen? Und da fragt es sich doch, ob es überhaupt erlaubt ist, jemanden, der mündig ist, der auf Zukunft gesehen für die Allgemeinheit überhaupt gar keine Probleme bietet, noch zu bestrafen.

Hierzu kann ich gleich ein Zitat von Franz Streng geben, der in der Zeitschrift für die gesamte Strafrechtswissenschaft in einem Aufsatz, "Schuld ohne Freiheit", (Heft 2/89) folgendes schreibt: "Denn die Verwirklichung metaphysischer Postulate kann in einer modernen Demokratie keine Staatsaufgabe sein."

Also es stellt sich doch die Frage, ob es eine Aufgabe der modernen Strafrechtspflege sein kann, jemanden, der in der Vergangenheit ein Verbrechen begangen hat, welches noch nicht verjährt ist, noch zur Verantwortung zu ziehen, obwohl es vollkommen klar ist, daß er etwas vergleichbar Kriminelles höchstwahrscheinlich nicht mehr durchführen wird.

W.W.: Ist es nicht ziemlich problematisch, diese Möglichkeit gerade in bezug auf die Naziverbrecher zu erwähnen? Weiterhin würde das ja bedeuten, daß ebenfalls alle anderen mündigen Menschen, die ein Verbrechen begangen haben, und von denen man erwarten kann, daß sie kein zweites begehen, nicht bestraft werden dürfen.

E.-M. Krauss: Hiermit kommen wir an die für mich zwicklichste Stelle des Strafrechts. Wenn man von dem vorhin zitierten Ausspruch Rudolf Steiners ausgeht, daß Strafen nur den Sinn haben kann, den anderen zum Erwachen zu bringen, dann kann eine Bestrafung eines NS-Verbrechers noch einen Sinn bekommen; aber nur zu diesem Zweck! Seine Tat ist Vergangenheit und - ich bilde jetzt einmal den Fall - er wird dergleichen in der Zukunft nicht wieder tun, und zwar deswegen, weil wahrscheinlich dazu die Gelegenheit fehlt.

A.W.: Aber diese Gelegenheit kann natürlich sehr schnell wieder kommen. Und diese Gelegenheit ist auch darauf angewiesen, daß sich dann sogenannte brave Familienväter wiederum so verhalten, wie man es von ihnen gar nicht für möglich hält.

W.W.: Sehr viele Nazis sind doch verkappte Nazis geblieben, und auch wenn sich ihnen keine Gelegenheit bietet, Menschen in KZs zu vergasen, so streut doch der Nazi, der mittlerweile Lehrer geworden ist, sein braunes Gedankengut vor den Schülern aus und bereitet so auf subtile Weise eine neue Gelegenheit vor.

E.-M. Krauss: Das ist natürlich wahr und ist auch das, worauf ich eigentlich hinausmöchte. Wenn aber ein Nazi-Verbrecher so geartet ist, daß man davon ausgehen kann, daß er höchstwahrscheinlich eine entsprechende Tat wie früher nicht mehr begehen wird, kann man sich fragen, ob man ihn überhaupt noch durch eine Strafe aufwecken soll.

Ich habe diese unmöglichen Fragen gestellt, um uns auf die Gretchen-Frage des Strafens aufmerksam zu machen: zum Rechtsleben gehört die Mündigkeit. Sind nun diese unauffälligen, angepaßten NS-Verbrecher der Vor- und Nachkriegszeit mündig oder sind sie es nicht? Sind wir anderen "ehrbaren Bürger", die wir nicht im Strafregister stehen, mündige Bürger? Sind wir es, weil wir nicht straffällig wurden? Sind wir denn wirklich noch nie straffällig geworden? Haben wir noch nie geklaut, noch nie beleidigt etc.? Sind wir wirklich so vollkommen? Wohl kaum. Das gesteht man sich Gott sei Dank zunehmend deutlich ein, wie zum Beispiel der neue schleswig-holsteinische Generalstaatsanwalt bei seiner Amtseinführung, als er in Gegenwart vieler hochrangiger Juristen sagte, es gebe wohl niemanden in dem Saal, der nicht schon ein Strafgesetz übertreten habe.

Also die Frage der Mündigkeit ist nicht so einfach zu beantworten. Daß jemand in Zeiten der relativen Ordnung angepaßt, unauffällig etc. lebt, ist für sich genommen noch kein Zeichen dafür, daß er auch mündig ist und daher keines Aufweckerlebnisses bedarf. Er kann sehr wohl trotzdem unmündig sein.

A.W.: Aber woher weiß man denn das, ob er mündig ist, ob er nie wieder eine entsprechende Tat begehen wird?

E.-M. Krauss: Die schwierige Frage der Prognose ist natürlich auch ein großes Problem und wird zur Zeit eingehend in der Strafrechtswissenschaft behandelt. Woher weiß ich, was sich in dem Inneren eines anderen Menschen abspielt? Diese Fragen werden in der Strafrechtswissenschaft - nicht in der Praxis - wirklich eingehend beackert, zum Beispiel in der gewichtigen Doktorarbeit eines Oberstaatsanwaltes aus Frankfurt mit Namen Walter Grasnick; er schreibt über "Schuld, Strafe und Sprache" und bestreitet, daß ein anderer das Innenleben eines Fremden erkennen kann. Ein Strafrichter ist allerdings bei der Strafzumessung in der Situation, unentwegt Prognosen stellen zu müssen. Er muß sich ein ungefähres Bild von dem Menschen machen, über dessen Tat er urteilen muß; letztlich verlangt dies auch schon § 46, in welchem über die Gesinnung, das Vorleben und das Verhalten nach der Tat gesprochen wird. Ebenfalls muß man diese Prognosen dann stellen, wenn ein Verurteilter möglicherweise nach Verbüßung von zwei Dritteln seiner

Strafe entlassen werden soll. Also, das darf ich vielleicht jetzt verkürzt sagen: Die Fragen der Stellung von Prognosen, die Fragen der Beurteilung, ob jemand mündig ist oder nicht, sind die, bei deren Beantworten ein Richter zum Richter wird oder nicht, es sind Fragen des Geisteslebens. Und das müßte zunehmend begriffen werden, ganz allgemein, aber insbesondere auch innerhalb der Richterschaft. Dann könnte man an die eigentlichen Aufgaben herangehen.

Strafzumessung

W.W.: Was genau ist denn nun Strafzumessung? Woran bemißt sie sich und wodurch wird sie eingeschränkt?

E.-M. Krauss: Die Strafzumessung ist von der Strafvollstreckung zu unterscheiden. Bei der Strafzumessung geht es darum, daß der Richter das dem Fall und dem Täter angemessene Strafmaß findet. Das Gesetz hat dafür einige Hinweise und Vorschriften gegeben, besonders in § 46. Dort werden eine ganze Reihe von Umständen angeführt, die der Strafrichter bei der Strafzumessung berücksichtigen sollte: die Beweggründe und Ziele des Täters, die Gesinnung, das Maß der Pflichtwidrigkeit, die Art der Ausführung, sein Verhalten nach der Tat, sein Bemühen, den Schaden wieder gutzumachen. Ausgangspunkt ist die Schuld des Täters.

Diese Frage der Strafzumessung, die auch wiederum in den letzten Jahren wissenschaftlich verstärkt unter die Lupe genommen worden ist, spielt für den jeweiligen Angeklagten eine wichtige Rolle, denn es geht um die Entscheidung, ob er kurz oder lange ins Gefängnis muß, eine hohe oder geringe Geldstrafe zu zahlen hat oder ob vielleicht von Strafe abgesehen werden kann. Obwohl sich die Strafrechtswissenschaft große Mühe gibt, dieses Dunkelfeld der Strafjustiz aufzulichten, wird in der Strafrechtspraxis diesem wichtigen Gebiet keine solche Bedeutung beigemessen, daß es zu einer ständigen Herausforderung würde, sich die Strafzumessungsgrundlagen beständig bewußt zu machen. Wenn dies aber geschähe, so könnte man verhindern, daß durch eine Trübung des Bewußtseins unterbewußt etwas aus der Persönlichkeit und den eigenen Einseitigkeiten in die Verhandlung mit einfließt und letztendlich die Strafzumessung beeinflußt.

Im Grunde ist es doch meistens so, daß wir uns fragen: "Was soll er haben?" Das wäre natürlich eine Frage des Judizes, aber das Judiz wird auch nicht systematisch geschult, und so bleibt es dem einzelnen überlassen, ob er diese Fragen des Judizes wirklich intensiv in sich schult und bewußtmacht oder ob er es einfach laufen und dem Zufall überläßt, und es dann zuläßt, daß in das Urteil mit einfließt, ob er gerade an diesem Tag der Verhandlung gut oder schlecht gestimmt ist, ob er vor der Verhandlung Ärger mit seiner Frau hatte oder ob er mit ihr eines Herzens war. Alle diese Dinge werden in die Strafzumessung mit einfließen, wenn man sich nicht schult, sich diese Dinge nicht wirklich bewußtmacht oder sich zumindest eine Achtsamkeit in bezug auf diese Nebeneffekte angewöhnt, so daß der Krach bzw. das Einvernehmen mit der Ehefrau nicht in ungerechter Weise in die Strafzumessung mit einfließen kann.

W.W.: Es ist also gar nicht möglich, eine Schuld mit einem objektiven Strafmaß festzustellen, wenn alle die Nebeneffekte, von denen Sie gesprochen haben, seitens des Richters mit einfließen!?

E.-M. Krauss: Es sind Bestrebungen im Gange, die Einzelfallgerechtigkeit bzw. die allgemeine Gerechtigkeit mehr zum Tragen kommen zu lassen, damit nicht der Täter in Bayern für den Diebstahl einer Flasche Schnaps eine andere Strafe bekommt als in Schleswig-Holstein. Das ist in der Strafjustiz schon immer ein Ärgernis gewesen, daß für scheinbar dieselbe Sache unterschiedliche Urteile ausgefallen sind. Natürlich kann es in der heutigen Zeit nicht ausbleiben, daß man hierbei an die Einschaltung eines Computers denkt. Das stößt in der Strafrechtswissenschaft und bei der Richterschaft auf erheblichen Widerstand; die Richterschaft ist nicht sehr geneigt, die Computer mit einzusetzen, aber ich denke schon, daß wir über kurz oder lang nicht um die Einsetzung der Computer in irgendeiner Form herumkommen werden. Abgesehen von der Frage, ob man den Computer bei der Strafzumessung einsetzt, sollte man sich überlegen, ob es überhaupt menschenwürdig ist bzw. unsere Menschenwürde tangiert, wenn wir auf mechanisierte abrufbare Weise ein Strafmaß aus einem Instrument herausziehen.

Im Grunde kommen wir hier wiederum zu der Frage des Sinns des Strafens, die unlöslich mit der Frage der Menschenwürde zusammenhängt. Grundsätzlich muß man sagen: Wenn man den Strafprozeß überhaupt für eine zulässige menschliche Angelegenheit ansehen will, dann muß man natürlich versuchen, die Würde des Menschen möglichst unangetastet zu lassen und ihr möglichst immer zum Sieg zu verhelfen. Das würde aber im Hinblick auf die Objektivierung der Strafzumessungsgründe bedeuten, daß es eine mechanistisch abrufbare Strafzumessung nicht geben darf, weil der Mensch keine Maschine ist. Es wird immer wieder feine Unterschiede bei den einzelnen verschiedenen Menschen geben, die eine Maschine nicht einfangen kann. Der unmittelbare Einsatz des Computers bei der Strafzumessung würde den Menschen auf das Maß der Maschine reduzieren. Natürlich wird es andererseits nicht ausbleiben, wenn wir uns der scheinbaren Verobjektivierung durch die Maschine nicht unterwerfen, daß wir dann den Gefahren des Subjektiven ausgesetzt sind; einige dieser Gefahren habe ich ja schon genannt: Weihnachten, eine schicke Angeklagte, eine Angeklagte, die kleine Kinder hat wie ich usw. Aber auch dann ist es wiederum die Frage, wenn man dies unter dem Karmagedanken betrachtet, ob es nicht karmagemäß ist, wenn diese Angeklagte vor diesem Richter mit diesen Konstellationen erscheint, und ob es nicht menschenwürdiger ist, in diesen Bedingungen die uns Menschen gegebenen Bewußtmachungsaufgaben zu sehen, als eine Maschine im Beratungszimmer stehen zu haben, die einem sagt, was "gerecht" ist.

Ohne Freiheit ist Schuld nicht denkbar

W.W.: Werfen wir einen Blick in Ihren Alltag: Sie müssen Ihres Amtes walten. Welche Prozesse und Vorgänge gehen bei der Bemessung der Höhe des Strafmaßes in Ihnen vor? Wie machen Sie das und woran orientieren Sie sich?

E.-M. Krauss: Das ist eine gefährliche Frage. Obendrein habe ich in meinem Senat einen Professor, der noch dazu die Strafzumessungsfragen zu seinem Spezialgebiet erhoben hat und mit dem es immer - wenn auch freundschaftliche - Fingerhakeleien bei der Strafzumessung gibt. Ich liege nicht auf seiner professoralen Linie, und er ist auch - ich hoffe, er nimmt es mir nicht übel, wenn ich ihn so bezeichne - mehr Dogmatiker als ich. Ich bin mehr Praktiker, wobei ich mir als Praktiker nicht anlasten möchte, daß ich die Fehler mache, von denen ich vorhin gesprochen habe, indem ich zum Beispiel über den Daumen peilend frage, was der Angeklagte "haben solle". Obwohl ich auch zugeben muß, daß diese Frage eine gewisse Berechtigung hat, denn, wenn ich sie in mir hervorrufe, dann frage ich danach, was aus meinem intuitiven Erfassen, aus meiner Berufserfahrung das Strafmaß ist, welches generell ausgeworfen wird. Ich frage mein Wissen ab, was cum grano salis für den Diebstahl einer Flasche Schnaps angerechnet wird, denn das weiß ich natürlich. Aber das ist nur ein Aspekt. Zusätzlich muß ich natürlich herausfinden, wie das Vorleben des Angeklagten war, wie er sich entwickelt hat und wie es aufgrund seiner Biographie zu der Straftat hat kommen können. Ferner muß ich die besonderen Tatumstände ganz genau eruieren, um in bezug auf die Strafzumessung herauszufinden, was eventuell die angemessene Strafe sein kann.

Dann muß ich weiter versuchen, mich selbst ständig achtsam im Auge zu haben. Dahinein fällt dann natürlich auch die Frage der Schuld, wobei ich mir grundsätzlich die Frage stellen muß, ob es überhaupt eine Schuld gibt. Auch das ist eine Frage, die in der neuesten Strafrechtsliteratur ständig gestellt wird. In dem vorhin schon zitierten Buch von Grasnick heißt es zum Beispiel in der Überschrift zum dritten Kapitel: "Ist Schuld überhaupt möglich?" In diesen Problemkomplex fällt dann natürlich auch die Frage nach der Freiheit, denn ohne Freiheit ist eine Schuld überhaupt nicht denkbar.

Alle diese Fragen fließen bei meiner Strafzumessung mit ein, was natürlich nicht bedeutet, daß ich bei jeder einzelnen Strafzumessung jeweils in mir abrufe, ob es Freiheit oder Schuld usw. überhaupt gibt. Diese grundlegenden Fragen muß ein Richter natürlich vorneweg und nebenbei immer wieder grundlegend bearbeitet haben und bearbeiten. Das Problematische ist, weil wir so furchtbar viel zu tun haben, daß man sich diese grundlegenden Fragen oft gar nicht bewußt macht und nicht weiter mit ihnen lebt.

W.W.: Wenn ich mir Ihre Ausführungen recht überlege, stellt sich mir die Frage, inwieweit ein Richter überhaupt klar ermessen kann, welche Strafzumessung angebracht ist. Kann es sein, daß er bei der Bemessung der Höhe des Strafmaßes nur nach Formeln oder nach Präzedenzfällen greift, um damit den Eindruck zu erwecken, über Schicksal des Täters, Straftat und Strafzumessung Bescheid zu wissen, in Wirklichkeit den individuellen Fall aber nicht annähernd überblicken kann?

E.-M. Krauss: Ganz sicher ist es so, daß wir Menschen allgemein gesprochen so leben, daß wir uns meist die wichtigsten Lebensfragen nicht bewußtmachen und sie uns schon gar nicht so bewußtmachen, daß wir sie auf die Praxis beziehen. Natürlich möchte ich meinen Kollegen nicht zu nahe treten und bin durchaus davon überzeugt, daß man sich die größte Mühe gibt, wenn bei einem Schwurgericht die Frage der Strafzumessung ansteht. Nur denke ich, daß dieses nicht genügt, weil die in der Regel nicht geleistete geisteswissenschaftliche Vorarbeit nach meiner Auffassung dringend not-wendig wäre. Im Grunde geht man allgemein von dem Fundus aus, den man - wie auch immer - auf der Universität gelernt und durch Lebenserfahrung erworben hat. In der Regel aber wird meist nicht tief genug reflektiert.

"Totsein ist schöner als wie ohne Geld"

A.W.: Gibt es nicht unglaublich viele Fälle, bei denen man eine sehr große Bandbreite in bezug auf die Schuldfähigkeit sehen muß? Wenn ich zum Beispiel an das Geiseldrama von Gladbeck und die Herren Rösner und Degowski denke, so kann man doch von der einen Seite her sagen, daß dort ein Ablauf gewesen ist, in den diese Menschen hineingestellt worden sind. Der SPIEGEL schreibt dazu:

"Das Verbrechen von Gladbeck steht als einzigartiges Beispiel für jenes Geflecht aus Zufall und Bestimmung, das Kriminalität genannt wird. Menschen, die sich zu einem bestimmten Zeitpunkt unter bestimmten Bedingungen schicksalshaft begegnen, lösen - gefangen in ihren Vorprägungen - einen Ablauf aus, der Leben ruiniert und auslöscht." Ferner schreibt der SPIEGEL: "Was in der allgemeinen Empörung über das Geiseldrama untergeht, wird womöglich der Prozeß erhellen, wie sehr Rösner und Degowski exzessiv und ohne Spielregeln zu beachten, letztlich auch ein Credo unserer Gesellschaft erfüllen: Gewinnstreben um jeden Preis. Sie exerzieren vor, zu welchen bizarren Verirrungen jene Weltanschauung führen kann, die Rösner in seiner Begrenztheit auf die erschreckend präzise Erkenntnis reduziert: 'Totsein ist schöner als wie ohne Geld.'"

Da frage ich mich natürlich, wie kann ein Richter nun überhaupt sagen, daß diese beiden Männer schuld sind für das, was sie getan haben, wenn sie doch eventuell einfach Opfer des Systems sind. Zwischen diesen beiden Anschauungen muß sich ja der Richter bewegen, und es gibt sicherlich Richter, die mehr nach der einen oder mehr nach der anderen Richtung tendieren. Wie findet man da überhaupt einen Gesichtspunkt, mit diesen beiden extremen Anschauungen umgehen zu können?

Die Beurteilung durch den Richter ist eine Frage des Geisteslebens

E.-M. Krauss: An dieser Stelle müßten wir auf das zu sprechen kommen, was Rudolf Steiner in dem "Pastoral-Medizinischen Kurs" über die Verantwortung und die Freiheit ausgeführt hat. Er beschreibt dort, aus welchem Grunde wir Menschen frei sind, und schildert das am Beispiel der Waage, zu der das Hypomochlion, der Nullpunkt, gehört. Dieser Nullpunkt durchkreuzt den kausal-mechanistisch vorgeprägten Ablauf und gibt uns deswegen die Möglichkeit, aus Freiheit heraus zu handeln. Rudolf Steiner beschreibt im weiteren, wie es die Aufgabe des Arztes und des Priesters ist, diese Frage der Verantwortlichkeit im feineren Sinne zu beurteilen. Es sei nun die Aufgabe des

Priesters und des Arztes herauszufinden, ob dieses Hypomochlion in der Entwicklung des Menschen zu weit nach links oder zu weit nach rechts liege, d.h. ob die Welt in der Entwicklung des Menschen zu früh aufgehört habe, auf ihn zu wirken, oder ob sie zu lange nachgewirkt habe. Je nachdem ist der Mensch gesund bzw. mündig oder therapiebedürftig.

In einem anderen Vortragsband, "Soziale Zukunft", beschreibt Rudolf Steiner, daß das Rechtsleben an der Stelle, an der es in den Bereich der Verantwortlichkeit hineingeht, ins Geistesleben überwechselt. Hiermit komme ich auf Ihre Frage zurück, wie man einen Menschen und seine Tat beurteilen kann: Dies ist eben eine Frage des Geisteslebens! Deshalb muß der Richter zu etwas ähnlichem werden wie ein Lehrer oder Erzieher, die auch beständig beurteilen müssen, was das Angemessene für die jeweiligen Schüler ist. Auch hier taucht wiederum die Frage auf, wie denn ein Erzieher oder ein Lehrer wissen kann, was das jeweils Angemessene für ein Kind ist. Wenn ich diese Fragen des Geisteslebens wirklich sachgemäß beurteilen will, dann muß ich auch wirklich im Geistesleben darinnenstehen, d.h. ich muß mir die Voraussetzungen zu einer möglichst sachgerechten Beurteilungsgabe erst erarbeiten und diese Erarbeitung immer vollziehen.

W.W.: Kann die Strafzumessung seitens des Richters nicht zur bloßen Willkür ausarten?

A.W.: Darf ich die Frage noch ein wenig erweitern: Wenn man den Lebenslauf von Rösner liest, dann scheint er in seiner Jugend überhaupt gar keine Möglichkeiten gehabt zu haben, sich irgendwelche Moralvorstellungen anzueignen; wie kann man so einen Menschen überhaupt verurteilen bzw. auf einen Weg führen, auf dem er sich noch entwickeln kann?

E.-M. Krauss: Nach geltendem Strafrecht haben wir natürlich Vorgaben; da gibt es zum Beispiel den § 20, der sich mit der sogenannten Schuldunfähigkeit befaßt, ferner den § 21, der sich mit der erheblich verminderten Schuldfähigkeit befaßt, und wir haben für den Fall, daß es sich um den § 20 handelt, noch die Möglichkeit, jemanden, der schuldunfähig ist, so zu sichern, daß er der Allgemeinheit nicht mehr schaden kann. Das ist das geltende Recht.

A.W.: Aber kann denn so eine Situation, wie ich sie von Rösner schilderte, überhaupt als eine Schuldfähigkeit gesehen werden?

E.-M. Krauss: Wir können nicht auf diesen konkreten Fall abheben, denn ich kann mich als Richter nicht zu einem laufenden Verfahren äußern. Generell allerdings kann man sagen, daß es in solch schweren Fällen üblich ist, daß ein psychologischer oder psychiatrischer Sachverständiger hinzugezogen wird, der gerade die Fragen der §§ 20 und 21 vorbereitend mitbearbeiten muß und dem Richter Voraussetzungen schaffen soll, die anstehenden Fragen möglichst sachgerecht beurteilen und entscheiden zu können. Es geht dann darum, ob der Täter zur Zeit der Tat schuldunfähig, vermindert schuldfähig oder voll schuldfähig gewesen ist. Das Gesetz knüpft gewisse Rahmenvoraussetzungen an die Schuldfähigkeit bzw. die verminderte oder nicht vorhandene Schuldfähigkeit. Ob die im Sinne des Strafens liegen, wie Rudolf Steiner es betrachtet, ist eine zweite Frage.

Gerichtsbild mit der Darstellung des Jüngsten Gerichts und einer weltlichen Gerichtsszene, um 1500; Rathaus Maastricht, Schöffensaal

Verzicht auf Freiheitsstrafe?

A.W.: Die Rechtsprechung und der Strafvollzug würden sich ja vollständig in Frage stellen, wenn die Tatsache, daß ein Täter elf Jahre im Gefängnis saß und zu der Vorstellung gekommen ist, daß es keine Moral gibt, bei einer erneuten Verurteilung nach einer neuen Straftat dazu führen würde, daß er wegen des Aufenthaltes im Gefängnis strafmildernd zu behandeln sei. Hier beißt es sich in den Schwanz. Wie kann man jemanden verurteilen, wenn er nach einem Gefängnisaufenthalt erneut straffällig geworden ist, mit dem Wissen, daß er wieder in diejenige Behausung zurückkommt, die ihn gerade dazu gebracht hat, erneut straffällig zu werden?

E.-M. Krauss: Hier sind wir bei der Frage angelangt, ob Strafen heute noch mit Freiheitsentziehung verknüpft werden darf. Auch in bezug auf dieses Problem gibt es eine sehr muntere Diskussion in der Strafrechtswissenschaft wie auch bei anderen Initiativen, zum Beispiel im Deutschen Paritätischen Wohlfahrtsverband. Auch in evangelischen Akademien gibt es Kuratorien, die sich mit dieser Frage ausführlich beschäftigt haben. In der jetzt neu herausgekommenen Zeitschrift "Kriminalpolitik" (Heft 2/89, S.9 f.) ist ein Bericht abgedruckt, der sich mit der Frage "Verzicht auf Freiheitsstrafe?" befaßt. An der evangelischen Akademie von Arnoldshain gibt es eine Expertengruppe von Wissenschaftlern, die Thesen zur Abschaffung der Freiheitsstrafe erarbeitet und veröffentlicht haben. In einer Schrift vom Deutschen Paritätischen Wohlfahrtsverband wird beschrieben, daß das Vermeiden des Freiheitsentzuges notwendig ist. Dies wird auch begründet:

"Mit wachsender Einsicht, daß Freiheitsentzug im ganzen weder dem Betroffenen noch der Allgemeinheit hilft, kann die Maßnahme, jemanden einzusperren, nicht mehr begriffen werden als Übelzufuhr für böses Tun (weil durch neues Leid das erzeugte Leid nicht gelindert wird), nicht mehr um jemandem zwangsweise zu helfen (ein Konzept, was in sich selbst absurd ist, wenn auch weit verbreitet), und auch nicht mehr, um generalpräventiv abzuschrecken (eine Idee, die abgesehen davon, daß ihre Wirksamkeit anzuzweifeln ist, unmenschlich ist, da sie an einem Menschen das vollzieht, was sich auf andere bezieht). Einsperren kann nur noch als gesellschaftliches Handeln aus Ratlosigkeit begriffen werden, und in manchen Fällen sicher auch quasi als Notwehr ... Der Abbau des Gefängnissystems wird realistischerweise nur schrittweise erfolgen können." (Gesellschaft und Kriminalität. Herausgegeben vom Deutschen Paritätischen Wohlfahrtsverband, 1986, S.10 f.)

Es wird also sehr viel in dieser Richtung gedacht, geschrieben und es werden auch ganz konkrete Vorschläge gemacht, zum Teil sogar schon realisiert, insbesondere im Jugendstrafrecht. Hinzu kommt die Frage des Täter-Opfer-Ausgleichs, was zunehmend zu einem stark diskutierten Thema wird. Fernerhin wird in der Strafrechtswissenschaft immer wieder die Forderung erhoben: Freiheitsstrafe nur subsidiär; d.h. als letzte Möglichkeit.

A.W.: Man muß im Grunde als Richter, wenn man einen Täter zur Freiheitsstrafe verurteilt, auch daran denken, daß sich dieser Mensch, wenn er frei ist, in einem bestimmten sozialen Umfeld integriert hat. Wenn es möglicherweise ein Familienvater ist, dann zieht man ihn aus seiner Familie heraus und bestraft somit auch seine Verwandten. Wie weit ist es überhaupt möglich, wenn man die Normen, die für die einzelnen Freiheitsstrafen gelten, zugrunde legt, so ein Faktum miteinzubeziehen?

E.-M. Krauss: Selbstverständlich werden solche Aspekte bei einer Strafzumessung unter Umständen Erwähnung finden, aber generell ist es wohl so, daß man sagen wird, die Tatsache, daß er seine Familie und seine Arbeit verlieren wird, wußte er bereits vorher. Es wird also oft nicht sehr stark zu Buche schlagen. Bei der Frage der Untersuchungshaft spielen derartige Aspekte allerdings eine größere Rolle. Einen entsprechenden Fall hatte ich gerade vor kurzer Zeit: Vater und Mutter wurden gleichzeitig eingesperrt; was sollte nun mit den drei kleinen Kindern geschehen? Das wurde dann auch flugs vom Verteidiger dargestellt und vorgetragen; dann aber stellte die Staatsanwaltschaft richtig, daß die drei Kinder ohnehin bei den Großeltern untergebracht waren, die die Kinder auch schon vorher weitgehend betreut hatten ...

Wird der Richter schuldig, wenn er bestraft?

A.W.: Der Richter lädt sich unter Umständen auch eine Schuld auf, wenn er einen Täter bestraft und ihn damit aus seinem karmischen Umfeld herausschneidet!?

E.-M. Krauss: Das ist eine sehr schwierige persönliche Frage, zu der ich aber auch etwas sagen möchte. Sie hängt damit zusammen, daß ich mich als Strafrichter fragen muß, wie ich überhaupt dazu komme, einen anderen zu verurteilen, wenn auch von Amts wegen. Erschwert wird diese Frage noch dadurch, daß man als Anthroposoph im Hinterstübchen hat, daß man sich dadurch gegebenenfalls schweres Karma auflädt. Wenn man es sich nicht ganz einfach machen will, ist das eigentlich eine sehr schwere bis unlösbare Frage. Für mich habe ich das bisher so gesehen, daß wir in der heutigen Menschheit noch nicht so weit gediehen sind, daß wir ganz von Strafen absehen können; wir sind also noch nicht so weit, wie Rudolf Steiner es für eine Zukunft sieht, daß wir auf Strafen ganz verzichten können. Wir sind eben noch nicht bei Christus angelangt, denn wenn wir bei ihm angelangt wären, dann ständen wir Menschen alle miteinander wirklich in Beziehung und würden in einem gemeinsamen friedlichen Miteinander zusammenarbeiten. Dieses aber wäre das eigentlich Christliche. In Johannes 1, 17 wird gesagt: "Das Gesetz ist durch Moses gegeben, die Gnade und die Wahrheit sind durch Jesus Christus geworden." Was das Gesetz ist, wissen wir alle, denn wir müssen mit ihm leben, was die Gnade ist, kann man mit Rudolf Steiner so verstehen, daß darunter das christlich-friedliche Zusammenarbeiten zu verstehen ist, wie er es im Vortrag vom 17.03.1907 darstellt (in: Das christliche Mysterium. GA 97). Am Beginn der Menschheitsentwicklung steht das Gesetz, am Ende - von innen heraus gesehen - das friedliche Zusammenarbeiten. Wenn wir dieses christliche Zusammenleben miteinander geschaffen hätten, wäre es nicht mehr nötig zu verurteilen, denn wir würden deswegen nicht mehr verurteilen, weil wir uns aus Einsicht als eine Gemeinschaft sehen würden und wir wüßten ferner, daß das Karma den Ausgleich schaffen wird.

Für mich als Richter in der heutigen Zeit gilt also die Tatsache, daß wir noch nicht so weit sind, wie Christus es uns vorgelebt hat, was wir aber in Zukunft erreichen sollen. Wenn die Entwicklung gut läuft, werden wir eines Tages keine Gesetze mehr benötigen. Den derzeigen Ist-Zustand müssen wir aber akzeptieren und können nur Schritt für Schritt zu dieser christlichen Zukunft gelangen, so daß es derzeit also noch notwendig ist, zu strafen und die damit zusammenhängenden Aufgaben wahrzunehmen. Dafür wiederum braucht man Menschen, und das sind die Richter. Man kann dies sogar, wenn man es nicht überheblich meint, als einen Opferdienst ansehen, und man kann den Richterberuf zusätzlich auch so ansehen, wenn man die Bewußtseinsarbeit miteinbezieht, von der wir vorhin gesprochen haben, daß dieser Beruf dem Beruf des Erziehers gleichkommt, indem sich ein guter Erzieher bzw. Richter auf die Menschen, die angeklagt sind, einzustellen hat. Damit kann das mögliche Schuldigwerden des Richters verobjektiviert werden.

Die Furcht im Gerichtssaal

W.W.: Wie weit gelingt es, eine Verbindung zwischen Richter und Angeklagtem herzustellen, und zwar in der Weise, daß der Angeklagte die Höhe seiner Strafe und die Strafe überhaupt annimmt, weil er sich verstanden und gerecht beurteilt fühlt?

E.-M. Krauss: Auch das ist ein häufig diskutiertes Thema, zum Beispiel in der Doktorarbeit eines mir nahestehenden Juristen: “Dialogik und Jurisprudenz” von Rolf Gröschner. Diese Frage taucht besonders immer in sehr extremen Strafprozessen auf und wird meist von den Angeklagten gestellt. Ich selbst hatte zum Beispiel einmal einen sehr jungen Mann zu vernehmen, dem RAF-Sympathisantentum vorgeworfen wurde, und ihn gebeten, mit seinen Eltern und seinem Verteidiger zu mir in mein Dienstzimmer zu kommen. Einen ganzen Vormittag habe ich versucht, zu ihm eine wirkliche Beziehung herzustellen; nach außen hin ist es mir nicht gelungen, ob ich ihn vielleicht im Inneren doch erreicht habe, kann ich nicht mit Sicherheit sagen, möchte es aber beinahe vermuten. Er sagte mir zum Beispiel, so wie ich rede, müßte ich doch eigentlich auf seiner Seite stehen; aber er hatte mich nicht richtig verstanden. Er hat dann später in seinem Sinne weitergemacht und ist erst dadurch zur Besinnung gekommen - so würde ich jetzt sagen wollen -, daß er bei einem von ihm inszenierten Anschlag körperlich verletzt worden ist. Das war für ihn das Aufwacherlebnis.

Die Frage der Beziehung zwischen Richter und Angeklagtem ist deswegen eine sehr schwierige, weil der Angeklagte in der Regel - zumindest wie heute die Rechtslage ist - nicht freiwillig zu seinem Recht kommt, auch hat er sich seinen Richter nicht selbst ausgesucht. Natürlich will der Angeklagte in der Regel auch nicht bestraft werden. Das gilt allerdings nur allgemein, denn nicht nur die Allgemeinheit hat das Bedürfnis, daß Straftäter bestraft werden, sondern auch der Straftäter selbst hat häufig das Bedürfnis, daß er nach dem heute Üblichen bestraft wird. Es ist sogar immer wieder vorgekommen, daß Straftäter sich zu milde beurteilt fühlten.

Meist aber wird die Strafe als aufgenötigter Zwang empfunden, selbst die Zeugen kommen außerordentlich oft befangen herein; zum Beispiel habe ich es erlebt, daß eine

Pieter Breughel d.Ä. (1525-1569): Justitia

60jährige Dame, die ich als Zeugin zu vernehmen hatte, die ganze Zeit über zitterte und zu weinen begann, weil sie es so aufregend fand, vor einem Richter aussagen zu müssen. Dabei war diese Vernehmung in meinem Dienstzimmer ohne sonstige Beteiligte und ohne daß ich eine Richterrobe anhatte. Ich saß ihr in meiner gewöhnlichen Garderobe gegenüber, so wie wir uns jetzt gegenübersitzen; aber als Zeugin aussagen zu müssen, genügte bereits, um sie in Angst und Schrecken zu versetzen. Wenn es gelingen soll, eine wirkliche Beziehung zwischen Angeklagtem und Richter herzustellen - und ich glaube sogar, daß es mir des öfteren gelungen ist -, dann wird es über lange Strecken hinweg zunächst notwendig sein, die Hindernisse der Rollenverteilung usw. abzubauen. Es braucht oft lange, bis man über den Richtertisch herübergebracht hat, daß man nicht von Vorurteilen besetzt ist, daß man nicht darauf aus ist, dem Angeklagten persönlich Böses antun zu wollen, sondern daß es ihm nonverbal oder verbal verständlich wird, was objektiv eine Gültigkeit besitzt, daß man etwas finden möchte, was schließlich auch er akzeptieren kann. Nur wenn man diese Ebene erreicht, wird eine Beziehung möglich sein.

Eine mir befreundete Kollegin hat bei ihrer Einführung in ein höheres Amt über die Furcht im Gerichtssaal gesprochen. Es ist sehr bezeichnend, weil sie ähnlich denkt wie ich, daß sie dieses zum Thema ihrer Einführungsrede gemacht hat. Ich habe ihre Rede nicht gehört, aber sie hat mir vorher erzählt, was ihr Anliegen ist, nämlich daß sie immer wieder erlebt hat, daß dann, wenn sie die Verhandlung geführt hat, diese Furcht im Gerichtssaal nicht vorhanden war und daß die gesamte Verhandlung auch völlig anders ablief als es manchmal bei Vorsitzenden zu bemerken ist, die es nicht zustande bringen, diese Furcht aus dem Gerichtssaal herauszuhalten. Es wird nur möglich sein, die Furcht derer zu eliminieren, die vor dem Richtertisch sitzen, wenn der Richter, der die Verhandlung zu führen hat, selbst keine Furcht hat, dafür aber Ehrfurcht. Wenn er es wirklich zustande bringt - das muß aber immer wieder errungen werden -, durch Läuterungsprozesse ganz bewußt und willentlich geistige Übungen in der Richtung zu machen, wie wir sie hier besprochen haben, dann kann es geschehen, daß man in rechter Ehrfurcht in den Gerichtssaal hineingeht und die Verhandlung führt. Wenn das gelingt, hat es unweigerlich zum Ergebnis, daß die Betreffenden, um die es in der Verhandlung geht, den Urteilsspruch annehmen können. Ich möchte sogar so weit gehen zu sagen, daß Richter, die in dieser Geistesverfassung ihre Prozesse führen, die im Kafkaschen Sinne die Prozesse der anderen als eigene Prozesse empfinden, in freilassender Weise überzeugen können. Es ist dann nämlich dem Angeklagten in freilassender Weise überlassen, das, was der Richter darlebt, anzunehmen oder nicht. Der gesetzliche Rahmen ist fast schon ein Gefängnis, aber es ist möglich, in diesem gesetzlich vorgegebenen Gefängnis eine wirkliche Freiheit zu leben; und wenn sich der Richter selbst als ein Gefangener von Sachzwängen, Zeitdruck, schwer anzunehmenden Vorschriften sieht, dann kann er - wenn er es sich in herausgehobenen Momenten, zum Beispiel vor den Verhandlungen, geistig erarbeitet - bemerken, daß es in diesen Zwängen und eng umgrenzten Rahmenbedingungen wirkliche Freiheit geben kann. Wenn er diese Haltung zusätzlich darlebt, wird er wirklich glaubwürdig. Dieser Richter weiß dann, daß auch er selber auf dem Prüfstand der Glaubwürdigkeit steht, und wenn er diese Prüfung einigermaßen besteht, dann ist Befriedung vorhanden.

Das Rechtsleben entzündet sich aus dem Zusammenwirken der einzelnen Menschen

W.W.: Unter der Berücksichtigung der Fähigkeiten, Bedürfnisse und des Mündigseins der BürgerInnen: Was ist für Sie - unter Einbeziehung der Dreigliederungsidee Rudolf Steiners - Rechtsleben; und zwar bezogen auf die gesamtstaatliche Ebene und die Unternehmensebene?

E.-M. Krauss: Das Rechtsleben spielt sich vornehmlich im bürgerlichen Recht ab, dort wo sich die Vertragspartner als Gleiche unter Gleichen begegnen, ferner in der Gesetzgebung. Das Gesetz selbst, welches für alle Menschen gleichermaßen gilt, würde ich zum Rechtsleben zählen. Bei der bürgerlichen Gesetzgebung geht es ja vor allem um das Abschließen von Verträgen, wo wir die sogenannte Vertragsfreiheit haben. Hinzu kommen alle demokratischen Prozesse, bei denen Mehrheitsbeschlüsse gefaßt werden.

W.W.: In bezug auf das, was Rechtsleben ist, herrschen heute - auch unter Anthroposophen - die größten Mißverständnisse. In dem Band "Soziale Zukunft" entwickelt

Rudolf Steiner, daß sich das Recht im Miteinander der Menschen entwickelt, und zwar aus dem Gefühl der einzelnen Menschen untereinander:

"So entzündet sich aus dem Gefühl im Zusammenwirken mit dem Gefühl des anderen innerhalb des öffentlichen Lebens das Recht. Man kann nicht sagen, es entspringe das Recht aus diesem oder jenem Winkel des Menschen oder der Menschheit, sondern man kann nur sagen: Die Menschen kommen durch ihre Gefühle, die sie gegenseitig füreinander entwickeln, in solche Beziehungen, daß sie diese Beziehungen in Rechten festlegen, festsetzen. Das Recht ist also etwas, nach welchem so gefragt werden sollte, daß man vor allen Dingen auf seine Entwickelung innerhalb der menschlichen Gesellschaft hinsieht. Dadurch aber kommt die Rechtsbetrachtung für den modernen Menschen gerade in unmittelbare Nähe dessen, was sich heraufentwickelt hat in der Geschichte der neueren Menschheit als die demokratische Forderung."

Etwas weiter formuliert Rudolf Steiner ergänzend: "Wer diese Dinge durchschaut, der muß sie aber auch völlig ernstnehmen, der muß sich dann die Frage aufwerfen: Welches ist die Bedeutung und welches sind die Grenzen des demokratischen Prinzipes? - Das demokratische Prinzip - ich habe es eben charakterisiert - besteht darinnen, daß die in einem geschlossenen sozialen Organismus zusammenlebenden Menschen Beschlüsse fassen sollen, welche aus jedem einzelnen hervorgehen. Dann können sie natürlich nur für die Gesellschaft bindende Beschlüsse dadurch werden, daß sich Majoritäten ergeben. Demokratisch wird, was in solche Majoritätsbeschlüsse einläuft, nur dann sein, wenn jeder einzelne Mensch als einzelner Mensch dem anderen einzelnen Menschen als ein gleicher gegenübersteht. Dann aber können auch nur über diejenigen Dinge Beschlüsse gefaßt werden, in denen der einzelne Mensch als gleicher jedem anderen Menschen in Wirklichkeit gleich ist. Das heißt: Es können nur Beschlüsse gefaßt werden auf demokratischen Boden, über die jeder mündig gewordene Mensch dadurch, daß er mündig geworden ist, urteilsfähig ist. Damit aber haben sie - ich meine so klar als nur möglich - der Demokratie ihre Grenzen gezogen. Es kann ja nur dasjenige auf dem Boden der Demokratie beschlossen werden, was man einfach dadurch beurteilen kann, daß man ein mündig gewordener Mensch ist." (Rudolf Steiner: Soziale Zukunft. GA 332a/ 26.10.1919/S.83 ff.)

Rechtsleben entspringt aus dem Miteinander der einzelnen Menschen und kommt durch das demokratische Ringen um Majoritäten zum bindenden Beschluß; wie kommt es, daß dieses wirkliche Wesen des Rechtslebens meist gar nicht gesehen wird, sondern unter Rechtsleben fast ausschließlich nur die Jurisprudenz verstanden wird?

E.-M. Krauss: Ich erlebe ähnliches ständig, daß unter Rechtsleben praktisch nur die Jurisprudenz gesehen wird. Und das ist ja mindestens in doppelter Hinsicht falsch. Denn das Rechtsleben gibt es eben nicht nur in dem Bereich, den man üblicherweise mit dem juristischen meint; andererseits gibt es innerhalb des Rechtslebens, wie bereits dargelegt, Übergänge in das Geistesleben. Es ist eben sehr unbequem, den Dreigliederungsgedanken wirklich zu denken und zu üben. Es verlangt im Grunde ein aktualisiertes, lebendiges Denken. Und darum ringt ja die heutige Menschheit.

STUDIENHAUS RÜSPE / KURSE IM 1. QUARTAL 1990

Januar

1.1. bis 6.1. **Die Quellen der sozialen Kunst.** Seminar mit L. Gienapp, Th. Göbel, Chr. Lindenau, I. Schuckmann, Dr. H. Werner, M. Wispler
1.1. bis 7.1. **Mal- und Plastizierkurs.** R. Stalling
7.1. bis 14.1. **Das Recht der Erde (III).** E. Wroblowski, P. Ahlbom (Eur.) [mit Klangerleben, Steinmetzen]
14.1. bis 21.1. **Malkurs für Anfänger und Fortgeschrittene.** H. Jungblut
15.1. bis 19.1. **Schau-Spiel-Seminar.** Der eigenschöpferische Schau-Spieler. I. Schöne
19.1. bis 21.1. **Sternenweisheit aus der Schule von Chartres.** W. Perrey, E. Brinkmann (Eurythmie)
21.1. bis 28.1. **Farbwege - das Malen auf farbigen Gründen.** Th. Heer
22.1. bis 26.1. **Management-Seminar.** Dr. Lex Bos, T. Peetoom, S. Vogt (Eurythmie). Nähere Informationen: Dr. Chr. Strawe, Haussmannstr. 44 a, 7000 Stuttgart 1, 0711-232996
26.1. bis 28.1. **Zusammenkunft der Hochschullektoren in der Anthroposophischen Gesellschaft, Arbeitszentrum Nordrhein-Westfalen** (geschlossene Veranstaltung)
28.1. bis 2.2. **Freies Gestalten mit Glas.** Kh. Selbach
30.1. bis 2.2. **Meditation - Gebet - Kultus.** Dr. Joh. W. Schneider, N.-H. Völkel-Song (Tusche-Malerei)

Februar

2.2. bis 4.2. **Schicksal und Freiheit.** Georg Friedrich Schulz
4.2. bis 9.2. **Die Temperamente.** Frank Schneider
4.2. bis 9.2. **Gestalten von Tischleuchten und Leuchtstelen aus Glas.** Kh. Selbach
9.2. bis 11.2. **28. RÜSPER MUSIKTAGE.** 2 KONZERTE mit Hörübungen, Werkbetrachtungen und Gesprächen. Miha Pogačnik (Violine), Diedre Irons (Klavier)
11.2. bis 16.2. **Biographie - Der Lebenslauf als Übung.** M. Grüttgen, Chr. Pflug (Eurythmie)
11.2. bis 16.2. **Die Idee d. Wiederverkörperung in alten Kulturen und heute.** C. Rau, C. Raeck (Malen)
16.2. bis 18.2. **Der Architektur-Unterricht in der zwölften Klasse (II).** Wochenendarbeit mit Kunstunterrichtslehrern an Waldorfschulen. Vorb.: Dr. E. Randebrock
18.2. bis 23.2. **Fassen, Fühlen, Sehen.** Plastizierkurs (f. Anfänger u. Fortgeschrittene). D. Fischetti
18.2. bis 22.2. **Die Formwelt der deutschen Klassik, insbesondere der Sonatenform bei Haydn, Mozart und Beethoven.** Prof. G. Weichert (Klavier). **Begleitkurs : Gesangübungen auf der Grundlage d. 'Schule d. Stimmenthüllung'** m. S. Andersson-Dornwald. 2 KONZERTE
23.2. bis 25.2. **Sozialwissenschaftliches Seminar : Wesen und Funktion des Geldes.** U. Hermannstorfer, Vorb.: Dr. M. Grübler, J. Schaeffer, Dr. D. Spitta. Eurythmie : Sonja Schaeffer
23.2. bis 25.2. **Die Grenzen erweitern : Begegnungen mit der projektiven Geometrie.** A. Rovida
25.2. bis 4.3. **Theorie u. Praxis d. Erkennens.** Dr. G. Kühlewind. **Die Geistigkeit Mitteleuropas.** Imre Makovecz

März

4.3. bis 9.3. **Die Wiederbelebung des heutigen Menschen durch die heilenden Kräfte der Kunst.** Ulrike Humbert (Eurythmie), Walter Humbert (Malen und Plastizieren)
5.3. bis 8.3. **Gemeinschaftsbildung im sozialen Umfeld.** B. Rienks
9.3. bis 11.3. **Rudolf Steiners Seelenkalender und das Wirken der Planeten.** Heinz Frankfurt, Christel Frankfurt (Sprachgestaltung), H. Gehrke (Dramatik)
9.3. bis 11.3. **Grundkurs zur Ausbildung anthroposophischer Redner.** Erdmuth Grosse (Rede-Schulung), Renate Grosse (Eurythmie) [mit Sprachgestaltung]
9.3. bis 16.3. **Aquarell-Malkurs Naß in Naß, Teil 1.** B. Gümbel
11.3. bis 16.3. **Caspar David Friedrich.** Peer de Smit, Regula de Smit (Eurythmie)
16.3. bis 18.3. **Pflanzliche Nahrungssubstanzen, ihre Entstehung unter Einwirkung kosmischer Rhythmen u. die Bedeutung f. d. Organsysteme d. Menschen.** Maria Thun, M. K. Thun
18.3. bis 22.3. **Aquarell-Malkurs Naß in Naß, Teil 2.** B. Gümbel
18.3. bis 22.3. **Die Wirklichkeit der Musik.** A. Heidekorn, M. Draaf (enharmon. Gitarre)[m. Eurythmie]
18.3. bis 22.3. **Kosmische Prinzipien in der Bewußtseinsentwicklung der Menschheit in Ost und West.** I. Asschenfeldt, Shiung M. Hayevsky
22.3. bis 25.3. **29. RÜSPER MUSIKTAGE.** Vorträge, Eurythmie, musikal. Beispiele u. Farbdemonstrationen. Alan Newcombe (Klavier), Christian Weymann (Violine), Matthias Wallmann (Violoncello), Christiane Rée-Andrich (Ton- u. Farbeurythmie), Christiane Steffen (Farb-Lichtbühne). KONZERT-MATINEE
23.3. bis 25.3. **Speckstein-Kurs.** A. Rosch
25.3. bis 1.4. **Das Ostermysterium.** Bernd und Christine Lampe
25.3. bis 1.4. **Mal- und Zeichnen-Kurs.** Studien über das Wesen der Rose. C. Tiebout
26.3. bis 31.3. **Goethes "FAUST" als Führer in übersinnliche Welten.** Dr. W. Liesche, A. Britting (Eur.)

Anmeldungen zu den Kursen werden erbeten an : **Studienhaus Rüspe, D-5942 Kirchhundem 3** (Tel.: 02759-273).

Studienhaus Rüspe

Wenn sich der Angeklagte seinen eigenen Richter aussuchen könnte!

W.W.: Nun gibt es aber - wie Sie eben sagten - einen Moment, in dem das Rechtsleben in das Geistesleben übergeht, und zwar dort, wo die individuelle Person und seine Straftat durch den Richter beurteilt wird. Rudolf Steiner führt dazu folgendes aus:

"Sehen Sie, wenn es sich darum handelt zu beurteilen, wie ein Gesetz, das gegeben ist, auf den einzelnen Menschen anzuwenden ist, da kommt die individuelle Beurteilung dieses einzelnen Menschen in Betracht; da kommt in Betracht, daß man wirklich durch seine geistigen Fähigkeiten eingehen kann auf diesen einzelnen Menschen. Die Strafrechtspflege, die Zivilrechtspflege, die kann nicht auf dem allgemeinen Rechtsboden stehen, die muß auf den Boden gerückt werden, dessen tiefere Eigentümlichkeit ich übermorgen bei der Besprechung des Geisteslebens klarlegen werde."

Ausgehend von einem dreigegliederten sozialen Organismus fährt Rudolf Steiner kurze Zeit später fort: "Diejenigen nun, die die Verwalter des Geistesleben sind, werden zu gleicher Zeit die Richter zu stellen haben, und jeder Mensch wird das Recht und die Möglichkeit haben - sagen wir sogar bloß für Zeitdauer - sich zu bestimmen, von welchem Richter er abgeurteilt sein will, wenn er in die Lage kommt, für irgendetwas Zivil- oder Strafrechtliches abgeurteilt zu werden. Da wird aus den wirklichen individuellen Verhältnissen heraus der Mensch sich seinen Richter bestimmen. Da wird der Richter, der nicht ein juristischer Bürokrat ist, sondern der aus dem geistigen Organismus heraus bestellt wird, aus den Zusammenhängen, in die er mit seiner Umgebung in sozialer Beziehung versetzt ist, auch feststellen können, wie aus der sozialen Umgebung heraus derjenige zu beurteilen ist, über den zu richten ist. Es wird sich darum handeln, daß nicht aus staatlichen Bedürfnissen die Richter bestellt werden, sondern daß die Gründe, aus denen heraus man einen Richter bestellt, ähnliche sind wie die, die man im freien Geistesleben geltend macht dafür, daß man den besten Erzieher an irgendeinen Platz hinbringt. Das Richterwerden wird etwas ähnliches sein wie das Lehrer- und Erzieherwerden." (Rudolf Steiner: Soziale Zukunft. GA 332a/26.10.1919/S.94 f.)

Nun haben wir keinen dreigegliederten sozialen Organismus und er wird in absehbarer Zeit wohl auch nicht errungen werden; können Sie trotzdem einiges dazu erläutern, wie es bei diesem geschilderten Idealfall praktisch vorgehen könnte, daß sich der einzelne individuelle Angeklagte seinen individuellen Richter aussucht, und gibt es heute bereits Elemente, die in diese Richtung weisen? Es spielt ja hier auch das Subjektive des Richters eine große Rolle, weil es nicht auf Majoritätsbeschlüsse, sondern auf die Individualität ankommt, denn wir haben es hier mit dem Geistesleben zu tun. Zwar haben Sie schon viel aus Ihrer Praxis und aus Ihren Idealvorstellungen bezüglich der Strafzumessung dargestellt, aber gibt es noch weitere Bereiche, die zu diesem Problemkomplex erläutert werden können?

E.-M. Krauss: Daß man sich seinen Richter selber aussuchen kann, ist natürlich noch Zukunftsmusik. Trotzdem halte ich dieses nicht für unrealisierbar bzw. unerreichbar. Daß man sich seinen Richter selbst aussuchen kann und mit ihm gemeinsam das entsprechende Urteil findet, ist im Grunde auch noch ein Zwischenstadium zu dem eigentlich christlichen Stadium, in dem Gesetze nicht mehr nötig sind. Es sei denn, man versteht das Suchen des Richters und das gemeinsame Urteilfinden so, daß dieser Richter gemeinsam mit dem Angeklagten, der dann vielleicht schon gar kein Angeklagter mehr ist, ohne gesetzliche Vorgaben ein Urteil oder eine Einigung finden kann. Ich könnte mir vorstellen, daß dieses keine Utopie ist, sondern eines Tages Realität wird.

Das Buch von Rolf Gröschner, "Dialogik und Jurisprudenz", bestärkt mich in meinem Glauben. Sein durchgängiges Thema in diesem schwergewichtigen Buch ist einzig dieses: Dialogik! Wenn heute schon von einem Menschen, der keine anthroposophischen Herkünfte aufweist, dieses Thema so intensiv bearbeitet wird, dann habe ich wirkliche berechtigte Hoffnungen. Ähnliches gilt für die Sprachwissenschaftler, die auf die völlig unkommunikative Gerichtssprache hinweisen und die erreichen möchten, daß im Gericht Kommunikation stattfindet. Das macht deutlich, daß hier eine ganz beachtliche Bewegung im Gange ist. Man denkt zum Beispiel in die Richtung, eine Verhandlung an einem round table abzuhalten, und das macht es mir deutlich, daß ein sehr starkes Ungenügen über den Jetzt-Zustand empfunden wird. Daß es natürlich noch nicht so schnell möglich sein wird, sich selber den Richter auszusuchen, dürfte klar sein, aber genauso wie man heute bereits eine Schule selber wählen kann, könnte man sich vielleicht in nicht mehr allzu ferner Zukunft auch das Gericht selber wählen. Natürlich wäre das nur eine Zwischenstufe. Daß selbst das gemeinsame Finden eines Urteils oder einer Sanktion nicht mehr allzu ferne ist, drückt sich für mich auch darin aus, daß man zum Beispiel im Jugendstrafrecht heute gewisse Versuche unternimmt hat und auch praktiziert, die als Diversion beschrieben werden. Im Grunde versucht man in Fällen der Kleinkriminalität, schon bevor eine Anklage erhoben wird, eine Angelegenheit aus dem förmlichen Strafprozeß herauszuholen und sie informell zu lösen. Die Tendenz bei fortschrittlich gesinnten Strafrichtern geht besonders im Jugendstrafrecht dahin, die Jugendlichen möglichst nicht in den Knast zu schicken, weil man genau weiß, daß dort die Seele der Jugendlichen deformiert wird. Man versucht also möglichst immer, das mildere Mittel anzusetzen und ist sehr skeptisch hinsichtlich der Frage geworden, ob das Absitzen der Freiheitsstrafe überhaupt neue Straftaten verhindern kann.

Bewußtseinserweckung als eigentlicher Sinn der Strafe

W.W.: Im Hintergrund unseres bisherigen Gespräches stand meist der Sinn des Strafens überhaupt; dazu möchte ich ein Zitat Rudolf Steiners anbringen:

"Aber wenn wir eine Handlung verrichtet haben, so kommt ja nicht immer in Betracht, daß die Handlung eine mißlungene Handlung ist, sondern es kann eine schlechte Handlung vorliegen, daß, was man moralisch schlechte Handlung nennt. Aber schauen wir uns einmal die moralisch schlechten Handlungen an, schauen wir uns zum Beispiel nun folgende Handlung an, um gleich irgend etwas ganz Sprechendes zu haben. Nehmen wir an, irgend jemand habe nichts zu essen oder hätte irgend etwas gerne aus einem anderen Grunde als Hunger, und er stiehlt. Also 'stehlen', nicht wahr, ist eine schlechte Handlung. Nun, schließt dasjenige, was wir gesagt haben, aus, daß irgend jemand, der gestohlen hat, Reue hat über seine Tat? Das schließt es nicht aus! Denn warum nicht meine lieben Freunde? Aus dem sehr einfachen Grunde nicht, weil im Ernste, in vollem Ernste, derjenige, der gestohlen hat, gar nicht hat stehlen wollen, sondern er hat dasjenige besitzen wollen, was er gestohlen hat. Das Stehlen hätte er fein gelassen, wenn Sie ihm das geschenkt hätten, was er gewollt hat, oder wenn er es auf eine andere Weise hätte kriegen können als durch das Stehlen.

Es ist ein eklatanter Fall. Aber in einer gewissen Weise gilt das für alles, was eigentlich als schlechte Tat in Betracht kommt. Die schlechte Tat als solche, unmittelbar so, wie sie ist, ist eigentlich nie gewollt. Die Sprache hat ein feines Gefühl für die Sache: wenn die schlechte Handlung vorbei ist, 'regt sich das Gewissen'. Warum regt sich das Gewissen? Weil jetzt erst die schlechte Tat zum Wissen erhoben wird. Sie geht hinauf ins Wissen. Da, wo sie sich vollzogen hat, da war eigentlich im Wissen drinnen das andere, um dessentwillen die schlechte Tat vollzogen worden ist. Die schlechte Tat liegt nicht im Wollen. Und auch die Reue hat den Sinn, daß der Betreffende zum Wissen heraufhebt, wie er sich das Bewußtsein hat trüben lassen in dem Moment, wo er die schlechte Tat ausgeführt hat. Wir müssen immer davon sprechen: Wenn jemand eine schlechte Tat ausübt, so ist dasjenige, um was es sich handelt, das, daß sein Bewußtsein für diese Tat getrübt war, herabgestimmt war, und daß es sich für ihn darum handelt, eben ein Bewußtsein für solche Fälle zu gewinnen, wie der einer war, für den das Bewußtsein herabgestimmt war. Alles Bestrafen hat nur den Sinn, solche Kräfte in der Seele aufzurufen, daß das Bewußtsein sich auch auf solche Fälle erstreckt, die sonst bewirken, daß das Bewußtsein sich ausschaltet." (Rudolf Steiner: Notwendigkeit und Freiheit im Weltgeschehen und im menschlichen Handeln. GA 166/01.02.1916/S.86f.)

Ist dies der oder ein Sinn der Strafe, dem Täter zu helfen, ein Bewußtsein für die Zusammenhänge zu entwickeln, in denen er seine Straftat vollbracht hat?

Heilungen in den Gerichtssälen

E.-M. Krauss: Ich würde schon sagen, daß es meinen Idealen und Zielen entspricht, sofern man überhaupt noch strafen will. Daß man einen gefährlichen Menschen vor der Allgemeinheit absichern muß, bleibt natürlich bestehen, trifft aber vielleicht jetzt nicht unser Beispiel. Wenn ich aber eine Strafe aussprechen will und muß, dann kann ich es an sich nur im Sinne eines Aufwacherlebnisses tun. Das Ziel dieser Vorgehensweise wäre eine Heilung, aber keineswegs nur die Heilung des Täters, denn diese isolierten Heilungen sind in Wirklichkeit keine Heilungen. Menschheitlich gesehen wird nur dann eine Heilung und Befriedung eintreten, wenn ich das Unzulängliche des Täters auch als eigenes empfunden habe, zumindest potentiell. Ich muß mich auch selbst in diese Läuterung mit einbringen. Denn ich kann nur dann heilen, wenn ich mich erst selbst heilgemacht habe. Hinzu muß ein Durchschauen der karmischen Zusammenhänge kommen. Häufig wird dieses nicht gesehen, und so entsteht trotz allem vorhandenen Idealismus keine Änderung in unseren asozialen und unbefriedigenden Zuständen, und deswegen haben wir die ganze Flut von Prozessen, die nicht vorhanden wäre, wenn immer mehr wirkliche Heilungen aufgrund von wirklichem Verstehen in den Gerichtssälen vorkommen würden. Heten Wilkens würde hier wohl sagen, man müßte aus der Herrschafts-Sphäre heraustreten und die Karma-Sphäre vergegenwärtigen (vgl. H. Wilkens: Individualität und Menschheit. Stuttgart 1987, S.346).

A.W.: Das wird ja auch im Grunde an dem Beispiel deutlich, das wir eben von Rudolf Steiner herangezogen haben: daß nicht nur der Täter über seine Tat aufwachen muß, sondern auch das gesamte Umfeld, in das er durch seine Tat hineingreift, muß in bezug auf seinen Hunger aufwachen. Darin liegt eindeutig ein dialogisches Prinzip.

E.-M. Krauss: Dieses dialogische Prinzip ist im Grunde in der Strafjustiz das Allerwichtigste.

W.W.: Das Rechtsleben hängt stark mit dem Gefühl und dem Rechtsempfinden der Menschen zusammen und wandelt sich von Epoche zu Epoche. In früheren Zeiten war in allen Kulturen die Todesstrafe etwas Selbstverständliches, in fortschrittlichen Kulturen ist es heute nicht mehr der Fall. Kann es sein, daß wir über kurz oder lang in Zustände eintreten werden, in denen sich das Rechtsgefühl so bewußtseinskräftig gestärkt hat, daß die Mehrheit der Menschen so empfinden wird, daß sie die Strafe nicht mehr als sinnvoll ansehen wird?

E.-M. Krauss: Das würde ich unbedingt für die Zukunft so sehen wollen, wobei ich hinzufügen möchte, daß diese Lösung nicht nur Aufgabe der Richter ist, sondern auch der Allgemeinheit. Auf der anderen Seite möchte ich nicht unerwähnt lassen, daß es in der heutigen Zeit eine sehr starke Tendenz in die Richtung gibt, die ganz das Gegenteil will, nämlich immer mehr Gesetze, die dem Staat alles aufbürden möchte, was man eigentlich selbst leisten müßte. Es ist eine weitverbreitete Tendenz, dem Staat alles aufzubürden, die Gesetzesflut zu verstärken und nach Law and Order zu schreien. (Heten Wilkens nennt dieses Schreien nach einem immer dichteren Netz alles beherrschender Gesetze einen "Abfall der Vergangenheit". Siehe: "Individualität und Menschheit", S.169). Von ähnlichen Kreisen geht es auch aus, die Resozialisierungsgesetzgebung wieder rückgängig zu machen. Diese retardierenden Kräfte werden natürlich alles unternehmen, um das von uns hier besprochene zukünftige Idealbild zu verhindern. Aber andererseits gibt es - nicht nur in anthroposophischen Kreisen, sondern auch innerhalb der Rechtswissenschaft - erhebliche Kräfte, die ganz in die andere Richtung weisen. Allgemein kann man sogar sagen, daß weltweit erhebliche Kräfte am Wirken sind, die zu verhindern suchen, daß sich die Kräfte der Retardierung und Verkrustung durchsetzen.

Duckmäusertum und Opportunität als unchristliches Prinzip

W.W.: Nun spricht Rudolf Steiner auch davon, daß der Lauf der Zeit in den nächsten Jahrtausenden dahin gehen werde, daß das, was gut und böse sei, nur vom Staat bestimmt werden würde und daß man diejenigen Menschen, die von einer Norm des Guten und Bösen in sich sprechen, in Heilanstalten stecken werde (vgl. Rudolf Steiner: Bausteine zu einer Erkenntnis des Mysteriums von Golgatha. GA 175/12.04.1917/S.241 f.). Wird hier nicht die weltweite Entwicklung der Menschen zur Demokratie - wir brauchen nur in den Osten zu schauen -, die Entwicklung des Souveräns mit ihren Möglichkeiten, zum Beispiel in der Volksgesetzgebung, außer acht gelassen? Ist das nicht eine etwas krasse und einseitige Betrachtungsweise, so daß man eher von einem Je-mehr-desto-Prozeß sprechen sollte? Je mehr Menschen sich als der Souverän begreifen und ihre Rechte durchzusetzen versuchen, desto weniger wird diese unheilvolle Tendenz von dem Staat ergriffen werden können!

E.-M. Krauss: Etwas anders, als Sie es formuliert haben, könnte man es auch noch folgendermaßen sehen: Je mehr Menschen es geben wird, die intensiv und wahrhaftig an der zunehmenden Verchristlichung arbeiten, desto mehr Dämonen werden natürlich auch aufgerufen, so daß der Druck der Dämonen stärker werden wird. Ich persönlich bin allerdings der Meinung, daß es noch lange nicht entschieden ist, in welche Richtung sich die gesamte Weltentwicklung wenden wird. Wir denken doch zum Beispiel, daß trotz der Tragik des Brandes des ersten Goetheanums aus dieser Katastrophe etwas Gutes entstanden ist. Ähnliches hat Rudolf Steiner auch über den Brand in Ephesus gesagt.

Wir sprachen vorhin von der Zerstörungswut, die in jedem Menschen verborgen ist. Wenn wir diese Wut herauslassen, so ist das natürlich katastrophal und überhaupt nicht zu wünschen, trotzdem fühle ich mich nicht berufen zu sagen, daß es auf gar keinen Fall sein dürfe, weil ich nicht überblicken kann, was sich aus der herausgelassenen Zerstörungswut wiederum an positiven Dingen entwickeln kann. Rudolf Steiner spricht des öfteren darüber, wie durch etwas Schlechtes, das in die Welt tritt, wiederum etwas Gutes kommt. Das sind natürlich außerordentlich schwere und tiefste Fragen, die wohl auch als Fragen stehenbleiben müssen.

W.W.: Rudolf Steiner läßt in demselben Vortrag allerdings die Möglichkeit offen, gegen diese unheilvolle Entwicklung anzugehen, indem er von einer christlichen Gegenentwicklung spricht; er bezeichnet das Duckmäusertum sowie die Opportunität als unchristlich, die Rebellion gegen diese Entwicklung dagegen als christlich:

"In einer Zeit, wo allerdings die Menschen so denken: Nur ja nicht viel über das oder jenes hinausgehen! Nur ja nicht anstoßen! Nur ja nicht in den Geruch kommen, gegen das eine oder andere Rebellion zu machen! - In einem solchen Zeitalter bereitet sich das vor, und vielleicht gerade in einem solchen Zeitalter mit Recht. In den Untergründen des Bewußtseins bereitet es sich vor; aber es ist eben an der Oberfläche wenig zu sehen davon. An der Oberfläche herrscht das unchristliche Prinzip der Opportunität, das unchristliche Prinzip, das sich nirgends zu der christgemäßen Anklage erheben kann: Für euch, ihr Schriftgelehrten und Pharisäer, ist allerdings das Reich Gottes nicht!" (Rudolf Steiner: Bausteine zu einer Erkenntnis des Mysteriums von Golgatha. GA 175/ 12.04.1917/S.250 f.)

Die Entwicklung ist also nicht vorgegeben, sondern hängt von dem Bewußtsein und dem Engagement der Menschen ab! Der Protest gegen restriktive Gesetze, gegen Gesetze, die die Rechte der Bürger einschränken, ist also nach Rudolf Steiner eine christliche Handlung!

E.-M. Krauss: Wo Sie das gerade ausführen, könnte ich noch etwas zu dem spezifisch Richterlichen darstellen. Wir Richter haben dadurch, daß wir nicht versetzbar sind, an Weisungen nicht gebunden sind, eine ziemlich unabhängige Position. Diese unabhängige Position müßte uns eigentlich zu einem wirklich unabhängigen Denken erziehen bzw. uns dazu anregen, dies in sehr viel stärkerem Maße zu leben als andere Menschen, die in weitgehenden Abhängigkeiten stehen. Diese Emanzipation des Richters, diese innere Unabhängigkeit, die grundgesetzlich verankert ist, kommt merkwürdigerweise nur bei wenigen vor. Wir sind zwar formell unabhängig, haben keinen Chef, müssen aber mit Gesetzen, welche die Neigung haben, das Bestehende zu erhalten, umgehen, müssen also immer wieder mit einer Materie umgehen, die oftmals aus früheren Jahrhunderten stammt und zur Stagnation animiert. Es ist sehr schwierig, zwischen diesen beiden Polen als Promotor der inneren Unabhängigkeit zu bestehen.

Bausteine auf dem Weg zu Christus

W.W.: Nun entwickelt Rudolf Steiner in dem erwähnten Vortrag für einen künftigen Entwicklungszustand die Motive aus dem Evangelium von der Backe und dem Mantel bzw. Rock. Ist dies - auf die heutige Zeit angewendet - überhaupt sinnvoll? Sind diese Motive, wenn einer den Mantel nimmt, ihm auch noch den Rock zu geben, bzw. wenn einer dir auf die Backe schlägt, ihm auch noch die andere hinzuhalten, in der heutigen Zeit für einen Richter überhaupt schon Idealleitbilder? Manchmal erscheint es mir angebrachter, nicht die andere Backe hinzuhalten, sondern dem Betreffenden zwei zurückzugeben.

A.W.: Das muß aber unbedingt abgedruckt werden!

W.W.: Meinetwegen! Mal abgesehen von diesem etwas unchristlichen Prinzip: Kann diese von Rudolf Steiner gegebene Zukunftsperspektive für Sie als Richter heute bereits ein Leitmotiv sein?

E.-M. Krauss: Diese biblischen Motive sind, so wie die Welt momentan ist, noch nicht allgemein umsetzbar; von dieser Vorstellung muß man sich erst einmal befreien, aber für die persönliche Arbeit, die ein Richter immer wieder leisten muß, ist diese Vorstellung außerordentlich wichtig und zukunftsweisend. In der Beratung unter Richtern kann ich zum Beispiel versuchen, diese Ansicht lebendig werden zu lassen. In den meisten Beratungen kann ich erleben, wie die einzelnen Welten aufeinanderprallen und welche fundamental unterschiedlichen Vorstellungen die einzelnen Richter vertreten. Wenn ich dann aber als einzelner Richter - hier kann man immer nur für sich persönlich sprechen - in eine Beratung hineingehe und mir vornehme, diese anderen Welten meiner Kollegen erst einmal so für sich stehen zu lassen, dann reicht es, wenn ich aus sachlichen Gründen meine eigene andere Vorstellung dagegen stelle, aber nur so, daß ich sie ihnen anbiete. Ich biete dann meine Sicht der Dinge als Möglichkeit an, um mit den anderen Vorstellungswelten in eine Kommunikation einzutreten. Hiermit lasse ich diese Ansichten frei, kann aber auch den Anspruch erheben, selber freilassend behandelt zu werden. Das ist ein kleiner Baustein auf dem Wege zu Christus.

W.W.: Man könnte noch das Zitat Rudolf Steiners anfügen, in dem er auch ganz konkret davon spricht, daß diese Betrachtungsweise auf die hiesige irdische Welt noch nicht anzuwenden ist, sondern für eine zukünftige himmlische Ordnung gilt:

“Ja, wenn der Christus Jesus nur diejenigen Begriffe entwickeln würde, die in der Außenwelt an der Oberfläche so unmittelbar leben, dann hätte er natürlich niemals sagen können: Wenn dir jemand den Mantel nimmt, so gib ihm auch noch den Rock. - Aber er redet ja nicht von dem, was da draußen herrschen soll, denn das ist für die Schriftgelehrten, was da draußen herrschen soll, das ist für die Hohenpriester; er redet von dem Reiche der Himmel und er will an dieser Stelle besonders klarmachen, daß da andere Gesetze walten als in der äußeren Welt. Und vergleichen Sie die Stelle, wie sie hier steht, mit der Art, wie sie im Matthäus-Evangelium steht - es müssen diese Dinge auch einmal einer richtigen Übersetzung unterliegen -, da werden Sie sehen, daß der Christus Jesus etwas sagen will, was eine Glaubensgesinnung in dem Menschen anregt, die vor allen Dingen unnötig macht alles dasjenige, was an Gesetzesbestimmungen, an menschlichen Satzungen aufgestellt wird über das Stehlen von Rock und Mantel. Denn dadurch, daß man bloß lehrt - so will der Christus Jesus sagen -: ‘Du sollst nicht stehlen’, ist nichts getan. Sie wissen, er sagt: Von dem Gesetz soll kein Jota genommen werden; aber so in der ursprünglichen Fassung ist es heute kein Impuls mehr. Man muß wirklich die Kraft in sich entwickeln, unter Umständen, solange überhaupt die Ordnung da ist, daß jemand einem den Mantel nehmen kann, ihm auch noch den Rock zu geben. Denn unter dem Einfluß der Gesinnung: Wie du nicht von anderen behandelt zu werden wünschest, so behandele auch sie nicht! - unter dem Einfluß der Gesinnung, wenn man vor allen Dingen diese Gesinnung zu einer allgemeinen macht, wird keiner einem den Mantel nehmen können. Aber es nimmt einem nur dann keiner den Mantel, wenn derjenige, dem der Mantel genommen werden soll, wirklich die Kraft der Gesinnung hat: Sobald er mir den Mantel nimmt, gebe ich ihm auch den Rock.

Das muß soziale Ordnung sein. Ist das soziale Ordnung, dann wird nicht gestohlen. Dann wird nicht gestohlen. Das will der Christus Jesus sagen, wenn das das Reich Gottes ist gegenüber dem Reiche der Welt. In einer Welt, wo jener Grundsatz herrscht: ich gebe dem den Rock, der mir den Mantel nimmt! - in dieser Welt wird nicht gestohlen.” (Rudolf Steiner: Bausteine zu einer Erkenntnis des Mysteriums von Golgatha. GA 175/ 12.04.1917/S.252)

Im Grunde geht es hier um eine Gesinnung, zu der man sich bereits heute schon erziehen könnte: Sicherlich wäre es für einen potentiellen Dieb schwieriger, einem Menschen etwas zu stehlen, der mit der Gesinnung lebt, den Dieb nach einer Tat nicht zu bestrafen bzw. anzuklagen, sondern der ihm noch etwas mehr dazu gibt. Ist es möglich, schon heute eine derartige Gesinnung in die Beratung unter Richtern bzw. in die Zwiesprache des Richters mit einem Angeklagten mit einfließen zu lassen?

E.-M. Krauss: Natürlich, aber vordringlich würde ich versuchen, diese Gesinnung in mir selbst zu realisieren. Das würde zum Beispiel so aussehen können, daß ich in einer Beratung nicht darauf beharre, als erster oder als letzter das Wort ergreifen zu müssen, daß ich darauf verzichten könnte, den anderen Kollegen verbal niederzuknüppeln, oder daß ich ihn nicht verachte, weil er eine andere Meinung hat. Wenn ich wirklich fähig werde, den anderen in seiner Andersartigkeit anzuerkennen, trotz seiner unter Umständen grundsätzlich anderen Auffassung, wenn ich ihn sogar liebevoll anerkenne, dann wird es nicht diese Niederknüppelungsszenen allenthalben geben - in der Justiz wie auch in allen anderen Gemeinschaften -, dann wird einem nicht der Mantel gestohlen, denn ich bin grundsätzlich so gestimmt, nichts behalten zu wollen. Ich will auch nicht recht behalten. Ich will insbesondere auch als Richter nicht das letzte Wort haben, denn dies steht an sich dem Angeklagten zu.

Innere Zerreißproben

W.W.: Wenn man noch den Aspekt des Karmas mit hinzunimmt, hat dann der Mensch überhaupt das Recht, sich zum Richter über einen anderen Menschen aufzuschwingen? Und wenn wir zusätzlich noch einmal an das vorhin bereits Besprochene anknüpfen: Wie weit fließt - wenn ein Richter urteilt - notwendigerweise eine karmische Schuld von ihm mit in das Gesamtgeschehen ein?

E.-M. Krauss: An dieser Stelle muß ich offen bekennen, daß ich mit dieser Frage nur schlecht und recht lebe. Es bleibt für mich eine offene Frage. Und es bleibt auch eine Zerreißprobe; denn immer und immer ruft doch in meinen Beruf das Wahrspruchwort, "daß kein Mensch sich aufwerfe zum Richter über das Innerste eines anderen Menschen" (Rudolf Steiner: Das Johannes-Evangelium. GA 103/26.05.1908/S.133). Im Durchstehen dieser Zerreißprobe ist immer wieder hilfreich, sich einen weiteren Ausspruch Rudolf Steiners zu vergegenwärtigen, den er in einem Brief an Marie von Sivers 1905 niedergeschrieben hat: "So etwas hängt von der Menschen *Innerem* ab, und da sollte man doch wirklich nicht ein strenger Richter sein." (Rudolf Steiner/Marie Steiner-von Sivers: Briefwechsel und Dokumente 1901-1925. GA 262/20/S.47)

A.W.: Ich finde es auch gut, daß Sie sagen, daß dies für Sie ein ungelöstes Problem ist, denn das ermöglicht auch das Interesse und das Gespräch in der Öffentlichkeit, denn nur so kommt man von der Haltung herunter, Ihnen als Richter die Entscheidung zu überlassen.

E.-M. Krauss: Ich selbst habe von Anfang meines Richterdaseins an wiederholt Fluchtversuche unternommen, um aus meinem Beruf herauszukommen. Mindestens vier oder fünf ernsthafte Versuche könnte ich beschreiben. Aber es war mir nicht gestattet, und das ist vielleicht auch ein Karma.

W.W.: Es würde ohnehin jemand an Ihre Stelle treten, der sich höchstwahrscheinlich nicht so tiefgehende Gedanken wie Sie machen würde.

E.-M. Krauss: Ich bekenne, daß dieses Problem des Richtens für mich eine der schwersten und tiefstgehenden Fragen des Lebens ist, das mich zutiefst berührt und mit dem ich nur sehr schwer umgehen kann.

W.W.: Aber sicherlich haben Sie auch den Gedanken, daß es im menschlichen Zusammenhang für den einzelnen Menschen gar nicht möglich ist, mit anderen Menschen zusammenzuleben, ohne an ihnen schuldig zu werden!?

E.-M. Krauss: Sicherlich, und vielleicht muß man als Richter entsprechendes in besonderem Maße auf sich nehmen. Aber ich habe auch andere außergerichtliche Aufgaben, innerhalb derer ich es immer wieder erlebt habe, daß Konstellationen eingetreten sind, aufgrund derer ich mich am liebsten von dieser Aufgabe zurückgezogen hätte. Es könnte ja sein, daß man eine Verantwortung abgeben kann, um nicht noch mehr Karma durch den Streit mit anderen Menschen auf sich zu laden. Auf diese Weise wird man immer wieder im allgemein-menschlichen Zusammenleben vor Entscheidungen gestellt, die man treffen muß. Meist sind dies keine angenehmen Entscheidungen und durchaus mit denen zu vergleichen, wenn ich als Richter verkünde: "Zwei Jahre Gefängnis!" Als Richter kann ich natürlich sagen, daß ich meinen Hut nehme, um das Unangenehme dieser Entscheidungsnotwendigkeit zu vermeiden; auch in den anderen Lebensbereichen könnte ich entsprechend handeln, das Unangenehme abwerfen, um es den anderen Menschen zu überlassen: aber gerade in bezug auf die allgemein-menschlichen Probleme und Zusammenhänge ist es mir klargeworden, daß dies durchaus einem Davonstehlen aus der Verantwortung entspricht; bei meinem Richterberuf vielleicht nicht, aber im allgemein-menschlichen Umfeld auf jeden Fall. Wenn man sich aus diesem menschlichen Umfeld herauslöst, in welches man oftmals karmisch hineingestellt worden ist, so habe ich mich immer wieder gefragt, ob man nicht zum Verräter an der Sache wird.

Drei Nächte im verhexten Haus

W.W.: Innerhalb von Menschengruppen, die sich zu einem Ziel aus Freiheit zusammensetzen - das muß nicht ausschließlich die Anthroposophische Gesellschaft sein -, besteht ein Rechtsleben unter den Menschen, bedingt durch ihre Zielsetzungen, Verabredungen und Beschlüsse. In diesen sich aus Freiheit zusammensetzenden Kreisen taucht das Problem, über welches Sie gesprochen haben, beständig auf: daß man nicht ohne weiteres gehen kann, ohne das zu verlassen, was man einstmals selber gewollt hat. Zusätzlich taucht immer wieder auf, daß, wenn Menschen gemeinsam Beschlüsse fassen, sie sich nicht an diese halten, so daß soziale Spannungen entstehen. Oftmals löst man sich aus dem Entschluß, den man selber gewollt hat, ohne sich etwas großartiges dabei zu denken, heraus. Wenn man das auf ein Staatswesen überträgt, so wird derjenige, der sich nicht an die bestehenden Gesetze hält, bestraft werden. Bei den von mir angesprochenen Gruppen, die sich die eigenen Gesetze, Richtlinien oder Beschlüsse selbst setzen, fällt natürlich die Bestrafung weg, weil man denjenigen, der sich an die gemeinsam gefaßten Beschlüsse nicht hält, nicht bestrafen kann. Was kann man aber an die Stelle dessen setzen? Wie geht man in einem frei sich zusammensetzenden sozialen Zusammenhang mit denjenigen um, die sich nicht an die eigens gefaßten Beschlüsse halten?

E.-M. Krauss: Diese sozialen Zusammenhänge, mit allen auftauchenden Schwierigkeiten, sind die Vorbereiter für ein christliches Miteinander. Wenn man sich in derartigen freiwillig auferlegten Aufgabenstellungen richtig verhält, wenn man die Schwierigkeiten, die dabei auftreten, aushält und durchträgt, ohne dem anderen irgendwelche Sanktionen zu verpassen, und selbst die Sanktionen, die einem der andere verpaßt, klaglos aushält, dann bereitet man diese christliche Zukunft vor. Etwas ähnliches wird zum Beispiel in dem Grimmschen Märchen "Der Königssohn, der sich vor nichts fürchtet" dargestellt. Er muß drei Nächte in diesem verhexten Haus zubringen und ist den Malträtierungen der Teufel ausgesetzt. Was aber vor allem von ihm verlangt wird, ist, nicht zu klagen! Anthroposophisch gesprochen könnte man sagen, es geht darum, das Seelische zum Schweigen bringen zu können. Nachdem er diese drei Nächte klaglos ausgehalten hat und nach der dritten Nacht fast tot war, ist seine - um in Jungscher Terminologie zu sprechen - anima erlöst. Nicht nur seine anima ist wieder weiß, rein geworden, sondern das ganze Umfeld, das Schloß, ist nun erlöst! - Aushalten, nicht zurückschlagen und nicht klagen: Können Sie das? Ich jedenfalls muß darum immer wieder auf das Schwerste ringen.

W.W.: Betrifft das aber nicht doch mehr das individuelle Schicksal des Menschen, welches man entsprechend ertragen muß, nicht aber das soziale Miteinander einer Gemeinschaft?

E.-M. Krauss: Ich bin der Meinung, daß im Zeitalter der Bewußtseinsseele, in welchem sich das Individuelle zunehmend aufbaut, dieses Individuelle gleichzeitig Weltbedeutung hat. Was jeder einzelne an Gutem oder Schlechtem tut, hat Weltbedeutung. Denken Sie an das eben erwähnte Märchen: Der Königssohn hat durch seine Tat nicht nur seine eigene Seele, seine anima, erlöst, sondern hat zugleich damit erlösend auf sein gesamtes mitmenschliches Umfeld gewirkt! Das Leben in Gegensätzen ist notwendig, um die Bewußtseinsseele richtig zu entwickeln und das ist der Grund, warum wir heute in die Vereinzelung, um mit der Sprache des Johannesevangeliums zu reden, geworfen sind. Die Tendenz aber, die in diesem Zeitalter, in dem diese Gegensätze auftauchen, besteht, ist immer der Abbruch auf der einen Seite oder die Sanktion auf der anderen. Jeder einzelne, der gegen diese beiden Einseitigkeiten bewußt gegensteuert, der nicht abbricht und keine Sanktionen austeilt, der bringt Gold in die Erde.

Natürlich geht es darum, daß man diese Gegensätze überwindet; das Überwinden dieser Gegensätze gelingt allerdings meist nur durch das Aushalten derselben. Mein persönliches Gesetz, ob ich es halte, weiß ich nicht, ist: kein Abbruch, durchhalten, zumindest aber immer wieder einen Neubeginn wagen; ferner: nicht verurteilen, versuchen zu kommunizieren, Dialogik! Natürlich wird es oftmals auch dazu kommen, daß eine Kommunikation nicht zustande kommt, weil sie von einer Seite abgelehnt wird, so daß ich versuchen muß, auch damit christlich zu leben, d.h. wiederum, nicht zu verurteilen und mich zusätzlich dafür offenzuhalten, daß der Kontakt vielleicht doch noch möglich wird. Auch muß ich zusätzlich versuchen zu lernen, in meinem Widerpart den höheren Menschen zu suchen, auch wenn es mir noch so sauer wird.

Die Augen des ewigen Bruders *

Stefan Zweig

Von der Höhe der rosenfarbenen Treppe, im Schatten des Palastes sprach nun Virata im Namen des Königs Recht von Sonnenaufgang bis Sonnenuntergang. Sein Wort aber war gleich einer Waage, die lange zittert, ehe sie eine Schwere mißt; klar ging sein Blick in die Seele des Schuldigen und seine Fragen drangen in die Tiefe der Verbrechen beharrlich hinab wie ein Dachs in das Dunkel der Erde. Strenge war sein Spruch, doch nie fällte er gleichen Tages das Urteil, immer legte er die kühle Spanne der Nacht zwischen Verhör und Bannung: die langen Stunden bis Sonnenaufgang hörten ihn die Seinen dann auf dem Dache des Hauses oft ruhelos schreiten, nachsinnend über Recht und Unrecht. Ehe er aber ein Urteil sprach, tauchte er die Hände und die Stirne in das Wasser, daß sein Spruch lauter sei von Hitze der Leidenschaft. Und immer, da er ihn gesprochen, fragte er den Missetäter, ob sein Wort ihm Irrtum dünke; doch selten nur geschah es, daß einer dawider redete; stumm küßten sie die Schwelle seines Sitzes und nahmen gesenkten Hauptes die Strafe wie von Gottes Mund.

Niemals aber sprach Viratas Mund Botschaft des Todes auch über den Schuldigsten und wehrte denen, die ihn mahnten. Denn er scheute das Blut. Den runden Brunnen der Urväter Rajputas, über dessen Rand der Henker die Häupter zum Hiebe beugte und dessen Steine schwarz waren von geronnenem Blute, wusch der Regen wieder weiß in den Jahren. Und doch ward im Lande des Unheils nicht mehr. Er verschloß die Missetäter in den felsenen Kerker oder tat sie in die Berge, wo sie Steine brechen mußten für die Mauern der Gärten, und in die Reismühlen am Flusse, wo sie die Räder mit den Elefanten drehten. Aber er ehrte das Leben, und die Menschen ehrten ihn, denn nie war ein Fehl ermessen an seinem Spruche, nie Lässigkeit in seiner Frage, nie Zorn in seinem Worte. Weit vom Lande kamen die Bauern im Wagen der Büffel mit ihrem Streit, daß er ihn schlichte, die Priester horchten seiner Rede und der König seinem Rat. Sein Ruhm wuchs, wie der junge Bambus wächst, aufrecht und hell in einer Nacht, und die Menschen vergaßen seines Namens von einst, da sie ihn als Blitz des Schwertes priesen, und nannten ihn weithin im Lande Rajputas die Quelle der Gerechtigkeit.

Im sechsten Jahre nun, da Virata Recht sprach von der Stufe des Vorhofs, geschah es, daß Kläger einen Jüngling vom Stamme der Kazaren brachten, der Wilden, die über den Felsen hausen und anderen Göttern dienen. Seine Füße waren wund, so viele Tagereisen hatten sie ihn hergetrieben, und vierfach umschlangen Fesseln seine mächtigen Arme, daß er niemandem Gewalt anhaben konnte, wie es sein Auge drohend verhieß, das zornig rollte unter den verfinsterten Brauen. Sie stellten ihn an die Treppe und warfen den Gebundenen gewaltsam ins Knie vor dem Richter, dann neigten sie sich selbst und hoben die Hände zum Zeichen der Klage.

---

*Auszug aus: Stefan Zweig, Legenden. S. Fischer, Frankfurt. Der Abdruck erfolgt mit freundlicher Genehmigung des Verlages.

Virata sah staunend auf die Fremden: "Wer seid ihr, Brüder, die ihr von ferne kommt, und wer ist dieser, den ihr in Fesseln vor mich bringt?"

Es neigte sich der Älteste unter ihnen und sprach:

"Hirten sind wir, Herr, friedlich wohnende im östlichen Lande, dieser aber ist der Böseste des bösen Stammes, ein Untier, das mehr Menschen geschlagen, als Finger sind an seiner Hand. Ein Mann unseres Dorfes hat ihm die Tochter verweigert zum Weibe, weil jene von unfrommen Sitten sind, Hundeesser und Kuhtöter, und sie einem Kaufmann des Tales zur Gattin gegeben. Da ist er in seinem Zorne als Räuber in unsere Herde gefahren, er hat den Vater geschlagen und seine drei Söhne des Nachts, und wann immer ein Mann jenes Mannes Vieh trieb an die Grenze des Gebirges, hat er ihn getötet. Elf aus unserem Dorfe hat er so vom Leben zum Tode gebracht, bis wir uns zusammentaten und den Bösen jagten wie ein Wild und ihn herbrachten zu dem gerechtesten aller Richter, damit du das Land erlösest von dem Gewalttäter."

Virata hob das Antlitz dem Gefesselten entgegen:

"Ist es wahr, was jene sprechen?"

"Wer bist du? Bist du der König?"

"Ich bin Virata, sein Diener und der Diener des Rechts, da ich um Sühne sorge für Schuld und das Wahre sondere vom Falschen."

Der Gefesselte schwieg lange. Dann gab er strengen Blick:

"Wie kannst du wissen, was wahr ist und was falsch, aus der Ferne, da dein Wissen sich nur tränkt von der Rede der Menschen!"

"Gegen ihre Rede möge deine Widerrede streiten, damit ich die Wahrheit erkenne."

Verächtlich hob der Gefesselte die Brauen:

"Ich streite nicht mit jenen. Wie kannst du wissen, was ich tat, da ich selbst nicht weiß, was meine Hände tun, wenn Zorn über mich fällt. Ich habe recht getan an jenem, der ein Weib verkaufte um Geld, recht getan an seinen Kindern und Knechten. Mögen sie klagen wider mich. Ich verachte sie und ich verachte deinen Spruch."

Wie ein Sturm fuhr Zorn durch die andern, da sie hörten, daß der Verstockte den gerechten Richter schmähte, und der Knecht des Gerichtes hob den dornigen Stock schon zum Schlage. Aber Virata winkte ihren Zorn nieder und wiederholte noch einmal Frage um Frage. Immer wenn ihm Antwort ward von den Klägern, fragte er von neuem den Gefesselten. Doch der preßte die Zähne in ein böses Lachen zusammen und sprach nur noch einmal:

"Wie willst du die Wahrheit wissen aus den Worten der andern?"

Die Sonne stand steil über ihren Häuptern im Mittag, da Viratas Fragen zu Ende war. Und er erhob sich und wollte, wie es sein Brauch war, heimgehen und den Spruch erst künden am nächsten Tage. Aber die Kläger hoben die Hände. "Herr", sagten sie, "sieben Tage sind wir gewandert vor dein Antlitz, und sieben Tage heimwärts will unsere Reise. Wir können nicht warten bis morgen, denn das Vieh verdurstet ohne Tränke und der Acker will unseren Pflug. Herr, wir flehen, sprich deinen Spruch!"

Da setzte sich Virata wieder nieder auf die Stufe und sann. Sein Antlitz war gespannt wie das eines, der schwere Last trägt auf seinem Haupte, denn nie war es ihm geschehen,

Urteil wider einen zu sprechen, der nicht Gnade erbat und sich wehrte im Wort. Lange sann er, und die Schatten wuchsen auf mit den Stunden. Dann trat er zum Brunnen, wusch Antlitz und Hände in der Kühle des Wassers, damit sein Wort frei sei von der Hitze der Leidenschaft, und sagte:

"Möge mein Spruch gerecht sein, den ich spreche. Todschuld hat dieser auf sich geladen, elf Lebendige gejagt aus ihrem warmen Leib in die Welt der Verwandlung. Ein Jahr reift das Leben des Menschen verschlossen im Schoße der Mutter, so sei dieser für jeden, den er getötet, verschlossen ein Jahr im Dunkel der Erde. Und weil er Blut gestoßen elfmal aus der Menschen Leib, sei er elfmal des Jahres gegeißelt, bis das Blut aus ihm springe, damit er zahle mit der Zahl seiner Opfer. Seines Lebens aber sei er nicht gestraft, denn von den Göttern ist das Leben, und nicht darf der Mensch an Göttliches rühren. Möge der Spruch gerecht sein, den ich sprach keinem zu Willen als der großen Vergeltung." Und wiederum setzte sich Virata auf die Stufe, die Kläger küßten die Treppe zum Zeichen der Ehrfurcht. Der Gefesselte aber starrte finster in des Richters Blick, der ihm fragend entgegenkam. Da sagte Virata:

"Ich habe dich gerufen, daß du mich zur Milde mahnest und mir helfest wider deine Kläger, doch deine Lippen blieben verschlossen. Ist ein Irrtum in meinem Spruch, so klage vor dem Ewigen mich nicht an, sondern dein Schweigen. Ich wollte dir milde sein."

Der Gefesselte fuhr auf:

"Ich will deine Milde nicht. Was ist deine Milde, die du gibst, gegen das Leben, das du mir nimmst in einem Atemzuge?"

"Ich nehme dir dein Leben nicht."

"Du nimmst mir mein Leben und nimmst es grausamer, als es die Häuptlinge unseres Stammes tun, den sie den wilden nennen. Warum tötest du mich nicht? Ich habe getötet, Mann gegen Mann, du aber läßt mich einscharren wie ein Aas ins Dunkel der Erde, daß ich faule an den Jahren; weil dein Herz feig ist vor dem Blute und dein Eingeweide ohne Kraft. Willkür ist dein Gesetz und Marter dein Spruch. Töte mich, denn ich habe getötet."

"Ich habe deine Strafe gerecht gemessen ..."

"Gerecht gemessen? Wo aber ist dein Maß, du Richter, nach dem du missest? Wer hat dich gegeißelt, daß du die Geißel kennst, wie zählst du die Jahre spielerisch an den Fingern, als ob sie ein gleiches wären, wie Stunden im Licht und die verschütteten im Dunkel der Erde? Hast du im Kerker gesessen, daß du weißt, wie viele Frühlinge du nimmst von meinen Tagen? Ein Unwissender bist du und kein Gerechter, denn nur wer ihn fühlt, weiß um den Schlag, nicht wer ihn führt; nur wer gelitten hat, darf Leid messen. Schuldige vermißt sich dein Hochmut zu strafen, und bist selbst der Schuldigste aller, denn ich habe im Zorn Leben genommen, im Zwange meiner Leidenschaft, du aber tust kalten Blutes mein Leben von mir und mißt mir ein Maß, das deine Hand nicht gewogen und dessen Wucht sie nie geprüft. Steh weg von der Stufe der Gerechtigkeit, du Richter, daß du nicht herabgleitest! Weh dem, der mißt mit dem Maße der Willkür, weh dem Unwissenden, der meint, er wisse um das Recht. Steh weg von der Stufe, unwissender Richter, und richte nicht lebendige Menschen mit dem Tode deines Wortes!"

Bleich fuhr dem Schreienden Haß vom Munde, und wieder fielen die andern zornig über ihn. Aber Virata wehrte ihnen nochmals, wandte sein Haupt vorbei von dem Wilden und sagte leise: "Ich kann den Spruch nicht zerbrechen, der auf dieser Schwelle getan wird! Möge er ein gerechter gewesen sein."

Dann ging Virata, indes sie jenen faßten, der sich wehrte in seinen Fesseln. Aber noch einmal hielt der Richter inne und wandte sich zurück: da standen starr und böse ihm des Hingeschleppten Augen entgegen. Und mit einem Schauer fuhr es Virata ins Herz, wie ähnlich sie seines toten Bruders Augen waren in jener Stunde, da er damals von seiner eigenen Hand erschlagen lag im Zelte des Widerkönigs ...

An jenem Abend sprach Virata kein Wort mehr zu Menschen. Des Fremden Blick stak in seiner Seele wie ein brennender Pfeil. Und die Seinen hörten ihn die ganze Nacht, Stunde um Stunde, schlaflos auf dem Dache seines Hauses schreiten, bis der Morgen rot zwischen den Palmen aufbrach.

In dem heiligen Teiche des Tempels nahm Virata das Bad der Frühe und betete gen Osten, dann trat er wieder in sein Haus, wählte das gelbe Gewand des Festes, grüßte ernst die Seinen, die staunend und doch ohne Frage sein feierlich Tun betrachteten, und ging allein zu dem Palaste des Königs, der ihm offenstand zu jeder Stunde des Tages und der Nacht. Virata neigte sich vor dem Könige und berührte den Saum seines Kleides zum Zeichen der Bitte.

Der König sah hell zu ihm nieder und sagte:

"Dein Wunsch hat mein Kleid berührt. Er ist erfüllt, ehe du ihm Worte gibst, Virata."

"Du hast mich zum obersten deiner Richter gesetzt. Sieben Jahre richte ich in deinem Namen und weiß nicht, ob ich recht gerichtet habe. Gönne mir einen Mond lang Stille, damit ich einen Weg zur Wahrheit gehe, und gönne mir, daß ich den Weg verschweige vcr dir und allen andern. Ich will eine Tat tun ohne Unrecht und leben ohne Schuld."

Der König staunte:

"Arm wird mein Reich sein an Gerechtigkeit von diesem Monde zum andern. Doch ich frage dich nicht nach deinem Wege. Möge er dich zur Wahrheit führen."

Virata küßte die Schwelle zum Zeichen des Dankes, neigte nochmals das Haupt und ging.

THERESE HUBER
DIE REINSTE FREIHEITSLIEBE
DIE REINSTE MÄNNERLIEBE
EIN LEBENSBILD
IN BRIEFEN UND ERZÄHLUNGEN
HENSSEL

Im Zwielicht der Vergangenheit

INTERVIEW MIT PROF. DR. WOLFGANG SCHILD

von Thomas Höfer

Prof. Dr. Wolfgang Schild, *geboren 1946 in Wien. Von 1964 bis 1968 Studium der Rechtswissenschaft an der Universität Wien, Promotion 1968; Studium der Philosophie (Prof. Heintel). 1968 bis 1974 Universitätsassistent für Strafrecht an der Universität Wien. 1974 und 1975 Humboldt-Stipendiat am Institut für Rechtsphilosophie der Universität München. 1977 Habilitation an der Universität München für Strafrecht, Strafprozeßrecht, Rechtsphilosophie (Arthur Kaufmann, Roxin). Ab 1977 Professor für Strafrecht, Strafprozeßrecht, Rechtsphilosophie an der Universität Bielefeld (zunächst C3, dann Nachfolge Maihofer C4). Seit 1985 Lehrstuhlbezeichnung "Strafrecht, Strafrechtsgeschichte und Rechtsphilosophie".*

Veröffentlichungen: Die Reinen Rechtslehren, 1975; Die "Merkmale" der Straftat und ihres Begriffs, 1979; Alte Gerichtsbarkeit, 1980, 1985; Der Strafrichter in der Hauptverhandlung, 1983; Recht und Gerechtigkeit im Spiegel der europäischen Kunst, 1988. - Zahlreiche Aufsätze aus den Gebieten des Strafrechts (vor allem bezüglich Grundsatzfragen), der Rechtsphilosophie (vor allem des Deutschen Idealismus) und der Rechtsgeschichte (vor allem auch im Zusammenhang mit bildlichen Quellen).

Das vorliegende Interview ist ein schlaglichtartiger Streifzug durch die Geschichte des Strafrechtslebens, der - notwendigerweise unvollständig - in der Hauptsache zwei Schwerpunkte hat: Zum einen ist vom Strafrechtsleben des Mittelalters die Rede (wobei Wolfgang Schild den Zeitpunkt der Entdeckung Amerikas durch Christoph Kolumbus als Scheidewand zwischen Mittelalter und Neuzeit ansieht), zum anderen von dem heutiger Zeit. Die Betrachtung mußte sich auf den deutschsprachigen, in Teilen noch auf den europäischen Raum beschränken. Ein Vergleich verschiedener Strafrechtssysteme unter nationalen Gesichtspunkten mußte so unterbleiben.

Wenn im Interview vom Mittelalter die Rede ist, so immer aus dem Blickwinkel des Strafrechtslebens. Dies ist insbesondere zu berücksichtigen, wenn von Folter, Inquisition und Ketzerverfolgung gesprochen wird. Was die Menschen seinerzeit veranlaßt hat, zu einem bestimmten Strafsystem zu greifen, ist eine Sache, die Beurteilung der ethisch-moralischen Hintergründe eine andere, die hier nicht thematisiert wird. Daß auf dieser Grundlage zum Beispiel die Katharer nicht erschöpfend behandelt werden können, ist eine Folge der Voraussetzungen. Der Blick, der in diesem Interview auf das Mittelalter geworfen wird, ist der eines sich nach Weberscher Manier jeden Werturteils enthaltenden Wissenschaftlers. Aus diesem Blick in die Vergangenheit ergeben sich auch für den Laien interessante Perspektiven zur Entstehung des heutigen Strafrechtes sowie sich daran anschließende Ausführungen zum modernen Strafvollzug.

Thomas Höfer: Können Sie kurz charakterisieren, welches Menschenbild dem Strafgesetz zugrunde liegt?

Prof. Dr. Wolfgang Schild: Ich möchte hierzu vier einzelne Punkte nennen. Zunächst einmal gibt es kein eigenes Menschenbild des Strafgesetzbuches. Vielmehr leitet sich das Menschenbild des Strafgesetzbuches in der Bundesrepublik Deutschland vom Grundgesetz ab, das die Grundlage allen Rechtslebens hier ist. Somit ist das Menschenbild des Grundgesetzes auch für das heute geltende Strafrecht bestimmend. Demnach ist der Mensch ein freies, der Gemeinschaft verantwortliches Wesen.

Zum zweiten legt das Grundgesetz eine Rechtsauffassung nahe, die Recht als ein Produkt von Menschen versteht, d.h. Recht wird von Menschen für Menschen gemacht. Rechtsvorschriften regeln das äußere Zusammenleben von Menschen und sind daher von Moral oder Religion zu unterscheiden. Recht ist eine eigene Dimension bezogen auf das gesellschaftliche Zusammenleben, und beim Strafgesetzbuch geht es nur um den Schutz bestimmter Rechtsgüter vor sozial schädlichem Verhalten. Daß Recht von Moral und Religion verschieden ist, bedeutet, daß nicht alles, was religiös sündhaft oder moralisch bedenklich ist, auch rechtlich relevant sein soll.

Der dritte Punkt betrifft Artikel 1 des Grundgesetzes, der die Würde des Menschen für unantastbar erklärt und unveräußerliche Menschenrechte anerkennt, die die Grundlage jeder menschlichen Gemeinschaft zu bilden haben und die von jeder der staatlichen Gewalten zu achten sind. Diese Menschenrechte und die unantastbare Würde des Menschen sind somit die Grundlage unseres Staates und seines Rechtslebens. Dieser Artikel 1 hat auch für Straftäter Gültigkeit, was bedeutet, daß ein Mensch, der ein Verbrechen begeht, nicht die Würde seiner Person verliert. Hieraus folgt der vierte Punkt: Da der Straftäter seine Würde nicht verliert, bleibt er immer ein Mitglied der Gesellschaft, es besteht daher eine Verantwortung der Gesellschaft für den Verbrecher.

Das strafrechtsrelevante Menschenbild des Mittelalters

T.H.: Inwieweit unterscheidet sich diese heutige Auffassung von dem Welt- und Menschenbild des Mittelalters in bezug auf das Strafrechtsleben?

W. Schild: Der wesentliche Unterschied besteht darin, daß zur Zeit des Mittelalters die Rechtsdimension nicht von der religiösen und moralischen Dimension getrennt wurde, wie es heute der Fall ist; vielmehr wurde die Ordnung des menschlichen Zusammenlebens als Teil der göttlichen Schöpfungsordnung verstanden. Man war der Auffassung, daß es bestimmte, das menschliche Miteinander regelnde Normen gäbe, die vom

Willen Gottes in der Schöpfung vorgegeben seien. Aus mittelalterlicher Sicht bedeutete dies, daß ein Mensch, der eine Missetat beging, zugleich Gott verletzte, ihn beleidigte, indem er sich in Gegensatz zu dem Schöpfungswillen Gottes setzte. Durch diese Vorstellung wurde die Angst erzeugt, Gott würde sich für die Verletzung seines Schöpfungswillens rächen, indem er die Menschen mit Hungersnöten, Seuchen oder ähnlichem plagen würde. Die Angst vor der göttlichen Strafe ließ dann bei den Menschen das Bedürfnis entstehen, die Missetat durch Strafe zu vergelten, um der göttlichen Rache zu entgehen. Die mittelalterliche Gottesvorstellung war also eine aus heutiger Sicht archaische, wenig christliche, man ging eher von dem Gottesbild des Alten Testamentes aus und sah Gott als einen strafenden Gott. Entscheidend ist aber, daß die Rechtsdimension nicht von der religiösen und moralischen getrennt wurde, wodurch der Mensch als Christ mit seinem Handeln immer in bezug zu der göttlichen Schöpfungsordnung gesehen wurde.

T.H.: Kann man überhaupt von einem christlichen Menschenverständnis sprechen, wenn menschliches Handeln am mosaischen Recht gemessen wird?

W. Schild: Das mosaische Recht als solches wurde ja nicht für relevant gehalten, das Alte Testament aber wurde immer als Bestandteil christlicher Lehre verstanden - man denke nur an die Psalmen oder den Dekalog. Man konnte sich im Mittelalter daher unmittelbar auf das Alte Testament stützen, ohne dadurch mosaisch zu werden, indem man die Vorschriften des Alten Testamentes, etwa die zehn Gebote, als unmittelbar geltendes Recht verstand. Daher war beispielsweise Gotteslästerung eines der schwersten Verbrechen überhaupt.

T.H.: Jetzt habe ich eine Verständnisfrage: Wo ist der Unterschied zwischen mosaischem Recht und dem Dekalog, also den zehn Geboten?

W. Schild: Das Alte Testament besteht aus einer ganzen Reihe von Rechtsnormen, die bis ins einzelne hinein das Leben der Israeliten geregelt haben. Diese Rechtsnormen, die in ihrer Gesamtheit das mosaische Recht ausmachen, wurden für das Rechtsleben des Mittelalters nicht übernommen. Der Grundstock der zehn Gebote hingegen wurde immer als bestimmend und maßgebend angesehen - auch für Christen. Der Dekalog ist also ein Bestandteil des mosaischen Rechtes, nicht das mosaische Recht in seiner Gesamtheit. Es ist allerdings richtig, daß das mittelalterliche Christentum in der Geisteshaltung oftmals einem alttestamentlichen Glauben entspricht.

Die Rechtsordnung als Teil des göttlichen Willens

T.H.: Welche Konsequenzen ergaben sich für das Rechtsleben und das Strafwesen aus dem Umstand, daß das menschliche Handeln immer in bezug zu einer göttlichen Ordnung verstanden wurde?

W. Schild: Die Rechtsordnung wurde eben als ein Teil der göttlichen Schöpfung, als ein Werk Gottes, verstanden, und daraus wurde die menschliche Pflicht abgeleitet, dafür zu sorgen, daß diese göttliche Ordnung gewährleistet und eingehalten wurde.

Die im 10. Jahrhundert von Frankreich ausgehende Friedensbewegung etwa hatte zum Ziel, das Fehdewesen - also Privatjustiz -, das in dieser Zeit weit verbreitet war, einzuschränken, indem unter Berufung auf religiöse Werte wie etwa den heiligen Sonntag Friedenszeiten eingeführt wurden. Der Grundgedanke dabei war, daß die Menschen als Christen die Pflicht haben, darauf zu achten, daß Gott nicht verletzt, die göttliche Ordnung nicht mißachtet wird. Aus dieser Auffassung entstand dann auch der Gedanke, daß es Aufgabe aller Christen sei, speziell aber der von Gott eingesetzten Herrscher, also der Landesherren, dafür zu sorgen, daß Missetaten nicht begangen bzw. begangene Missetaten gesühnt werden. Die Rechtsinstanzen konnten sich also auf eine gewisse Einsetzung durch Gott berufen, die Herrscher waren somit auch keine willkürlichen Herrscher, sondern an den Auftrag gebunden, die göttliche Schöpfung zu bewahren und die göttliche Ordnung zu vertreten. Durch diesen starken religiösen Bezug bekam das irdische Leben einen abgeschwächten Rang; viele mittelalterliche Christen betrachteten das irdische Leben als einen Durchgang zum eigentlichen, zum ewigen Leben.

Wenn man diesen Gedanken nun ernst nimmt, ihn nicht als bloße Gaukelei und Ideologie betrachtet, sondern davon ausgeht, daß die Menschen wirklich nach dieser Auffassung gelebt haben, dann ergeben sich interessante Perspektiven. Man kann etwa fragen, ob eine Strafe, deren Sinn darin besteht, eine Missetat bereits auf Erden zu sühnen, um den Sünder für das ewige Leben sündenfrei zu machen, nicht eine Resozialisierungsstrafe darstellte. Der Missetäter büßte sein Vergehen zwar mit dem Leben, war er dadurch aber sündenfrei, so rechtfertigte dies die Strafe, da das eigentliche Leben ohnehin erst nach dem Tod beginnen sollte. Dieser Gedanke ist für uns heute absurd, aber es gibt viele Hinweise aus der mittelalterlichen Strafpraxis, die ihn stützen. So hat man versucht, den Verurteilten durch die sogenannte Henkersmahlzeit frohzustimmen, ihn mit Gott ins Einvernehmen zu setzen, es wurde darauf geachtet, daß kein böses Wort auf seine Lippen kam usw. Der Mensch sollte seinen Frieden mit Gott geschlossen haben, bevor er starb. Man hat mit ihm zusammen gebetet, man hat geistliche Lieder mit ihm zusammen gesungen. Betrachtet man all dies, so erscheint der Gedanke weniger absurd, daß eine Todesstrafe einen über die Tötung hinausgehenden Sinn hatte, nämlich die Herstellung der ewigen Gemeinschaft aller Menschen - auch des Missetäters - mit Gott.

Was macht den Missetäter zum Missetäter?

T.H.: Was mußte ein Mensch konkret tun, um quasi strafrechtlich belangt zu werden?

W. Schild: Man muß unterscheiden, wie und von wem er belangt wurde. Das Strafrecht im Mittelalter ist von seinem Begriff her immer auf schwere Missetaten bezogen, daher waren auch nur schwere Sanktionen vorgesehen. Daneben gab es zwar immer eine gewisse Verwaltungsjustiz und - in den Städten etwa - eine Ordnungsgewalt, ich würde diese aber nicht in den Bereich des Strafrechts einbeziehen, sondern sie mit dem heutigen Begriff des Polizeirechts analogisieren. Das eigentliche Strafrecht setzte immer eine sündhafte Missetat voraus.

Wenn ich vorhin gesagt habe, daß nicht genauer zwischen Recht und Religion unterschieden wurde, so möchte ich dies nun etwas präzisieren. Zwischen den beiden Bereichen wurde im Mittelalter zwar schon eine Differenz gesehen, es wurde aber immer dezidiert die Einheit betont. Die Missetat wurde - im Gegensatz zu einer bloß innerlich bleibenden Sünde - immer auf eine reale Menschengemeinschaft bezogen, die durch die Missetat geschädigt wurde; auf der anderen Seite wurde aber immer betont, daß die Missetat eine Todsünde im religiösen Sinne sein müsse. Die Menschen, die damals unter das Strafrecht gefallen sind, mußten also beispielsweise einen Verstoß gegen die zehn Gebote begangen haben: Gotteslästerung, Totschlag, Diebstahl usw. Vor seinem geschichtlichen Hintergrund betrachtet ist der Dekalog eigentlich ein Katalog von strafwürdigen Missetaten. Es läßt sich sogar zeigen, daß die Halsgerichtsordnungen, die in der frühen Neuzeit begannen, sich in ihrer inhaltlichen Gliederung direkt auf den Dekalog bezogen.

Am Anfang standen die Religionsdelikte, dann folgten den Geboten entsprechend Totschlag, Diebstahl usw., und je mehr sich eine Herrschaft etablierte, die sich als von Gott eingesetzt verstand, desto mehr Bestimmungen finden sich auch, die Vergehen gegen die Herrschaft strafwürdig werden ließen. Konkret bedeutet das, daß politische Vergehen, wie zum Beispiel Hochverrat, strafwürdig wurden. Als Drittes finden sich dann Bestimmungen, die das unmittelbare Zusammenleben betrafen; stützte sich eine Gesellschaft etwa auf eine Geldwirtschaft, so wurde die gesellschaftliche Ordnung durch Geldfälschungsdelikte in Frage gestellt. Gesellschaftliche Ordnung, in diesem Falle die Geldwirtschaft, wurde aber auch als direkt von Gott eingesetzt gedacht, so daß ein Verstoß gegen die Geldwirtschaft eine Beleidigung Gottes und damit strafwürdig war. Diese allgemeine Grundlage, der ständige Bezug auf die göttliche Ordnung, trat aber mit der Zeit immer mehr in den Hintergrund, so daß dann zum Beispiel in der Formulierung von Geldfälschungsdelikten der Bezug zur göttlichen Ordnung außer acht gelassen wurde.

Rechtsinstanzen im Mittelalter

T.H.: Welche Instanz hatte im Mittelalter darüber zu befinden, was Recht und Unrecht war?

W. Schild: Diese Frage kann so abstrakt, in einer einheitlichen Form, nicht beantwortet werden. Einerseits lag diese Entscheidungskompetenz bei denjenigen, die das Recht anzuwenden hatten, also den Richtern oder den Urteilern. Das mittelalterliche Gerichtswesen kannte hier eine Trennung, die uns eigentlich nur noch aus englischen Kriminalfilmen bekannt ist. Der mittelalterliche Richter leitete lediglich die Verhandlung, das Urteil wurde aber von Laien gefunden, den Urteilern. Die Urteiler - in den Städten oft "Schöffen" genannt - entsprachen etwa den heutigen Geschworenen des angloamerikanischen Geschworenengerichts.

Daneben gab es verschiedene Vorschriften - je differenzierter eine Gesellschaft wurde, desto mehr. Die Städte etwa erhielten eigene Stadtrechte. Außerdem hat man bald

Gerichtssitzung des Rates in der Rathaushalle
Deckfarbenzeichnung der flämischen Schule, um 1525. Berlin, Kupferstichkabinett

begonnen, auch das überkommene Recht, das Landesrecht, aufzuzeichnen, einfach schon, um die Rechtsunsicherheit zu beseitigen. Der Sachsenspiegel aus dem 13. Jahrhundert zum Beispiel srebte danach, das Recht der Sachsen zu spiegeln, schriftlich wiederzugeben. Der Sachsenspiegel ist übrigens eine private Arbeit und ist nicht in offiziellem Auftrag entstanden. Er stellt das Recht so dar, wie es nach Meinung des Verfassers zur damaligen Zeit gelebt und von den Gerichten angewendet wurde. Dennoch war der Sachsenspiegel so bedeutend, daß er faktisch die Position eines Gesetzbuches einnahm. Er fand in vielen Abschriften weite Verbreitung, und viele Gerichte, auch außerhalb Sachsens, haben sich auf ihn wie auf ein Gesetzbuch bezogen. Legt man den religiösen Ansatz zugrunde, von dem wir schon gesprochen haben, so bestimmte letztlich das religiöse Gewissen darüber, was Recht und was Unrecht war, das religiöse Gewissen eines jeden einzelnen, aber vorwiegend das der Mächtigen.

T.H.: Wie kam im Mittelalter ein Gericht zustande? Wie legitimierte es sich?

W. Schild: Grundsätzlich herrschte die Auffassung, daß die Gerichtsgewalt vom König ausging, er war somit immer der eigentliche Gerichtsherr, auch wenn er lediglich ideell im Hintergrund stand. Im Mittelalter hatte man nämlich vom Gerichtsleben eine verdinglichte Vorstellung, d.h. es war möglich, das Gerichtswesen wie eine Sache zu behandeln, es zu kaufen, zu verkaufen, zu verpfänden, zu belehnen usw. Der König hat die Gerichtsgewalt weitergegeben, vornehmlich an die Grafen, die als Richter über das Gerichtswesen wachten. Später etablierten sich im Mittelalter eine Reihe von Gerichtsherrschaften, die sich letztlich auf den König beriefen, der wiederum als durch Gott legitimiert angesehen wurde. Die einzelnen Gerichtsherrschaften haben dann im eigenen Namen den Richter eingesetzt, der aber nur darüber zu wachen hatte, daß das Verfahren ordnungsgemäß vonstatten ging. Das Urteil wurde wie gesagt von Laien, den Urteilern, festgelegt. Die Urteiler wiederum rekrutierten sich aus der Reihe der angesehenen Männer einer Gemeinschaft - Frauen spielten zur damaligen Zeit in dieser Beziehung ja noch keine Rolle. Meistens kamen die Urteiler aus demselben Stand wie derjenige, über den das Urteil gesprochen werden sollte. Es gab daher Ritter-, Bürger-, Stadt-, Grundherrschafts-, Bauern-, Lehens-Gerichte usw. Urteiler wurde man zunächst aufgrund seines Ansehens, später wurde dieses Amt erblich, man erbte den Schöffenstuhl des Vaters. Außerdem gab es die Möglichkeit, in den Städten etwa, ins Schöffenamt gewählt zu werden.

Weltliche und geistliche Gerichtsbarkeit

Neben den weltlichen Gerichten gab es die geistlichen Gerichte, in denen die Rolle des Richters der Bischof oder der Diakon ausfüllte, die sich letztlich natürlich auf den Papst als göttlichen Vermittler bezogen, wobei man hinzufügen muß, daß sich das Primat des Papstes auch erst ab dem 12. Jahrhundert zu festigen begann. Der Papst stand dann als zweiter Gerichtsherr neben dem König oder Kaiser. Dieser Umstand kam in der sogenannten Zwei-Schwerter-Lehre zum Ausdruck. Ihr zufolge wurden sowohl dem Kaiser als auch dem Papst von Jesus Christus je ein Schwert der Macht, der Gerichtsbarkeit, verliehen, so daß sich die weltliche und die geistliche Gerichtsorganisation als zwei Kräfte gleichberechtigt gegenüberstanden.

Auch im geistlichen Gericht gab es zunächst die Trennung von Richter und Urteilern. In den Sendgerichten zum Beispiel wurde das Urteil von den Christen einer Gemeinschaft, oft durch ausgewählte Vertreter repräsentiert, gefunden. Später dann, zu Beginn der Neuzeit, bildete sich in der Kirche das moderne Verfahren heraus, in dem Richter und Urteiler zu einer Person verschmolzen; diese Funktion erfüllte der sogenannte Offizial. Das modernere Gerichtswesen im Mittelalter war eigentlich das der Kirche, allein schon dadurch bedingt, daß die Kleriker gebildete Leute waren und daher das intellektuelle Potential der Kirche hoch war. Erst in den Städten entwickelte sich eine weltliche Gerichtsbarkeit, die es an Modernität mit der der Kirche aufnehmen konnte.

Hans Bornemann (gest. 1474): Illustration der "Zweischwerterlehre"
Im vom Lüneburger Ratsherrn Brand von Tzerstede 1448 glossierten Rechtsbuch des Sachsenspiegels; Lüneburger Stadtarchiv. Christus in der Mandorla überreicht dem Kaiser das Schwert der weltlichen Macht und dem Papst das Schwert der geistlichen Kirchenmacht

T.H.: Wie waren die Kompetenzen von weltlichem und geistlichem Gericht abgegrenzt?

W. Schild: Auch diese Frage ist pauschal eigentlich nicht zu beantworten, denn das Verhältnis der Kompetenzen von geistlicher und weltlicher Gerichtsbarkeit hat sich im Laufe der Geschichte mehrfach gewandelt. Generell kann man sagen, daß die Kompetenzen sich um so mehr unterschieden, je mehr sich die weltliche von der geistlichen Sphäre unterschied; je mehr sich diese Sphären als Einheit verstanden, je mehr also zum Beispiel der Papst für sich in Anspruch nahm, auch eine weltliche Gewalt innezuhaben, desto weniger unterschieden sich die Kompetenzen. Die Ein-Schwerter-Theorie etwa, die zeitweise von der Kurie vertreten wurde, ging davon aus, daß nur der Papst ein Schwert von Jesus Christus erhalten hatte, so daß nur der Papst direkt durch göttlichen Willen legitimiert war, während der Kaiser bzw. König vom Papst eingesetzt wurde. Wenn von diesem Verständnis ausgegangen wurde, dann fiel alles, was auch nur im entferntesten mit Sünde zu tun hatte, in die Kompetenz der geistlichen Gerichte.

Je mehr sich aber eine weltliche Sphäre herausbildete, desto mehr beschränkte sich das geistliche Gericht auf das eigentlich Sündhafte. Die geistlichen Gerichte begannen, sich als Bußinstanzen zu verstehen, sie befaßten sich mit sündhaften Vergehen, die durch Buße abgegolten werden konnten. Das weltliche Gericht beschränkte sich dann einmal auf die todeswürdigen Vergehen, mit denen sich die Kirche gemäß dem sich im Spätmittelalter herausbildenden Grundsatz, daß die Kirche nicht nach Blut dürste, nicht befaßte, und zweitens auf die (bloßen) Ordnungsverstöße.

Eine Abgrenzung der Kompetenzen vorzunehmen, ist aber wie gesagt nicht leicht, da zum Beispiel Gotteslästerung, die nach heutigem Verständnis eindeutig ein religiöses Vergehen ist, im Mittelalter aufgrund der Auffassung, daß Recht und Religion eine Einheit seien, vom Staat als todeswürdige Missetat betrachtet wurde und daher auch vom Staat, d.h. von der weltlichen und nicht von der geistlichen Macht, verfolgt und bestraft wurde. Auch Hexerei und Ketzerei wurden von weltlichen Gerichten bestraft, nicht (bzw. zumindest nicht nur) von der kirchlichen Inquisition.

Die Inquisition und die Ketzerbewegung

T.H.: Welche Aufgabe kam der Inquisition zu, wenn nicht die der Verurteilung von Hexen und Ketzern?

W. Schild: Die Inquisition ist ja im Zusammenhang mit der Ketzerbewegung entstanden, und um die Ketzerei und vor allem die Reaktion der Kirche auf die Ketzerei zu verstehen, muß wiederum das Weltbild des Mittelalters und die Sicht der damaligen Kirche bedacht werden. Ein mittelalterlicher Ketzer ist beispielsweise nicht mit einem heute lebenden ketzerischen Theologen vergleichbar, der Lehrverbot erhalten hat. Dieser mag sich zwar auch als Ketzer fühlen, ist aber dennoch weit von dem entfernt, was ein mittelalterlicher Ketzer war. Wollte man in der heutigen Gesellschaft ein Äquivalent zum mittelalterlichen Ketzer suchen, so würde man dieses Äquivalent am ehesten in einem heutigen Terroristen finden. Ein Terrorist vertritt nicht nur theoretisch einen Irrglauben, sondern er lebt ihn auch. Ähnlich wie der Terrorist heute, stellte der mittelalterliche Ketzer die Fundamente des gesellschaftlichen Zusammenlebens existentiell in Frage.

Nehmen wir zum Beispiel die Katharer, von denen nach heutiger Meinung auch der Name Ketzer abgeleitet ist. Die Katharer lehnten etwa den Eid ab, lehnten den Geschlechtsverkehr, das Essen von Fleisch usw. ab. Für die damalige Zeit bedeutete dies, daß das gesamte Ordnungssystem der mittelalterlichen Gesellschaft, die auf dem Eid beruhte - denken Sie nur an den Lehnseid, den Stadteid usw. -, aus den Angeln gehoben wurde. Der Kampf gegen die Katharer war somit nicht primär ein Kampf gegen Unglauben im Sinne eines Kampfes gegen eine Ideologie, sondern war der Kampf gegen eine Lebensweise, die die Fundamente des geistlichen und weltlichen Lebens erschütterte.

Weiterhin muß berücksichtigt werden, daß die Ketzerei weite Ausmaße annahm, hauptsächlich in Frankreich, aber auch auf deutschem Boden, so daß die Kirche um ihren Machtbereich zu fürchten begann. Wer Angst hat, greift fast zwangsläufig irgendwann auch zur Gewalt, wobei man allerdings berücksichtigen muß, daß die Kirche sich zunächst bemühte, dem Ketzerproblem auf friedliche Weise beizukommen. Zunächst war die Gewaltanwendung gegen Ketzer von kirchlicher Seite sogar verboten. Je mehr die

Folterszenen: Anlegen der Beinschraube; Strecken und Einflößen eines Tranks
Holzschnitte in: "Johannes Millaeus, Praxis Criminis persequendi", Paris 1541

Ketzer aber an Einfluß gewannen, je aggressiver sie argumentierten und vorgingen, desto größer wurde die Angst seitens der Kirche, desto mehr stieg die Bereitschaft, auch kirchlicherseits Gewalt anzuwenden. Dabei ist es müßig zu fragen, wer mit der Aggression begonnen hat, da dies im einzelnen ganz unterschiedlich gewesen ist.

Schließlich hat der Papst die Inquisition ins Leben gerufen. Die Inquisition war eine päpstliche Behörde, deren Aufgabe darin bestand, Ketzer aufzuspüren, das Treiben der Ketzer zu unterbinden und die Ketzerei auszurotten. Die Inquisition hatte zunächst nicht den Auftrag, die Ketzer zu verbrennen, sondern sie zu bekehren. Die Aufgaben der Inquisitionsbehörde wurden in erster Linie dem Dominikaner-Orden übergeben, und sie bestanden darin, Gerüchten von Ketzerei nachzugehen, die betreffenden Menschen ausfindig zu machen, sie zu befragen, mit dem Ziel, sie zum Widerruf zu bringen. Widerrief der Ketzer seine Irrlehre - immer aus Sicht der damaligen Kirche -, so wurde er mit einer relativ geringen Ehrenstrafe, etwa dem Tragen eines Ketzerkleides bestraft; nur wenn der Ketzer hartnäckig blieb und an seinem Irrglauben und Irrleben festhielt, wurde er gequält. Er wurde dann so behandelt, wie man bei den Mönchen gemeinhin Ausschweifungen, etwa sexuelle Gelüste, zu ahnden pflegte, er wurde also geschlagen, oder ihm wurde die Nahrung entzogen. Schließlich entstand innerhalb der Inquisition das, was man Folter nennt. Die Folter hatte zunächst die Aufgabe, die Hartnäckigkeit eines Ketzers mit Gewalt zu brechen. Wenn selbst die massive Anwendung von Gewalt den Ketzer nicht zum Widerruf bringen konnte, so wurde er exkommuniziert und in Klosterhaft genommen. Als es dann seit Friedrich II. eine weltliche Ketzergesetzgebung gab, hat man hartnäckige Ketzer auch der weltlichen Macht ausgeliefert, die die Ketzerei dann mit dem Tod ahndete. Bestraft wurde im Mittelalter somit nicht die Ketzerei als solche, sondern das Beharren auf einer ketzerischen Lebensweise.

“Die Katharer wurden durch die Bettelorden besiegt”

T.H.: Das Vorgehen gegen die Ketzer war dann ja sehr konsequent, hart und grausam, beispielsweise gegenüber den Katharern.

W. Schild: Das ist richtig, man muß aber auch bedenken, was die Lehren der Katharer für das Abendland bedeutet hätten, wenn sie sich durchgesetzt hätten. All das, was man der Kirche heute vorwirft, etwa Leibfeindlichkeit, ist zwar von den Katharern nicht erfunden, aber ganz vehement vertreten worden. Die Abwertung des Weltlichen, zum Beispiel die Verdammung des Geschlechtsverkehrs, beruht auf den Theorien der Katharer. Die Katharer gingen davon aus, daß die ganze materielle Welt eine Schöpfung des Teufels sei, sie vertraten eine Art dualistische Religion, die einen positiven und einen negativen Gott kannte. Die materielle Welt wurde vom Teufel geschaffen gedacht, und das Bestreben der Katharer ging dahin, sich reinzuhalten durch Askese, durch die Verweigerung des Geschlechtsverkehrs usw. Eine solche Auffassung mußte, insbesondere wenn sie gelebt wurde, von der Kirche als Angriff auf ihre Lebensgrundlagen aufgefaßt werden, denn die damalige Kirche lebte sehr sinnenfreudig. Später dann finden sich viele Ideen der Ketzer in den Bettelorden wieder, wurden also in das kirchliche Leben in einem viel stärkeren Maße integriert als man es heute oftmals wahrhaben möchte.

Die Kirche im Mittelalter war also kein starres Gebilde, sondern sie unterlag ständigen Veränderungen. Die Katharer wurden letztendlich nicht durch die Feuer der Inquisition, sondern durch die Bettelorden besiegt, die die Ideale der Katharer aufnahmen, sich aber der Kirche unterstellten. Mit Feuer bringt man eine geistige Idee nie zum Erliegen, sondern nur mit geistigen Mitteln, und diese flossen der Kirche mit den Bettelorden zu, die asketisch lebten, das Weltliche verneinten, sich aber dem Papst unterstellten.

Folterung durch Brennen und Aufziehen, dahinter Vollzug einer Strafe des Handverlustes.
Holzschnitt in: "Ulrich Tengler, Der neu Layenspiegel", Augsburg 1512

Die Folter stopfte ein Beweisloch

T.H.: Spielte die Folter nur in den Inquisitionsprozessen eine Rolle?

W. Schild: Nein. In den Inquisitionsprozessen hatte die Folter zunächst die Aufgabe, den Widerstand der Ketzer gegen die Lehre der Kirche zu brechen. Die Folter beruhte hier also auf dem Gedanken, daß man durch Zufügung von Schmerzen die Hartnäckigkeit der Menschen brechen könnte. Daneben muß man aber andere Dimensionen von Folter unterscheiden. Folter kann zum Beispiel auch das Zufügen von Qualen überhaupt bedeuten. Unter diesem Gesichtspunkt wäre das gesamte mittelalterliche Strafwesen Folter. Im engeren Sinne bedeutet Folter aber, daß man eine Aussage erpreßt. Die dahinter stehende Absicht ist also, durch Zufügung von Schmerzen einen Menschen dazu zu bringen, etwas auszusagen. Durch die Folter wollte man den Menschen dazu bringen, daß er ein Geständnis ablegte, ein Geständnis nicht im heutigen Sinne, so daß der Missetäter einfach seine Tat zugibt, sondern das Geständnis bedeutete, daß der Missetäter seine Missetat erzählte. Der Tathergang mußte erzählt werden. Diese Erzählung des Tatherganges war notwendig, da im mittelalterlichen Strafrecht ein Beweisloch entstanden war.

Bis etwa ins 13. Jahrhundert standen als Beweismittel in erster Linie der Eid und das Gottesurteil zur Verfügung. Man war der Auffassung, daß Gott als Herr der Schöpfung - und damit auch als Herr der Rechtsordnung - dafür sorgen würde, daß begangene Missetaten offenbar würden. So nahm man an, daß sich die Wahrheit durch den Willen Gottes in bestimmten Zeremonien zeigen würde. Mit der Zeit setzte sich aber die Auffassung durch, daß derartige Gottesurteile einer Gotteslästerung gleichkämen, da sie nämlich den Willen Gottes in eine menschengemachte Zeremonie zwingen wollten. Schließlich wurden die Gottesurteile vom Konzil verboten, womit ein wesentliches Beweismittel der damaligen Zeit ausfiel.

Es blieb dann noch das Beweismittel des Reinigungseides. Dieser bestand darin, daß ein Beklagter durch einen Eid seine Unschuld beteuerte. Wurde dieser Eid von einer bestimmten Anzahl von Eideshelfern wiederum durch Eid bestätigt, so galt die Unschuld als erwiesen: Der Angeklagte war von seiner Beschuldigung gereinigt. Der Reinigungseid stand aber vielen Angeklagten nicht zu, nämlich den sogenannten landschädlichen Leuten, also Dieben, Landstreichern usw. Diese Menschen waren eidesunfähig. Durch diese Konstellation entstand etwa ab dem 15. Jahrhundert das Problem, daß Missetaten nicht mehr bewiesen werden konnten. Das Gottesurteil war verboten, der Eid war für eine große Zahl von Kriminellen nicht möglich. So blieb noch der Zeugenbeweis, aber Zeugen waren auch oft nicht zu finden. Daher griff man zu einem neuen Beweismittel, und dieses neue Beweismittel war das Geständnis. Man meinte, daß das eigentliche und beste Beweismittel das Geständnis wäre. Und um dieses Geständnis zu bekommen, hat man gefoltert.

Die Folter im eigentlichen Sinne ist somit ein Beweisverfahren, das darauf zielt, ein Geständnis zu erreichen. Dazu muß gesagt werden, daß die Auffassung herrschte, daß nur zur Wahrheit gefoltert werden könnte, daß ein Mensch, der Folterqualen zu erleiden hat, nicht in der Lage wäre, die Unwahrheit zu sagen. Die Lüge galt damals als Todsünde. Die Folter sollte also den Widerstand, den ein Missetäter der Wahrheit entgegensetzte, brechen.

Um die Folter überhaupt verstehen zu können, muß weiter bedacht werden, daß im Mittelalter der Grundsatz der freien Beweiswürdigung unbekannt war. Heute wird in einem Strafverfahren nicht unbedingt ein Geständnis des Täters benötigt, weil ein Indizienbeweis möglich ist. Es ist heute möglich, einen Angeklagten aufgrund von Indizienbeweisen zu verurteilen, obwohl er die Tat selbst leugnet. Im Mittelalter dagegen gab es keine freie Beweiswürdigung, sondern nur Beweisregeln, d.h. dem Gericht war die eigentliche Beweiswürdigung genommen. Es gab beispielsweise die Regel: "Aus zweier Zeugen Mund tut sich die Wahrheit kund." Wenn also zwei Zeugen übereinstimmend etwas ausgesagt haben, so war das Gericht an diese Aussage gebunden, selbst wenn es an ihr zweifelte. Eine weitere Beweisregel war eben die des Geständnisses. Lag dem Gericht ein Geständnis vor, so hatte es dieses zu akzeptieren, selbst wenn es unglaubwürdig war. Da das Gericht die Beweise nicht zu beurteilen, zu würdigen, auf ihre Glaubwürdigkeit abzuklopfen hatte, mußte es sich an die Aussage eines Geständnisses halten.

Aufbruch zum Hexensabbat. Federzeichnung von Albrecht Altdorfer, 1506.; Paris Louvre

Nun wurde allerdings nicht einfach drauflosgefoltert, sondern es gab Vorschriften, wann gefoltert werden durfte und wann nicht. Das Reichsgesetzbuch Karls V., die Carolina, macht ganz genaue Aussagen über die Voraussetzungen ("Indizien"), die zu einer Anwendung der Folter notwendig waren. Der Betreffende mußte etwa auf frischer Tat ertappt oder mit der Beute angetroffen werden. Auch wenn ein sterbendes Opfer den Namen des Täters nannte, durfte gefoltert werden - immer unter der Voraussetzung, daß kein Geständnis freiwillig zu bekommen war. Diese Umstände würden heutzutage als Indizien gewertet werden und im Regelfall zu einer Verurteilung ausreichen. Im Mittelalter gab es den Grundsatz der freien Beweiswürdigung nicht, die Indizien wurden nicht als Beweise gewertet, so daß ein Geständnis notwendig wurde. Man könnte also - grob vereinfacht - etwa sagen, daß das Mittelalter dort gefoltert hat, wo wir heute verurteilen würden. Es wurden Leute gefoltert, von denen man informell überzeugt war, daß sie die Tat begangen haben, es fehlte aber der formale Beweis, den die Folter liefern sollte.

Die Ablegung eines Geständnisses in der Folter reichte allerdings als Beweis nicht aus, die Aussagen des Geständnisses mußten außerhalb der Folter wiederholt werden, und darüber hinaus mußte der Missetäter Umstände nennen, die nur ihm bekannt sein konnten und die dann verifiziert werden mußten.

Sie sehen also, daß die Folter ursprünglich nicht das war, was man heute unter Folter versteht. Die grausam-brutale Folter, die weder theoretisch noch menschlich zu vertreten ist, entstand erst vor allem in den Hexenprozessen. Die Hauptvorwürfe, die man einer Hexe machte, waren Beischlaf mit dem Teufel und Orgienfeiern am Sabbat. Diese Vorwürfe lassen sich aber mit den Voraussetzungen der normalen Folter nicht verifizieren, so daß man zu anderen Mitteln greifen mußte.

Das Handhaftverfahren und das unmittelbare Erschlagen

T.H.: Was versteht man unter einem Handhaftverfahren?

W. Schild: Das Handhaftverfahren läßt sich am besten im Gegensatz zum (An)Klageverfahren erläutern, bei dem einem Menschen eine Missetat zur Last gelegt wurde. Normalerweise endete das (An)Klageverfahren damit, daß die Urteiler den Beweis beschlossen, indem sie etwa festlegten, der Beschuldigte könne sich freischwören und habe dazu eine bestimmte Anzahl von Eideshelfern vorzuweisen. Dieses Verfahren war ganz sinnvoll, weil der Angeklagte sich nun bemühen mußte, angesehene Leute zu finden, die ihm zur Seite standen, so daß das Aufbringen von Eideshelfern eine soziale Komponente hatte: Der Angeklagte mußte sich mit den angesehenen Menschen der Gemeinschaft, in der er lebte, ins Einvernehmen setzen.

Das Handhaftverfahren dagegen setzte voraus, daß der Missetäter auf frischer Tat ertappt wurde. Dann durfte er zunächst von demjenigen, der ihn stellte, auf der Stelle erschlagen werden, ohne daß jener hinterher wegen Totschlags belangt werden konnte. Hierzu mußte allerdings ein bestimmtes Ritual eingehalten werden: Der Entdecker mußte das sogenannte Geschrei erheben, was bewirkte, daß die Nachbarn zusammenliefen.

Diesen mußte dann der Sachverhalt erläutert werden, also die Umstände waren zu erklären, die zur Erschlagung des Missetäters geführt hatten. Kam es dann zu einer (An)Klage wegen Totschlags, dann haben die Herbeigerufenen, die sogenannten Schreimannen, vor Gericht als Eideshelfer fungiert, womit die Unschuld bewiesen war.

In späterer Zeit dann hat man das unmittelbare Erschlagen nicht mehr als rechtmäßig empfunden und hat daher ein anderes Verfahren entwickelt. Derjenige, der den Missetäter entdeckt hatte, durfte diesen nicht mehr gleich erschlagen, sondern nur noch fesseln und binden, mußte dann das Geschrei erheben, woraufhin ein sogenanntes Notgericht gebildet wurde. Entscheidend war nun, daß der auf frischer Tat Ertappte nicht die Möglichkeit hatte, sich mit dem Reinigungseid zu retten. Vielmehr wurde er aufgrund des Eides desjenigen, der ihn entdeckt hatte, wobei die Schreimannen ihm wiederum Eideshilfe leisteten, für schuldig befunden, was meistens eine Todesstrafe zur Folge hatte. Dieses Handhaftverfahren war damals ein sehr modernes Verfahren, und wurde auch von den beginnenden Landesherrschaften übernommen. Bei sogenannten landschädlichen Leuten, denen ja von vornherein der Reinigungseid nicht zur Verfügung stand, hat man das sogenannte Übersiebnungsverfahren eingeführt, bei dem die Schuld eines Missetäters dadurch bewiesen wurde, daß sieben Menschen einen gleichlautenden Eid, der die Schuld beteuerte, abgaben. Das heißt also, man konnte durch sieben Eide einen Menschen zum Tode verurteilen.

T.H.: Wie schützten sich die Menschen im Mittelalter vor gerichtlicher Willkür?

W. Schild: Bei dieser Frage muß wieder das mittelalterliche Weltbild berücksichtigt werden, wobei entscheidend ist, welche Bedeutung diesem Weltbild zugemessen wird. Nimmt man es ernst, wird man den Menschen im Mittelalter auch zugestehen, daß sie ihr Leben konsequent nach diesem Weltbild eingerichtet haben. Nimmt man es nicht ernst, ist es bloße Ideologie.

Wenn ein Mensch sich nun für seine Taten vor Gott verantwortlich sieht und einen Meineid nicht nur als Todsünde, sondern auch als Gotteslästerung betrachtet, dann kann eigentlich davon ausgegangen werden, daß diese religiöse Bindung Willkür verhinderte. Für uns heute ist eine solche Lebensauffassung nicht mehr nachvollziehbar, weil der religiöse Horizont weggefallen ist, wir brauchen heute verschiedentliche Rechtssicherheiten. Ich meine aber, daß es durchaus denkbar ist - womit ich nicht behaupten will, daß es Wirklichkeit war; das war wahrscheinlich individuell und je nach Zeit verschieden - , daß die Willkür durch die religiöse Grundlage des Zusammenlebens gebunden wurde. Es spricht in der Tat einiges dafür, daß diese religiöse Bindung sehr stark war.

Die Carolina Karls V.

T.H.: Was ist die Carolina von 1532?

W. Schild: Die Carolina ist, wie ich schon sagte, nach Kaiser Karl V. benannt. Sie ist 1532 vom Reichstag zu Regensburg erlassen worden und heißt eigentlich Constitutio Criminalis Carolina oder übersetzt: die peinliche Halsgerichtsordnung Karls V. Sie ist ein

Reichsgesetz, das versucht hat, wenigstens einige Sicherheiten im Strafrechtswesen der damaligen Zeit zu schaffen. Hierbei standen Verfahrensfragen im Vordergrund, wie etwa die bereits besprochene Indizienregelung bei der Folter. Die Carolina ist das bedeutendste Strafgesetzbuch des Mittelalters, wobei fraglich ist, ob sie angesichts ihres Entstehungsdatums, 1532, nicht bereits zur Neuzeit zu rechnen ist.

Die Carolina hat beispielsweise, was ihre Modernität belegen mag, das Institut der Aktenversendung vorgesehen. Ich sagte ja bereits, daß im Mittelalter das Urteil im eigentlichen Sinne von Laien gefunden wurde. In der Carolina war vorgesehen, daß alle wichtigen Rechtsfragen durch das Gutachten von Rechtssachverständigen zu klären waren. Zu diesem Zweck mußten Akten angelegt werden, was bedeutete, daß das Verfahren schriftlich niedergelegt wurde und sich nicht mehr nur im mündlichen Rahmen bewegte. Die Akten wurden dann an eine juristische oder theologische Fakultät einer Universität verschickt, deren Rechtssachverständige aufgrund der Aktenlage den entsprechenden Fall entschieden haben. Dieser Entscheid wurde dann an das Gericht zurückgeschickt, und dieser mußte dort von den Urteilern übernommen werden. Nach der Carolina wurden somit die wichtigen Urteile nicht mehr von Laien gefällt, sondern von den Rechtssachverständigen der Universitäten. Später wurde die Funktion der Universitätsgelehrten von Rechtssachverständigen an den Höfen der Landesherren eingenommen.

Freiheitsstrafen im Mittelalter

T.H.: Ist der Begriff der Freiheitsstrafe auf die im Mittelalter verhängten Strafen zutreffend?

W. Schild: Es kommt darauf an, was man unter Freiheitsstrafe versteht. Wenn man vom Wort ausgeht, so bedeutet das Einsperren eines Menschen den Entzug der persönlichen Freiheit, so daß das Einsperren eine Freiheitsstrafe ist. Da man zu jeder Zeit Menschen eingesperrt hat, gab es also schon immer Freiheitsstrafen. Menschen wurden während einer gerichtlichen Untersuchung eingesperrt, sie wurden eingesperrt, um auf die Vollstreckung eines Todesurteiles zu warten. Genaugenommen trifft diese Art der Freiheitsstrafe jedoch nicht den eigentlichen Begriff der Freiheitsstrafe, denn dieser sieht in dem Freiheitsentzug selbst eine Strafe. Eine Strafe, die darin bestand, daß einem Menschen seine Freiheit entzogen wurde, gab es im Mittelalter nur in einer Weise, nämlich in der geistlichen Klosterhaft. Den geistlichen Gerichten war es möglich, einen Menschen zu lebenslangem Eingesperrtsein in einem Kloster zu verurteilen. Die weltlichen Gerichte hingegen kannten eine Freiheitsstrafe nicht. Was wir als eigentliche Freiheitsstrafe verstehen, ist eigentlich erst Ende des 16. Jahrhunderts entstanden.

Um 1600 entstand in Amsterdam die Idee der Zuchthäuser, die von calvinistischem Gedankengut getragen war. Statt Menschen zu töten oder zu verstümmeln, entzog man ihnen die Freiheit, man sperrte sie ein. Die Strafe erschöpfte sich jedoch nicht im Einsperren, sondern hatte als zweites Element die Verrichtung von Arbeit. Hierin zeigt sich das calvinistische Gedankengut: Man glaubte, Menschen durch die Verrichtung von Arbeit auf den Weg der Rechtschaffenheit führen zu können; diese Hochschätzung der Arbeit hat es im Mittelalter nicht gegeben, worin sich zeigt, daß mit dem Gedanken der Zuchthäuser die Neuzeit anbricht.

Zuchthäuser

T.H.: Welche Art von Einrichtungen waren diese Zuchthäuser?

W. Schild: In Amsterdam entstand zunächst ein Zuchthaus für Männer, für Frauen wurde das sogenannte Spinnhaus eingerichtet. Beide Institutionen stützten sich einerseits auf den Zuchtgedanken, andererseits auf den Arbeitsgedanken. Die Amsterdamer, die damals für die Einrichtung dieser beiden Häuser verantwortlich waren, waren Calvinisten, so daß es nicht verwunderlich ist, den Gedanken der Hochwertung der Arbeit verwirklicht zu finden. Die Zuchthäuser wurden von Anfang an in zwei Abteilungen geführt: Auf der einen Seite nahm man vor allem jugendliche Missetäter auf, die man unter entsprechendem Einfluß noch erziehen zu können glaubte. Daneben gab es innerhalb der Zuchthäuser eine selbständige Erziehungsanstalt, in der Eltern ihre mißratenen Kinder abgeben konnten, damit diese ebenfalls zur Arbeit erzogen wurden.

In den Zuchthäusern kam eine durchaus moderne Auffassung von Erziehung zum Tragen, man meinte nämlich, junge Menschen durch Erziehung so beeinflussen zu können, daß sie einen rechtschaffenden Lebenswandel zu führen in der Lage wären.

T.H.: Der Zuchthausgedanke hat sich schnell ausgebreitet. Wie ist diese Ausbreitung erfolgt?

W. Schild: Die Ausbreitung erfolgte zunächst von Amsterdam aus über die Hansestädte nach Deutschland. Auch in England entstanden zu dieser Zeit Zuchthäuser, wobei es einen Streit gibt, ob das erste Zuchthaus in Amsterdam oder in England entstanden ist. Mit den Zuchthäusern setzte sich eine humanistische Grundtendenz durch, die die Menschen von der Tötung eines Missetäters Abstand nehmen und eine Besserung, quasi eine Resozialisierung, für möglich und durchführbar halten ließ. Einen weiteren Aspekt, der zur Verbreitung der Zuchthäuser geführt hat, darf nicht aus dem Auge verloren werden. Die Zuchthäuser verstanden sich auch als wirtschaftliche Unternehmen, die auch Gewinne erzielen wollten und sich dieser Gewinne auch nicht geschämt haben. Hier zeigt sich ebenfalls calvinistisches Gedankengut, das Gewinnstreben nicht als verwerflich ansieht.

T.H.: Die Idee der Zuchthäuser konnte sich in der Folgezeit nicht in seiner Reinheit erhalten. Warum nicht?

W. Schild: Zunächst verfing ja der Gedanke der Zuchthäuser nicht bei jedem Jugendlichen. Der Wille zur und die Freude an der Arbeit ließ sich nicht mit Zwang erreichen. Bei vielen Jugendlichen, die zum ersten Mal in ihrem Leben sinnvolle Arbeit verrichtet haben, mag dieses Erlebnis der Anstoß zur Abkehr von einem kriminellen Weg gewesen sein, aber da Erziehung ja keine technische Produktion von Menschen ist, kann sie immer auch scheitern. Der Gedanke, Menschen durch Zucht und Arbeit zu einem rechtschaffenden Lebenswandel zu führen, konnte in der Praxis fehlschlagen. Daneben gründet der Gedanke der Freiheitsstrafe prinzipiell auf einem Widerspruch, der bis in

unsere Tage hinein Bedeutung hat: Wie ist es möglich, einen Menschen durch Freiheitsentzug für ein Leben in Freiheit zu befähigen? Je mehr dieser Widerspruch deutlich wird, desto problematischer wird das Einsperren von Menschen.

Für die Zuchthäuser kam noch etwas anderes zum Tragen: Die Erzielung von Gewinnen aus der Arbeit der Inhaftierten war nicht immer möglich. Die Zuchthäuser erzielten zum Teil keine Gewinne, sondern sie kosteten Gelder, die aus öffentlichen Kassen zu bestreiten waren. Und wenn etwas Geld kostet, lenkt es die Blicke der Kritiker auf sich.

T.H.: Über die Carolina haben wir schon gesprochen. Mich würde interessieren, bis wann sie gültig war.

W. Schild: Die Carolina war ja ein Reichsgesetz mit subsidiärer Geltung, d.h. die einzelnen Länder innerhalb des Deutschen Reiches haben neben der Carolina immer ihre eigenen Halsgerichtsordnungen erlassen, so daß die Geltung der Carolina von diesen Halsgerichtsordnungen überlagert wurde. In den einzelnen Ländern gab es eben jeweils eigene Rechtsvorschriften. Wenn man dies mitbedenkt, kann man sagen, daß die Carolina bis ins 19. Jahrhundert maßgeblich war.

Das Reichsstrafgesetz von 1871

T.H.: Was folgte auf die Carolina?

W. Schild: Im Jahre 1871 wurde das Reichsstrafgesetzbuch erlassen. Den genauen Entstehungsprozeß zu schildern, würde den Rahmen dieses Interviews sprengen, man kann aber sagen, daß es Vorläufer dieses Reichsstrafgesetzbuches gegeben hat und daß in einer Art Reformbemühung versucht wurde, moderne wissenschaftliche Erkenntnisse in dieses Gesetzeswerk einzuarbeiten.

T.H.: Auf welchem Menschenbild beruht das Reichsstrafgesetz von 1871?

W. Schild: Das ist sehr schwer zu sagen, weil dieses Gesetz keine wissenschaftliche Arbeit ist, sondern einen Kompromißcharakter hat, der verschiedene Interpretationen zuläßt. Wichtig ist, daß Ende des 19. Jahrhunderts ein Schulenstreit in der Strafrechtswissenschaft einsetzte, der sich faktisch bis in unsere Tage fortsetzt. Man unterscheidet eine klassische, eher traditionelle Schule, die auch - in Anführungszeichen - die Schule der "Vergeltungsstrafrechtler" genannt wird, von einer eher kriminologisch orientierten, damals soziologischen Schule. Beide Schulen haben versucht, das Gesetz in ihrem Licht zu interpretieren.

Die Klassiker waren der Auffassung, daß allein die Tatsache, daß es sich bei diesem Gesetz um ein Strafgesetz handelt, dafür spricht, daß es auf dem Grundsatz der Schuld aufgebaut ist, die die Willensfreiheit des einzelnen Menschen voraussetzt, wie sie im Menschenbild der Aufklärung entfaltet wurde.

Die soziologische Schule ist demgegenüber von einem deterministischen Standpunkt ausgegangen. Aus ihrer Sicht ist der Mensch nicht willensfrei, sondern etwa das Produkt seiner Erziehung oder seiner Umwelt. Der zentrale Angriffspunkt, auf den diese Schule abhob, war natürlich der Schuldbegriff.

Aus diesem Streit resultierten dann verschiedene Reformbestrebungen, die sogar zu einem Gegenentwurf einiger Professoren führten. Von einem einheitlichen Menschenbild kann mit Hinblick auf diese unterschiedlichen Interpretationen in bezug auf das Reichsstrafgesetz eigentlich nicht die Rede sein. Die Materialien zum Reichsstrafgesetzbuch versuchen so auch, dem Streit zwischen Determinismus und Indeterminismus auszuweichen, indem der Begriff der Freiheit bzw. Unfreiheit weder im Sinne der einen noch der anderen Schule interpretiert, sondern ein allgemeiner Begriff der Freiheit zugrunde gelegt wird, wie er im Volke gemeinhin lebt. Es wird also das, was im Volk ohnehin gelebt wird, einfach ins Strafgesetz hineingeschrieben. Bei der Interpretation des Strafgesetzbuches stehen sich aber wissenschaftlich immer die beiden von mir bezeichneten Schulen gegenüber.

"Sie werfen sich gegenseitig allen Unsinn vor"

T.H.: Bei meiner Vorbereitung für dieses Interview bin ich immer wieder auf zwei Begriffe gestoßen. Es war jeweils von einer absoluten und einer relativen Strafrechtstheorie die Rede.

W. Schild: Das hängt mit diesem Streit, von dem ich eben gesprochen habe, zusammen. Bei der Auseinandersetzung dieser beiden von Ihnen genannten Richtungen ist sehr viel Ideologie mit im Spiel, wobei immer die eine der anderen Seite allen Unsinn vorwirft, den es auf diesem Gebiet gibt, was es sehr schwermacht, dezidiert Stellung zu beziehen. Entscheidend ist aber, daß beide Positionen extrem sind und sich sehr oft als Gegenpositionen zueinander verstehen. Die Wahrheit liegt dabei, wie so oft, in der Mitte. Die absolute Theorie vertritt die Auffassung, daß auf ein Verbrechen notwendig Strafe zu folgen habe, wobei die Begründung der Strafe sich nicht nach Zwecken richten dürfe. Die relative Theorie dagegen fragt nach einer zweckhaften Strafe. Ihrer Auffassung nach muß eine von Menschen verhängte Strafe immer einen Zweck verfolgen, muß immer in Relation zu diesem Zweck gedacht werden. Die Zwecke, die eine Strafe zu erfüllen hat, wären zum Beispiel die Generalpräventionen, d.h. also entweder die Abschreckung der Allgemeinheit durch die Bestrafung eines Missetäters im Sinne eines Exempels, oder als positive Generalprävention eine Stärkung des Rechtsbewußtseins und des Vertrauens in die Rechtspflege der Allgemeinheit. Ein anderer Zweck wäre die Individualprävention, hinter der sich ein Erziehungs- oder Heilungsgedanke verbirgt, je nachdem, ob von einem soziologischen oder einem medizinischen Modell ausgegangen wird.

Der Gegensatz zwischen absoluter und relativer Straftheorie ist aber oftmals nur ein scheinbarer, denn die absoluten Theorien haben die relativen Zwecke nie abgelehnt, sondern sind nur der Auffassung, daß Strafe nicht mittels dieser Zwecke begründbar sei, zur Begründung sei allein der Schuldgedanke notwendig. Die relativen Theorien brauchen in der Praxis ihrerseits auch wieder den Schuldgedanken, nämlich zur Grenzziehung. Es braucht ja nicht jeder erzogen oder geheilt zu werden; erzogen oder geheilt muß nur der werden, der sich durch eine Straftat schuldig gemacht hat. Aus diesem Grunde ist die heute herrschende Auffassung die sogenannte Vereinigungstheorie, die einerseits akzeptiert, daß Strafe irgendetwas mit Schuld zu tun hat, sei es zur Begründung oder auch nur zur Grenzziehung, und daß andererseits eine bloße Vergeltung als Zweck der Strafe nicht ausreicht.

Die Neufassung von 1975

T.H.: Bis wann war das Reichsstrafgesetz von 1871 in Kraft?

W. Schild: Es ist teilweise immer noch in Kraft. Zwar hat es in der Zwischenzeit viele Neufassungen und Reformen gegeben, aber als Fundament hat es weiterhin Bestand.

Seit 1975 ist ein neugefaßter Allgemeiner Teil in Kraft, unser wissenschaftliches Glanzstück, in dem allgemeine Bestimmungen über Versuch, Vorsatz, Täterschaft usw. abgehandelt werden. Weiterhin wurde das Sexualstrafrecht reformiert, wobei beispielsweise die Homosexualität für straffrei erklärt wurde. Zentrale Bestimmungen, wie zum Beispiel Raub oder Diebstahl, fußen aber auch heute noch auf dem Reichsstrafgesetz von 1871, so daß der Kern des Besonderen Teils immer noch Reichsstrafgesetz ist.

T.H.: Welche Kritik wurde an dem nun nicht mehr gültigen Allgemeinen Teil geübt, so daß man eine Neufassung für notwendig hielt?

W. Schild: Der Allgemeine Teil ist hauptsächlich von wissenschaftlicher Seite kritisiert worden, was an der Abstraktheit und Unanschaulichkeit seines Inhaltes lag. Für einen Laien ist der Allgemeine Teil nach wie vor weder interessant, noch ist er allgemein bekannt. Die Reform ging daher von der Wissenschaft aus und richtete sich auch nach wissenschaftlichen Kriterien. Die Bemühungen zielten auf eine moderne, zeitgemäß wissenschaftliche Neufassung des Allgemeinen Teils.

Für die Öffentlichkeit interessanter und von ihr auch mehr bewußtseinsmäßig begleitet war die zeitgleiche Reform des Strafkataloges. Die Reform des Straf- bzw. Maßnahmenkataloges führte nicht nur zu einer Abschaffung der Todesstrafe, was ja lediglich eine Erfüllung der Vorgaben des Grundgesetzes war, auch die Differenzierung der Freiheitsstrafen in Zuchthaus, Kerker, schweren Kerker usw. wurde zugunsten einer einzigen einheitlichen Freiheitsstrafe aufgegeben. Auch die Geldstrafe wurde neu gefaßt: Mittels des Tagessatzsystemes wurde versucht, eine gerechtere, transparentere und überprüfbarere Form der Geldstrafe einzuführen, um die Willkür in diesem Bereich zu beseitigen. Zunächst wird nun nach der Schuld des Täters eine bestimmte Zahl von Tagessätzen festgelegt und dann wird nach der Einkommenshöhe des Täters die Höhe eines Tagessatzes festgelegt. Das Produkt aus der Zahl der Tagessätze und der individuell festgelegten Tagessatzhöhe bestimmt die Höhe der Geldstrafe. Weiter führte die Reform des Maßnahmenkataloges zu einer Zurückdrängung der kurzfristigen Freiheitsstrafe, da sich, durch die soziologische Schule angeregt, die Erkenntnis durchsetzte, daß eine Freiheitsstrafe bis zu sechs Monaten mehr schadet als nutzt, da der Betreffende aus seinem sozialen Umfeld herausgerissen wird, kurzfristig ins Gefängnis kommt - in die "Schule des Verbrechens" -, wo er dann noch etwas dazulernt usw. Auch wurde der sogenannte bedingte Strafnachlaß eingeführt, was bedeutet, daß der Täter zwar zu einer Freiheitsstrafe verurteilt wird, der Vollzug dieser Strafe aber ausgesetzt wird. Diese Strafe auf Bewährung ist heute eine der am meisten verhängten Sanktionen, wobei der Bestrafte immer unter dem Druck steht, bei Rückfälligkeit die gesamte Strafe verbüßen zu müssen.

Neben diesen Strafen gibt es auch eine Reihe von Sanktionen in der Neufassung, die eigentlich nicht als Strafen aufzufassen sind, so daß der Begriff Strafgesetz eigentlich irreführend ist. Bei diesen Sanktionen handelt es sich um Maßnahmen gegen Strafunfähige, beispielsweise psychisch gestörte Täter, für die dann eine Einweisung in eine psychiatrische Anstalt oder ähnliches vorgesehen ist. Auch gibt es eine Sicherheitsverwahrung für hochgefährliche Täter, die eine Gefährdung für die öffentliche Sicherheit darstellen. Diese Sicherungshaft ist ebenfalls nicht als Strafe zu verstehen, sondern ist vom Sicherungszweck her bestimmt, der ein legitimer Staatszweck ist.

Rechtswissenschaft und Kriminologie

T.H.: Wie läßt sich das Verhältnis von Staatsrechtswissenschaft auf der einen Seite und Kriminologie auf der anderen Seite charakterisieren?

W. Schild: Das läßt sich pauschal so nicht beantworten. Herkömmlicherweise besteht zwischen beiden Richtungen ein wesentlicher Unterschied. Die klassische Theorie hat sich vor allem als Rechtswissenschaft verstanden, während sich die moderne soziologische Theorie eher auf die Kriminologie stützt. Daneben gibt es aber das Konzept einer gesamten Strafrechtswissenschaft, in dem sich das Bemühen spiegelt, Strafrecht und Kriminologie zumindest in den Grundzügen miteinander zu verbinden. Praktisch bedeutet das zum Beispiel, daß ein Strafrechtsdogmatiker, also jemand, der sich mit den einzelnen Strafrechtsbestimmungen auseinandersetzt, bemüht ist, kriminologische Erkenntnisse in seine Arbeit mit einfließen zu lassen. Das kann sich zum einen in der Auslegung der Gesetzestexte spiegeln oder aber in der Beschaffenheit rechtspolitischer Vorschläge. Bei der Rechtspolitik zeigt sich deutlich, daß Juristen nach ihrem herkömmlichen Selbstverständnis einen Unterschied zwischen der Darstellung des geltenden Rechtes und rechtspolitischen Vorschlägen für neue Gesetze und Gesetzesvorhaben und -änderungen machen.

Es läßt sich also sagen, daß die Kriminologie hauptsächlich für rechtspolitische Vorschläge an Bedeutung gewinnt, während für die eigentliche Strafrechtswissenschaft im Sinne der Dogmatik des geltenden Rechtes die Kriminologie eher sekundär ist. Die Kriminologie versteht sich als eine kritische Richtung, die die Bedingungen von Straffälligkeit und Strafe hinterfragt, Mechanismen aufdeckt, Zusammenhänge darstellt und durch dieses Wirken zwangsläufig das tradierte Schuldprinzip in Frage stellt. Aus dieser Richtung stammt auch der Impuls zur Abschaffung der Gefängnisse.

T.H.: Kann man sagen, daß die modernen Gefängnisse sich aus dem Gedanken der Zuchthäuser entwickelt haben?

Der Grundwiderspruch der Freiheitsstrafe

W. Schild: Ja, der Gedanke eines sinnvollen Strafvollzugs im Sinne einer Resozialisierung hat revolutionierend gewirkt, so daß einerseits die Todesstrafe immer mehr zurückgedrängt wurde und die Freiheitsstrafe, und damit verbunden die Zuchthäuser, sich immer mehr ausbreitete. Die moderne Freiheitsstrafe, wie sie heute noch existiert, beruht letztendlich auf dem Gedankengut der Zuchthäuser, die im 16. Jahrhundert in Amsterdam und England gegründet wurden. Die Freiheitsstrafe lebt auch heute noch von dem Gedanken, daß durch Freiheitsentzug und Arbeitszwang etwas Sinnvolles bewirkt werden könne, was wahrscheinlich ein verfehlter Gedanke ist. Durch Zwang läßt sich wahrscheinlich überhaupt nichts Sinnvolles erzeugen.

T.H.: Beziehen sich diese Bedenken nur auf die Freiheitsstrafe, wie sie im Amsterdamer Zuchthaus angewendet wurde, oder würden Sie sie auch gegenüber der heutigen Freiheitsstrafe geltend machen?

W. Schild: Dieser Widerspruch ist wohl ein grundsätzlicher, d.h. er findet sich auch im heutigen Gefängnis. Es wird heute natürlich versucht, diesen Widerspruch durch bestimmte Modifikationen des Strafvollzugs zu mildern. Man versucht etwa, Ansätze einer Selbstverwaltung der Gefangenen innerhalb der Gefängnisse durchzusetzen, dann gibt es den offenen Strafvollzug, in dem man versucht, mit Freigängen, Hafturlaub usw. zu arbeiten. Im offenen Strafvollzug ist aber schon im Grunde die Erkenntnis zugegeben, daß geschlossener Strafvollzug sinnlos ist. Freiheitsentzug ist nur noch aus einem Sicherheitsinteresse heraus zu vertreten, nicht aber aus Gründen der Sozialisierung. So hat auch, glaube ich, der Gedanke, daß man allein durch ein Einsperren einen Menschen bessern könne, heute keinen ernstzunehmenden Vertreter mehr.

T.H.: Welche Alternativen gibt es denn, außer den bereits genannten?

W. Schild: Die Alternativen beruhen insgesamt auf einer Lockerung des Vollzuges, es wird grundsätzlich von einem Freiheitsentzug ausgegangen, dieser wird aber zum Beispiel dadurch gemildert, daß die Inhaftierten außerhalb des Gefängnisses arbeiten, so daß sie tatsächlich einer sinnvollen Beschäftigung nachgehen können. Meiner Meinung nach müßte es ein Grundbestreben sein, die Verhältnisse innerhalb des Strafvollzugs so weit wie nur irgend möglich an die in der Gesellschaft tatsächlich herrschenden Verhältnisse anzupassen. Dazu würde auch gehören, daß man die Arbeit eines Gefangenen wie die Arbeit eines normalen Bürgers betrachtet, sie also auch entsprechend bezahlt. Eine weitere Maßnahme wäre die Auflösung der Gefängnisblöcke zugunsten von Wohneinheiten, die von den Gefangenen weitgehend selbst verwaltet werden. Die Haft würde sich dann als eine Hilfe zur Führung eines sinnvollen Lebens verstehen. Ich muß aber noch einmal betonen, daß der Grundwiderspruch, Menschen in Unfreiheit zur Freiheit erziehen zu wollen, jeder Freiheitsstrafe zugrunde liegt, und durch noch so weitgehende Lockerungsmaßnahmen der Freiheitsstrafe wird es nicht gelingen, diesen Widerspruch zu tilgen. Aus diesem Grunde gibt es innerhalb der modernen Kriminologie zahlreiche Stimmen, die für eine Abschaffung der Freiheitsstrafe insgesamt plädieren. An die Stelle der Freiheitsstrafen treten dann Arbeits- oder Wiedergutmachungssanktionen.

T.H.: Sind das realistische Perspektiven?

W. Schild: Ich glaube, daß diese Perspektiven durchaus realistisch sind, insbesondere wenn man sich vergegenwärtigt, wie kostspielig die Führung eines Gefängnisses ist. Die verantwortlichen Politiker brauchen sich nicht einmal das liberale Gedankengut zu eigen zu machen, sie bräuchten lediglich ökonomische Überlegungen anzustellen, dann würden sie erkennen, wie kostspielig Freiheitsstrafen sind, und von dieser ökonomischen Erkenntnis geleitet, nach Alternativen suchen.

Privatisierung von Gefängnissen

T.H.: In Amerika gibt es ja Bestrebungen, Gefängnisse zu privatisieren.

W. Schild: Die Privatisierung von Gefängnissen ist höchstwahrscheinlich ein Irrweg. Um nämlich sicherzustellen, daß die Gefangenen in den privaten Gefängnissen nicht unter menschenunwürdigen Verhältnissen leben, daß sie nicht ausgebeutet werden, bedarf es von seiten der verantwortlichen Regierung eines ungeheuren Überwachungsapparates, der wiederum Unsummen verschlingt. Ich meine, daß der Weg der Wiedergutmachungssanktionen, die eine Wiedergutmachung entweder direkt dem geschädigten Opfer oder der Gesellschaft in Form von sozialer Arbeit erbringen, ein sinnvollerer Weg ist als die Privatisierung von Gefängnissen. Darüber hinaus ist die Privatisierung von Gefängnissen höchstwahrscheinlich nicht mit unserem Staatswesen und dem Grundgesetz vereinbar.

An der Grenze der Sinnlosigkeit

T.H.: Sehen Sie mit dem derzeitigen Stand der Strafrechtspraxis einen erträglichen Status quo erreicht?

W. Schild: Auch das ist pauschal nicht zu beantworten. Das Strafgesetzbuch zum Beispiel ist in der Hauptsache eine Anleitung für den Richter, nach der er sich bei seiner Urteilsfindung zu richten hat. Nehmen Sie etwa den § 212, die Bestimmung über den Totschlag. Im Strafgesetz heißt es hierzu: "Wer einen Menschen tötet, ohne Mörder zu sein, wird als Totschläger mit Freiheitsstrafe nicht unter fünf Jahren bestraft." Aus dieser Formulierung ist zu erkennen, daß der Gesetzestext für den Richter konzipiert ist. Das eigentliche Problem liegt aber gar nicht im Strafgesetzbuch, sondern in der Verfahrensordnung. Das beste Strafgesetzbuch nützt nichts, wenn das Verfahren schlecht geregelt ist. So ist es zum Beispiel denkbar, daß ein hervorragendes Strafgesetzbuch existiert, im Verfahren aber die Folter zugelassen wäre. Ein solcher Zustand der Strafjustiz wäre unerträglich, obwohl ein schönes Strafgesetz existiert.

Aus diesem Grunde richtet sich die Hauptkritik aus allen Richtungen weniger auf das Strafgesetzbuch (auf das sogenannte "materielle" Recht), sondern auf die Regelungen der Strafprozeßordnung. Nehmen Sie etwa die Kronzeugenregelung, da haben Sie eine Einrichtung, die rechtsstaatlich meiner Auffassung nach unerträglich ist. Oder im

Zusammenhang mit den Terroristenverfahren wurden von staatlicher Seite vehement die Verteidigungsrechte beschnitten, es wurden dermaßen scharfe Verfahrensgesetze erlassen, die Mittel der Polizei wurden in einem sehr großen Maße verstärkt, so daß man sagen muß, daß eine Beurteilung des Strafrechtswesens nicht allein mit Hinblick auf das Strafgesetzbuch geschehen kann. Das Strafgesetzbuch als solches ist, zumindest was den Allgemeinen Teil anbelangt, sicherlich eines der besten Strafgesetzbücher der Welt. Auch die deutschsprachige Strafrechtswissenschaft ist in dieser Hinsicht führend. Im Strafsektor hingegen wird es problematisch, blickt man etwa auf die Freiheitsstrafe.

Seit 1976 haben wir ein neues Strafvollzugsgesetz, das im § 2 vorschreibt, daß der Gefangene fähig werden soll, künftig in sozialer Verantwortung ein Leben ohne Straftaten zu führen. Ich glaube, daß durch diese Formulierung der der Freiheitsstrafe inhärente Widerspruch deutlich wird: Wie soll es möglich sein, unter Entzug von Freiheit zu lernen, ein Leben mit sozialer Verantwortung in Freiheit zu führen? Wenn das Vollzugsziel per Gesetz heißt, den Gefangenen zu einem Leben in Freiheit und sozialer Verantwortung zu befähigen, muß sich der heutige Strafvollzug an diesem Ziel messen lassen, und ich meine, daß er dabei nicht besonders gut wegkommt. Es geht hierbei nicht um phantastische Reformen, sondern um die Erfüllung eines bereits per Gesetz vorgeschriebenen Vollzugszieles. Wir müssen uns fragen, wie dieses Ziel bestmöglich zu erreichen ist. Dabei geht es nicht um die Frage, Strafrecht ja oder nein - ich glaube eine Gesellschaft kann ohne Strafrecht nicht leben -, sondern es geht um die sinnvolle Gestaltung des Strafrechts. Was heute aber als Freiheitsstrafe praktiziert wird, ist an der Grenze der Sinnlosigkeit. Man wird sich also überlegen müssen, wie die Freiheitsstrafe durch Ersatz durch andere Strafen zu minimieren ist. Für mich sind etwa auch Wiedergutmachungssanktionen eine Form von Strafe, die die Freiheitsstrafe ersetzen könnte. Man könnte auch versuchen, den Freiheitsentzug dem wirklichen Leben so weit wie möglich anzupassen, was natürlich sehr teuer ist. Das Problem ist, daß solche Bemühungen keine Lobby haben, weil die Menschen, um die es dabei geht, nämlich die Strafgefangenen, per Begriff einen schlechten Ruf haben. Für diese Gruppe von Menschen setzt sich kaum jemand ein. Um nur ein Problem zu nennen: In Zeiten hoher Arbeitslosigkeit ist es sehr schwierig, mit der Forderung durchzudringen, sinnvolle Arbeit an Strafgefangene zu vergeben. Vom Vollzugsgedanken her wäre dies aber eine sinnvolle Maßnahme. Wie soll ein Strafgefangener Freude an der Arbeit finden, wenn er im Vollzug Tüten klebt? Der Grundwiderspruch, in Unfreiheit zur Freiheit erziehen zu wollen, bestimmt die Freiheitsstrafe. Dieser Widerspruch sollte vielmehr ins öffentliche Bewußtsein dringen, so daß über Bewußtseinsbildungsprozesse auch Änderungen erreicht werden können.

Zusammenfassend läßt sich sagen, daß die Wirklichkeit des Strafrechtslebens eines Staates sich nicht primär nach dem Strafgesetzbuch richtet, sondern nach dem Strafverfahrensrecht und der Praxis des Strafvollzugs. Wenn rechtsstaatlich orientierte und interessierte Richter und vor allem auch Polizeibeamte tätig werden, dann wird das Strafrechtsleben eines Staates in Ordnung sein; wenn aber Polizeigesichtspunkte immer stärker würden, dann nützt auch das beste Strafgesetzbuch nichts, weil die Würfel im Verfahren fallen.

Eurythmie im Knast

BERICHT AUS BONN

Marietta Biermann

Ich kannte das im Vergleich zu den modernen Knastfabriken von Kennern als alt und gemütlich eingestufte Bonner Gefängnis (ca. 1860 erbaut) schon sehr gut durch meine mehrjährige freiberufliche Tätigkeit als Leiterin einer psychologischen Gesprächsgruppe für Inhaftierte. Die Justizvollzugsanstalt liegt etwas versteckt, mitten im Stadtzentrum von Bonn, am Rande der Altstadt, direkt neben dem Gericht. Das rote Backsteingebäude ist von drohendem Auto- und bimmelndem Straßenbahnverkehr umsaust, und Hundegebell, Menschenstimmen und Kneipengeräusche dringen durch die Zellenfenster zu den ca. 350 männlichen Inhaftierten herein, von denen zwei Drittel Untersuchungs- und ein Drittel Strafhäftlinge (mit einer Strafe bis zu drei Jahren) sind.

Bevor man zu ihnen in den sogenannten Zellentrakt gelangen kann, muß man durch mehrere Kontrollen sowie durch sechs schwere, zum Teil vergitterte Türen hindurch, die von einem Beamten per Knopfdruck geöffnet werden. Dabei darf aus Sicherheitsgründen immer nur eine Tür zu gleicher Zeit geöffnet werden.

Im Zellentrakt angelangt, schlägt einem ein unverwechselbares Geruchs-Gemisch aus Bohnerwachs, Schweiß, Menschenkörpern, kaltem Rauch, Essensdünsten und Leid entgegen. Sodann hat man sich bei der als "Frittenbude" getauften Zentrale zu melden. Der diensthabende Beamte ruft dann über Lautsprecher beispielsweise: "Die Teilnehmer der Gruppe X bitte Klappe schmeißen." Eine rote Klappe an der Zellenwand neben der Zellentür läßt sich von der Zelle aus bewegen und muß von dem Inhaftierten, der irgendein Anliegen hat oder aus der Zelle heraus will, als Zeichen für den Abteilungsbeamten betätigt werden.

Hürdenlauf ohne Ende

Genauso wie der Weg zu den Zellen der Inhaftierten mit Hürden versehen ist, so mußten auch etliche Hürden überwunden werden, bis die erste Eurythmie-Kursstunde stattfinden konnte. Ein Gefängnis ist eben ein Gefängnis, durchzogen und umgeben nicht nur von Mauern und Gittern aus Stein und Stahl, sondern auch von solchen aus Gesetzen, Vorschriften, Verwaltungsausführungsbestimmungen und Zuständigkeitshierarchien zur Aufrechterhaltung von Kontrolle, Sicherheit und Ordnung - den Grundpfeilern des Strafvollzugs.

Anfang August 1988, 2.1/2 Monate vor meinem Eurythmie-Abschluß an der Alanus-Hochschule, rüstete ich mich zum Hürdenlauf, um einen Eurythmiekurs im Knast zustandezubringen:

Hürde Nr. 1: Ein Gespräch mit dem Pfarrer des evangelischen Erwachsenenbildungswerkes sowie mit dessen Beirat wegen inhaltlicher und finanzieller Unterstützung.

Hürde Nr. 2: Ein Gespräch mit dem Anstaltsleiter, mit dem Leiter für Sicherheit und Ordnung sowie mit dem zuständigen Personalleiter für die Beamten über das Thema: "Was ist Eurythmie, wie wirkt sie und was will sie?"

Hürde Nr. 3: Mehrere Gespräche und kleine eurythmische Demonstrationen mit den im Knast arbeitenden Sozialarbeiterinnen, mit dem Drogenbeauftragten und last but not least mit der alles koordinierenden, initiativen Seele der JVA Bonn in puncto Bildungs- und Freizeitveranstaltungen, mit der Frau Oberlehrerin.

Hürde Nr. 4: Das Abfassen mehrerer Schriftstücke und Briefe, damit "man etwas in der Hand hatte", damit also der Eurythmiekurs zum verwaltungsmäßig einzuordnenden Vorgang avancierte.

Hürde Nr. 5: Gespräche über Eurythmie inklusive kleiner Kostproben zur Motivierung der Inhaftierten in meiner Gesprächsgruppe.

Hürde Nr. 6: Bekanntgabe des Kurses in der Gefangenen-Zeitschrift "Sichtblende" durch einen kleinen Artikel sowie das Herstellen eines kleinen Faltblattes, in denen ich versuchte zu erklären, was Eurythmie ist (siehe Kasten).

Diese Prozedur dauerte bis Ende Oktober 1988. Endlich konnte es losgehen: Alle waren einverstanden. Uhrzeit, Wochentag und Raum waren festgelegt. Frohen Mutes und beschwingten Schrittes ging ich nunmehr als frischgebackene Eurythmistin an dem festgesetzten Tag zur festgesetzten Stunde in den Knast. Erwartungsvoll ließ ich mir vom Frittenbuden-Beamten den mir zugesagten Raum aufschließen ...- jedoch! Meine vorfreudige Hochstimmung fiel hörbar in die Tiefe: Der Raum war bis zum letzten Quadratzentimeter auf unerklärliche Weise mit aufeinandergetürmten Büromöbeln vollgestellt! Nicht zu fassen! Natürlich war keiner zuständig, der Zuständige nicht erreichbar. Unverrichteter Dinge mußte ich wieder gehen.

Es hieß, die Hürdenlaufschuhe wieder anzuschnallen! Erneute Telefonate und Gespräche mit der Gefängnisleitung, durch die nach zähem Ringen unter Zuhilfenahme der Frau Oberlehrerin und unser beider hart erprobten Phantasie nunmehr eine andere Lösung gefunden wurde: Ich durfte - da der ursprünglich vorgesehene Raum das Büro der Anstaltspsychologin werden sollte - in den etwas abgelegenen Sportraum, unter der Bedingung, daß der Sportlehrer der JVA sich zur Teilnahme an dem Eurythmiekurs bereit erklärte, denn es gab in der Nähe des Sportraumes keine Frittenbude, also keinen Beamten zur Sicherung meiner persönlichen Sicherheit.

Eine Hürde war genommen, indem eine neue hinzugekommen war: der Sportlehrer mußte überzeugt werden. Glücklicherweise war er ein sehr aufgeschlossener Mensch - er willigte ein. Ich wäre ihm fast um den Hals gefallen vor Freude!

Voller Optimismus begab ich mich nun nach einigen weiteren Wochen wieder zur besagten Stunde in den Knast. "Teilnehmer des Eurythmiekurses im Sportraum - bitte Klappe schmeißen" schnarrte der Lautsprecher. Wie Musik klang das in meinen Ohren. Meinen Augen aber wollte ich nicht trauen, als auch nach längerem Warten nur ein einziger Inhaftierter, den ich aus meiner Gesprächsgruppe kannte, erschien. Die Reihe der Hürden wollte offenbar nicht enden. Grimmigen Gesichtes ging ich wieder nach Hause.

EURYTHMIE, was ist das?

Eurythmie hat etwas mit Bewegung zu tun. Wenn der Mensch sich bewegt, fließen bekanntlich Energien hin und her. In den herkömmlichen Sportarten fließen diese Energien in die Muskeln – in der Eurythmie fließen die Energien in die Seele hinein. Die Seele wird sozusagen trainiert.

Innere Stärke entwickeln!

Innere Stärke braucht jeder im Leben - wohl aber besonders in der Haftsituation.

Die Eurythmie kann solche Übungen anbieten, die

- die Konzentration fördern,
- echte seelische Entspannung ermöglichen,
- die schöpferischen Eigenkräfte mobilisieren,
- das wirkliche Selbstbewußtsein steigern,
- Aggressionen und Ängste abbauen helfen,
- Trägheit und Niedergeschlagenheit entgegenwirken u n d
- einfach Spaß und Freude machen.

Eurythmie ist für alle Altersgruppen geeignet.

Wenn Sie mitmachen möchten, melden Sie sich bei Frau Gehde (vertretungsweise Frau Stuch) an!
Schauen Sie vorbei - machen Sie mit und bilden Sie sich selbst ein Urteil!

Am nächsten Tag rief ich die Frau Oberlehrerin an, um zu fragen, was das zu bedeuten hatte, daß sich nur ein Teilnehmer gemeldet hatte. Ich wollte es nicht glauben, daß nur einer Eurythmie machen wollte! Bei diesem Anruf bekam ich die Nachricht, die Frau Oberlehrerin sei für mehrere Wochen krank geschrieben. Aus der Erfahrung mit der Teilnehmer-Rekrutierung für meine Gesprächsgruppe wußte ich diese Tatsache in die Rubrik "Katastrophen" einzuordnen, denn fehlte diese Frau, dann fiel alles auseinander wie ein mißlungener Hefekloß, nichts ging mehr in bezug auf Kommunikation und Koordination der Freizeitveranstaltungen. Die Inhaftierten erfuhren nämlich von der Oberlehrerin durch ihre persönliche Ansprache von den Freizeitveranstaltungen. Sie erledigte auch die mit einer Teilnahme verbundenen Formalitäten - Beantragung von dazu notwendigen richterlichen Genehmigungen, Ausstellen von Teilnehmerkarten, Regelung der Raumfrage - und sorgte auch manches Mal dafür, daß ein "vergessener" Teilnehmer von einem Beamten aus der Zelle geholt wurde. Mir blieb nichts weiter übrig als abzuwarten, bis die Frau Oberlehrerin wieder im Dienst war!

Endlich! Die erste Eurythmiestunde im Knast

Inzwischen war es Januar geworden. Ein knappes halbes Jahr hatte ich mit Hürdenlaufen verbracht und war mittlerweile gut durchtrainiert und fit für den langersehnten Anfang des Eurythmiekurses. An einem kalten trüben Januartag war es dann endlich soweit. Sieben Teilnehmer waren erschienen, netterweise auch einige aus meiner Gesprächsgruppe, denen ich von meinen Enttäuschungen erzählt hatte.

Ich befand mich in einem Zustand höchster innerer Anspannung, war doch diese erste Stunde entscheidend dafür, ob die Eurythmie bei den Inhaftierten ankam oder nicht. Ich wußte, wie gut die Flüsterpropaganda im Knast funktionierte - im Positiven wie im Negativen. Keine zwei Stunden - und alle im Knast würden wissen, wie diese erste Stunde gewesen war. Ich hatte nur einen klaren Gedanken im Kopf: Die Leute müssen Spaß und Freude, Gelöstheit und Stille und innige Konzentration erleben.

Nach einer kurzen Vorstellungsrunde, bei der ich einiges über die Eurythmie erzählte, ging es los. Gründlich hatte ich mich vorbereitet, jedoch das wenigste von dem, was ich mir dabei vorgenommen hatte, sagte oder tat ich auch. Für das Ballen und Lösen beispielsweise hatte ich mir am Schreibtisch zu Hause das Bild einer Blüte ausgesucht, aber als ich die teilnehmenden Inhaftierten sah, entschied ich mich spontan für das Bild eines Fallschirmes, der eben zusammenfällt und sich wieder mit Luft füllt.

Nicht anders erging es mir bei den geometrischen Figuren. Geplant hatte ich das Dreieck, aber ich ließ sie das Pentagramm laufen, aus dem intuitiven Gefühl heraus, daß man diese Teilnehmer gleich von Anfang an vor höhere Anforderungen stellen müßte, damit sie die Eurythmie ernst nahmen und nicht als Geplänkel erlebten. Aber von wegen höhere Anforderungen! Die meisten latschten die Fünfsternwege mit einem Gesichtsausdruck höchster Langeweile ab! Und diese war durchaus berechtigt, denn zu meinem Erstaunen - und zu meiner stillen Panik - liefen sie diese Wege, wofür wir Eurythmiestudenten im ersten Jahr mehrere Stunden brauchten, nach einmaligem Zeigen fehlerlos! Ich hatte ihre Fähigkeiten also unterschätzt!

Nun ja. Weiter ging es mit Stabübungen: kurz-kurz-lang zu zweit, dann im Kreis. Ich brauchte nichts zu sagen, gleich fingen alle an, die Stäbe kräftig zu werfen. Gott sei Dank fiel auch einigen der Stab mit donnerndem Getöse herunter, was größte Heiterkeit hervorrief. Als es dann im Kreis mit dem Rhythmus kurz-kurz-lang stäbewerfenderweise rechts und links herum im schnellen Wechsel weiterging, war der Jubel perfekt. Schallendes Gelächter und Stabgedonner hallten durch die braungetönten öden Gänge des Gefängnisses. Es war geschafft. Sie lachten, hatten Spaß und waren gelöst.

Nun blieb noch die zweite Aufgabe zu lösen: das Erleben inniger Konzentration. Mir fiel eine Stabübung ein, die wir im dritten und vierten Jahr des Eurythmiestudiums kennenlernten: das waagerechte Werfen des Stabes im Rhythmus kurz-kurz-lang. Man steht dabei im Kreis, erst wird nur ein Stab werfend in Umlauf gebracht, dann zwei, drei, vier usw., bis schließlich alle Stäbe im Einsatz sind und bis man fast gleichzeitig den Stab an den rechten Nachbarn waagerecht werfen und von dem linken Nachbarn den Stab waagerecht aufgreifen muß. Alle mußten den gleichen Rhythmus einhalten, sonst fiel alles auseinander, sonst gelang die Übung nicht. Diese rief höchste Konzentration hervor. Es war mucksmäuschenstill im Raum, nach und nach atmeten alle im gleichen Zug, alle waren nur darauf konzentriert, daß die Übung gelingen sollte. Alles andere, der Knast, die eigene Tat, der bevorstehende Prozeß, Sorgen mit Angehörigen - alles war für diese zehn Minuten total vergessen. Wer das Knastleben kennt, weiß wie hoch dieses "Vergessen" schon an sich zu bewerten ist. Meist geschieht es durch die Droge Fernsehen. Aber hier war ein erfrischendes Vergessen, ein Durchgepustetwerden, allen anzumerken, als die Eurythmie nach 1.1/2 Stunden beendet war.

Einige waren spontan begeistert, einige still und ruhig, andere sagten nichts und verschwanden schnell durch die Tür. Der Eurythmiekurs hatte seine Geburtsstunde im Knast glänzend überstanden.

Der Raum

Der Eurythmiekurs fand nun regelmäßig im Sportraum statt, einem ziemlich häßlichen und trostlosen, rechteckigen Raum mit schmutzig-weißgrauen Wänden, grauem PVC-Fußbodenbelag und charmanten Neonröhren. In der Decke befanden sich vier durchsichtige, vergitterte Plastikluken. Ein nach draußen führender - nicht ganz ausschaltbarer - Ventilator zierte die Wand und sorgte reichlich für brummende Zugluft. Schlimmer noch waren aber die gräßlichen, fratzenhaft-foltergerätähnlichen Fitnesapparate, die in diesem Raum standen. Viele von ihnen waren fest an der Decke, am Boden oder an der Wand montiert. Der mobile Teil von ihnen mußte vor jeder Eurythmiestunde in einer Ecke des Raumes zusammengestellt werden. Die Eurythmie hatte viel zu tun, um die Ausstrahlung dieser kraftprotzenden Zaungäste zurückzudrängen.

Ein gewisser Odeur war manchmal im Raum vernehmbar, weil von dort aus eine kleine dünne Tür zu einem gewissen Örtchen führte. Jedoch blieben wir meistens von einem anderen Grundübel eines Knastes durch die Anwesenheit des Sportlehrers verschont: das Zuschließen der Eingangstür! Das war ein gutes Omen: die Eurythmie fand bei unverschlossener Tür statt, hatte also schon ein Stückchen Freiheit bewirkt und wenigstens *eine* schwere, verglaste und vergitterte Tür, wenn auch nur stundenweise einmal wöchentlich, geöffnet. Meistens gelang es, in diese schwere und dumpfe Raumatmosphäre Licht, Leichtigkeit und dichte Klarheit einzubringen, denn die Stunden waren so intensiv, daß man glatt den Raum und den Ort vergaß.

Die Eurythmiegruppe

Eine feste Gruppe mit kontinuierlich Teilnehmenden, die meisten im Alter von 22 bis 35 Jahren, bildete sich heraus. Die sieben der ersten Stunde blieben konstant dabei; bis auf zwei Entlassungen nach fünf bis sechs Wochen, die aber durch neue kontinuierlich teilnehmende Inhaftierte ersetzt wurden. Ab und zu tauchte ein neuer Teilnehmer auf, um zu schnuppern, was hier wohl vor sich ginge. Denn längst war der neue merkwürdige

Name "Eurythmie" in aller Munde und beschäftigte die Phantasie, nicht nur der Inhaftierten, sondern auch der Gefängnisbeamten. Vor allem die Konstellation "Frau - Bewegung - Männer - Knast" reizte wohl zu schier unerschöpflichen Phantomvorstellungen.

In den ersten Wochen war dieses Neu-Auftauchen und das Miteinbeziehen eines neuen Teilnehmers kein Problem - waren doch alle neu, unsicher und tapsten herum. Aber die Stärke der gemeinschaftsbildenden Kraft der Eurythmie zeigte sich überraschend schnell: Nach bereits acht Wochen war die Gemeinschaft der Unerschütterlichen so gut ausgebildet, daß es ausgesprochen auffiel, wenn ein Neuer hinzustieß: "Als wenn ein Loch um den Neuen herum ist, als wäre die Luft da dicker, wo er steht", drückte es ein Teilnehmer der Kerngruppe aus. Waren zwei oder drei neue Teilnehmer dabei, verlor der Bewegungsfluß seine durchlässige Dichte, die Atmosphäre wurde bleiern und schwer. Es kostete spürbare Kraft, gleich mehrere Neue miteinzubeziehen und aktiv in die bewegliche Gemeinschaft aufzunehmen.

Viele dieser "Schnupperer" kamen nach der ersten Teilnahme nicht wieder. Auf meine Nachfrage hin gaben sie als Begründung an, das Herumhoppeln nach Kommando und nach festgelegten Regeln sei nichts für sie, sie seien nur aus Neugier gekommen oder weil eine andere Freizeitgruppe ausgefallen sei.

Mit der Zeit stellte sich das Phänomen ein, daß die festen Teilnehmer - anfangs unbewußt, dann immer bewußter - anfingen, ihre eurythmische Gemeinschaft abzuschotten. Sie erzählten ihren Zellennachbarn oder den Neuankömmlingen nicht mehr von dem Kurs. Einige rieten sogar von einer Teilnahme direkt ab. Sie versuchten, den Neuzugang anderer Inhaftierter zu der Gruppe zu unterbinden und trugen so einerseits zur Festigung der Gemeinschaft bei, umgingen aber andererseits die Sozialität der Willensanstrengung, sich auf neue Menschen einzustellen und diese in die eurythmische Gemeinschaft zu integrieren.

Angesichts des Knastalltags mit den vielen Unberechenbarkeiten, Zufälligkeiten, Willkürlichkeiten und der fehlenden Privatsphäre sowie der Brüchigkeit der Sozialbeziehungen war dieses Bedürfnis nach Verläßlichkeit, Exklusivität und Kontinuität allzu verständlich. Dennoch konnte es nicht Aufgabe, Ziel und Zweck eines Eurythmiekurses sein, eine geschlossene Gesellschaft von Clubeurythmisten zu bilden unter Ausschluß anderer Inhaftierter, denen der Nutzen von der Eurythmie dadurch vorenthalten blieb.

Dieses Problem wurde von mir in der Gruppe thematisiert, und in gemeinsamen Gesprächen wurde ein Verfahren gefunden: Bei der Frau Oberlehrerin wurde eine Warteliste von Interessenten angelegt. Jedes dritte Mal im Monat wurde die Eurythmiestunde für diese und andere Interessenten offengehalten. So gelang es, einerseits die Kontinuität der eurythmischen Arbeit zu erhalten, andererseits auch die Gruppe zu öffnen. Es fiel den Teilnehmern beider Kategorien - den alten und den neuen - leichter, sich aufeinander einzustellen. Den "alten" Gruppenmitgliedern wurden dadurch mehrere Phänomene sehr viel bewußter:

1. Die eigenen Lernfortschritte traten im Vergleich zu den "Neuen" mit erstaunlicher Deutlichkeit hervor, welche das Selbstbewußtsein stärkte (ich habe etwas gelernt, ich kann etwas).

2. Das Ausmaß und die Kraft der physischen und seelischen Anstrengung, die es kostete, einen Neuling in die Gemeinschaft aufzunehmen und die eurythmischen Übungen zum Gelingen zu bringen, spürte jeder (ich muß selbst etwas tun, es tut sich nichts von selbst).

3. Ohne das Zurückstellen der eigenen momentanen Bedürfnisse, Eitelkeiten, Überheblichkeitsgefühle war das Gelingen der eurythmischen Übungen mit den "Neuen" nicht möglich.

4. Die in der notwendig von den "Alten" zu leistende Hilfestellung per se liegende Befriedigung, anderen aktiv helfend zur Seite stehen zu können und die meiste Aufmerksamkeit und Wachheit auf den anderen - und mal nicht auf sich selbst - zu richten, wurde sofort unmittelbar erlebbar, weil die eurythmische Übung eben gelang.

Insgesamt kann man sagen: Das Selbstbewußtsein, die Opferkraft, die Geduld, das Verständnis und das Zurücknehmen seiner selbst zugunsten des anderen - um eines gemeinsamen Zieles willen - wurden in einer unsentimentalen nüchternen, anschaulichen Weise gestärkt. Die "Neuen" trafen daher auf ein angenehmes, akzeptierendes und aufnehmendes Klima, in dem sie leichter ihre Hemmungen überwinden konnten. Ihr Vertrauen in die Teilnehmerschaft stellte sich schnell ein, weil sich ihre Angst, Fehler zu machen und sich als Anfänger der Lächerlichkeit preiszugeben, auf ein Minimum reduzierte. Dies wiederum führte zu einer Verbesserung ihrer Leistungen in der Eurythmie, so daß sich ein persönliches Erfolgserlebnis leichter einstellte und die Motivation, dieser Eurythmiegruppe gerne angehören zu wollen, sich erhöhte.

Als Ergebnis dieser Eurythmiekursgruppe entstand also ein lebendiger Gruppenprozeß, eine Gruppenkultur sozusagen, welche auf der geistigen Kraft der Objektivität der eurythmischen Übungen gegründet war, welche ständig von dieser genährt wurde und sich immerwährend erneuern konnte.

Die Bedeutung der Erfahrung für den einzelnen Inhaftierten, daß Selbstlosigkeit in dem oben genannten Sinne zum Erfolg führt, daß das Geben von Verständnis und Hilfestellung durch eigene Kraft und Willensanstrengung, also - kurz gesagt - moralisch-soziales Handeln, Kraft für einen selbst wiederum *zurückgibt,* kann nicht hoch genug eingeschätzt werden. Die Eurythmie im Knast gehört zu den tief sozialisierenden, ichstärkenden Kräften par excellence, und nichts braucht der Knast als Institut - wie die Gesellschaft und die Welt im übrigen auch - so sehr wie soziale und moralische Handlungsmöglichkeiten. Die Eurythmie ist eine sehr gewichtige davon.

Drogenabhängige taten sich schwer mit der Eurythmie

Probleme für die Eurythmiegruppe entstanden nicht nur durch "alte" und "neue" Mitglieder, sondern auch durch die Teilnahme von sogenannten BTM'ern (Knastjargon für Menschen, die aufgrund des Betäubungsmittelgesetzes inhaftiert werden, zum Beispiel Drogenabhängige, Dealer und Konsumenten, die mit Drogen erwischt wurden). Die Drogenabhängigen waren lange Zeit kaum in der Lage, die Stabübungen zu machen.

Ihnen fiel andauernd und auffallend häufig auch bei ganz einfachen Übungen, ja sogar im Stehen, einfach der Stab aus der Hand. Die geometrischen Grundelemente (Dreieck, Fünfstern) bereiteten ihnen Schwierigkeiten. Sie vergaßen die richtigen Wege und deren Reihenfolge im Vergleich zu den anderen unverhältnismäßig oft und konnten vor allem ihren Standort räumlich orientierungsgerecht nicht erfassen und ihre Ausgangsposition nicht behalten. Besonders schwer fielen ihnen die rhythmischen Übungen.

Oft machten sie Unsinn, schwatzten und grinsten sich gegenseitig aus nicht ersichtlichen Gründen an, änderten die Übungen nach ihrem Gusto ab oder verkehrten diese absichtlich in ihr Gegenteil. Alles floß ausufernd ineinander, ihre Bewegungen waren träge, lasch, unpräzise und verfehlten oft ihr Ziel. Sie hatten große Konzentrationsschwierigkeiten, ermüdeten rasch und konnten sich nach den Raumesrichtungen, besonders aber nach oben und unten schwer orientieren. Immer wieder hatte ich das Gefühl, daß sie in sich zusammensackten und daß niemand "zu Hause" war. Ihre schwächliche Konstitution, ihre Ich-Schwäche sowie ihre Unfähigkeit und ihr Widerwille, sich in eine strukturierte Situation einzuordnen, wie die eurythmischen Übungen es erfordern, waren deutliche Zeugen der Zerstörung als Ergebnis der zum Teil jahrzehntelangen Drogenkarrieren, mit allem, was an Vergiftungen, falscher bis fast gar keiner Ernährung und zerrissenen pseudo-sozialen Beziehungen dazugehört.

In bezug auf das soziale Miteinander wurde deutlich, daß sie ausgesprochen unsensibel für das Wahrnehmen der anderen Teilnehmer waren, zum Beispiel beim Bewegen einer Gruppenform: Sie latschten einfach los, als wären sie ganz allein im Raum, nahmen die anderen sowie ihre Standorte und Bewegungen kaum wahr oder schätzten deren Lage, Entfernungen und Geschwindigkeit falsch ein. Anrempeln und Zusammenstöße bei den Gruppenformen waren die Folgen. Die Gesamtgruppe wurde von den Teilnehmern aus der Drogenszene besonders häufig durch notwendig gewordene Wiederholungen aufgehalten. Man hatte das Gefühl, daß sich die BTM'er unter einer dicken Nebel-Watte-Decke befanden, durch die man als Eurythmistin nur mit doppelter Anstrengung und nur zentimeterweise durchdringen konnte. Aber die meisten Drogenabhängigen mochten doch die Eurythmie sehr gerne und kamen immer wieder - einige versäumten sogar kein einziges Mal.

Die Aufrechte leben im Zorn

EURYTHMIE IM GEFANGENSEIN

Dabzul von Zabeltau

Inmitten so vieler Mauern und Stacheldraht, von Wachtürmen und Kameraaugen bewacht, von Schmutz, muffiger Enge, dauernder Verzweiflung, tagtäglichen Beschränkungen und Begrenzungen bestürzt ...: Kann ein Mensch da überhaupt Eurythmie machen, kann er dem ewigen Rhythmus im Gefangensein Widerstand leisten, sich innerlich öffnen - und offenhalten - für einen anderen, neuen, dem Gefängnis unspezifisch-sensiblen Rhythmus?

Anfangs sah ich dem Kurs eher skeptisch entgegen, es gab ja kaum Informationen, bis auf den geflügelten Satz: "Eurythmie ist eine Bewegungskunst". Doch darunter konnte ich mir nicht viel vorstellen.

Die ersten Übungen waren noch von Unsicherheiten und Ängsten geprägt, die sich dann im Verlauf des Kurses allmählich abbauten - und von Neugierde und einer Motivation abgelöst wurden, die nicht so sehr der Eurythmie galt, als vielmehr dem Anspruch, nichts falsch machen zu wollen: "Frau Lehrerin, ich habe aufgepaßt ..." Doch je größer das Verständnis für Harmonie, Rhythmus und innere Kraft wurde, um so intensiver nahm ich mich wahr, verstand ich Harmonie und Rhythmus als beständige Strömung, die den Menschen durchfließt.

Das liest sich alles recht flüssig, und man vergißt hinterher gerne die Unlust, Behäbigkeit, eben all die Rückschläge und Stagnationen, die einen befielen, weil man nicht immer konzentriert und psychisch stark war bzw. nicht sein konnte. Auch das muß wohl erst trainiert werden.

Über den ständigen Wiederholungen, da an jedem Donnerstag neue Mitglieder kamen, lernte ich, daß nicht allein die Individualität zählt. Selbst dann, wenn ich konzentriert und wach bin, ist wenig erreicht: Erst wenn sich meine Kräfte auf die anderen Mitglieder der Gruppe übertragen, wenn jeder einen Teil der Kraft des anderen mitempfindet, bildet sich Wärme und Gemeinschaft; vielleicht sind es die falschen Worte, aber etwas ist da, spürbar, greifbar, eine Kraft, die mitreißt, aufrecht hält, Stabilität gibt.

Manchmal fällt es schwer - wahrscheinlich durch die besondere Streßsituation der Umgebung -, die notwendige Konzentration und Ruhe aufzubringen, die die Gruppenübungen erfordern. Deshalb würde ich es begrüßen, noch öfter Einzelübungen einzulegen - etwa den 'Fallschirm', die 'Acht' oder das 'Kurz-kurz-Lang', oder wie immer das heißen mag -, damit sich neue Kräfte sammeln können, die dann der ganzen Gruppe zugute kämen.

Fazit: der einzelne ist unverzichtbar, solange er sich nicht für zu wichtig nimmt - die Gruppe lebt von der Individualität, die sich als Teil des Ganzen verstehen muß. Aber eben doch nicht mehr.

Auf dem Weg nach Santa Fu

Wolfgang Weirauch

Die beiden nachstehenden Interviews mit Denis Pécic und Dr. H.-D. Stark wurden Anfang 1982 geführt und in der Nr.20 der "Mitteilungen des Vereins zur Förderung der Waldorfpädagogik Flensburg e.V." mit dem nachstehenden Vorwort veröffentlicht. Wir drucken sie ohne große Veränderungen nochmals ab (Red.).

Strafgefangene - eine Gruppe von Menschen, die man leicht vergißt, die man oft sogar sehr schnell und gerne vergißt; und doch gehören sie zu uns, wie jeder andere Mensch auch. Strafgefangene - eine Gruppe von Menschen, die herausgerissen sind aus dem sozialen Zusammenhang, isoliert von der übrigen Welt; und doch bestehen stärkste Verbindungen unterschwelliger Art zwischen ihnen und den übrigen Menschen. Gefängnisse - das schlechte Gewissen der Menschen, in denen wenige verbüßen, was alle mitverschuldet haben. Wir alle sind angesprochen, wenn es um diese Menschen geht; vielleicht sind wir morgen an ihrer Stelle!

Der mittelalterlichen Praktiken in Gefängnissen, Zuchthäusern bzw. Justizvollzugsanstalten ist man sich meist gar nicht bewußt - daher in diesem Heft unser Engagement für die Fragen des Strafvollzugs, um das aufzuarbeiten, was oft als Stiefkind behandelt wird.

Zuchthaus (heute: Justizvollzugsanstalt) Fuhlsbüttel - in den letzten Jahrzehnten berühmt-berüchtigt durch drakonische Strafmaßnahmen, Revolten der Gefangenen, Selbstmorde (einer erhängte sich sogar am Altar der Anstaltskirche) - wurde während 8.1/2 Jahren (1972 bis 1981) Arbeitsfeld des Psychologen Dr. H.-D. Stark, der als Anstaltsleiter aus dem "Totenhaus" Santa Fu ein vorbildliches Reformmodell schuf.

Justizvollzugsanstalt Fuhlsbüttel

Fuhlsbüttel ist eine alte Anstalt, gebaut 1906. Der Bau besteht aus vier Flügeln, die von der Zentrale einsehbar sind. Zunächst war Fuhlsbüttel ein Strafgefängnis, 1920 wurde es zum einzigen Zuchthaus in Hamburg umgebaut. Es blieb Zuchthaus bis zur Abschaffung der Zuchthausstrafe im Jahre 1969. Die JVA Fuhlsbüttel - Santa Fu genannt - hat 600 Insassen, davon 400 wegen schwerster Gewalttaten einsitzend, von diesen 400 ca. 160 wegen Tötungsdelikten und von den 160 haben ca. 65 eine lebenslange Strafe erhalten. Aufgrund eines Staatsvertrages ist Santa Fu zum Zentralzuchthaus von Hamburg, Bremen und Schleswig-Holstein eingerichtet worden: für Hamburger Straftäter ab drei Jahren aufwärts, für Bremer Straftäter ab vier Jahren aufwärts und für schleswig-holsteinische Straftäter ab fünf Jahren (neuerdings ab sieben Jahren) aufwärts. - Auf die 600 Insassen kommen ca. 200 Bedienstete, davon ca. 120 Aufsichtsbedienstete, ferner Werkdienst, Sanitätsdienst, Verwaltungsdienst, Inspektoren, Sozialarbeiter, Psychologen. - Vom November 1972 bis April 1981 war der Psychologe Dr. H.-D. Stark Direktor dieser Anstalt, bis zum Sommer 1989 war es Wolfgang Sarodnick, ebenfalls Psychologe.

Ein erster Besuch und ein geplantes Gespräch mit Gefangenen vor dem Interview mit Dr. Stark scheiterte an der Bürokratie der Pforte. Man erlebte sich ins Mittelalter zurückversetzt, wie vor den Toren einer Burg, das Innere unerreichbar, weil die Zugbrücke nicht heruntergelassen wurde.

Eine Woche nach dem Interview mit Dr. Stark unternahm ich einen zweiten Versuch, Santa Fu zu erstürmen. Dieses Mal war der Weg geebnet, die Tore öffneten sich. Zwei gesicherte Türen, Ausweiskontrolle, ein Passierschein, der einem alles weitere eröffnete: ein großer Hof, wiederum zwei gesicherte Türen, nochmals Kontrolle - und ich war immerhin schon im Verwaltungsgebäude. Es wimmelte von uniformierten Beamten - einer führte mich in einen Saal mit Sesseln, einem Fernseher und Bildern an den Wänden. Dort traf ich Denis Pécic.

Denis Pécic war jetzt bereits seit 31 Jahren Insasse von Straubing und Santa Fu; an Strafen erhielt er insgesamt: Todesurteil in Frankreich, 12 Jahre Zuchthaus in der BRD, 15 Jahre Freiheitsstrafe und eine lebenslängliche Freiheitsstrafe. Zur Zeit des Interviews war Denis Pécic mittlerweile Bibliothekar von Santa Fu und auch anderweitig vielseitig aktiv: in der Insassenvertretung, in der Vorbereitung einer großen Ausstellung über das Reformmodell Santa Fu, und zusätzlich hatte er - was wohl einmalig ist - einen Gesetzentwurf von 230 Seiten Umfang verfaßt: "Alternativentwurf eines Vollzugsgesetzes"; fernerhin ist er Mit-Autor eines Kommentars zum Strafvollzugsgesetz. Denis Pécic hoffte, 1982 oder 1983 entlassen zu werden.

Denis Pécic während des Interviews in Hamburg-Fuhlsbüttel

Vom Totenhaus zum Gemeinschaftsvollzug

INTERVIEW MIT DENIS PÉCIC

von Wolfgang Weirauch

Wolfgang Weirauch: Können Sie die Situation des Zuchthauses Fuhlsbüttel darstellen, und zwar zu der Zeit als Dr. Stark noch nicht Anstaltsleiter war, besonders die rigorosen Strafmaßnahmen?

Denis Pécic: Hier sind die schwersten Jungs eingesperrt. Entsprechend war dieses Zuchthaus durch die höchsten Sicherheitsmaßnahmen von der Außenwelt abgeschlossen. Die Gefangenen waren dem Zuchthausvollzug völlig ausgeliefert. Ein Brief alle 14 Tage. Es war ein Willkürvollzug; derjenige, der sich gegen diesen Vollzug stellte, wurde mit scharfem Arrest bestraft, d.h. die Anstaltsleitung konnte einen Gefangenen dadurch kaputtmachen, daß er wiederholt mit Arreststrafen bis zu 28 Tagen belegt wurde, und wenn man sich dann noch nicht gefügt hatte, dann ging es weiter. Aus diesem Grunde haben sich zwei Insassen aufgehängt - das war für die zuviel. Arreststufe bedeutet Kostentzug, bis man völlig abgemagert ist.

W.W.: Was bekamen die Gefangenen zu essen?

D. Pécic: Früher gab es morgens und abends nichts als trockenes Brot mit Wasser. Da aber eines Tages Typhus ausbrach, hat man das Wasser durch Muckefuck ersetzt. In den sechziger Jahren gab es drei Rationen Brot (500 bis 600 g) pro Tag und jeden Tag normale Kost. - Die Gefangenen waren nach Führungsstufen klassifiziert: Z1, Z2, Z3. Die Zellen waren zu, die Gefangenen mußten in den Zellen arbeiten und kamen täglich nur für 40 Minuten zum Hofgang hinaus, aber getrennt von den anderen, so daß ein Gefangener niemals in einen anderen Bereich der Anstalt gelangen konnte. Er bekam in der Woche nur zwei Bücher, in der Arrestzelle ausschließlich die Bibel. Das kleinste gewünschte Teil mußte genehmigt werden: Kugelschreiber, Rasierklingen; einige durften sich nicht selbst rasieren. Es war, wie viele Gefangene es bezeichnet haben: "Zuchthaus Fuhlsbüttel ist ein Totenhaus." Es gab Prügel. Meist wurden die Gefangenen, die zur Arrestzelle geführt wurden, schon unterwegs geprügelt. Natürlich gab es dafür nie Beweise - der Gefangene war allein und die Beamten sagten grundsätzlich, daß so etwas niemals vorkäme.

Es war die Hölle los!

W.W.: Wie kam es zur Revolte?

D. Pécic: Nach und nach hat sich die Lage zugespitzt. Je stärker die Repression der Anstalt, um so größer wurde die Auflehnung der Gefangenen. 1971 im Sommer kam es zur ersten Revolte wegen des schlechten Essens. Zu Weihnachten war es dann bambule totale.

Die Fenster wurden zerschlagen, die Zelleneinrichtungen und die Papierarbeiten auf den Zellen wurden angezündet und auf den Hof geworfen, so daß die Bereitschaftspolizei eingesetzt werden mußte. Es war Heiligabend, alle Fenster leuchteten, weil alles brannte. Also, es war die Hölle los! Da hat die Anstalt schon den ersten Beigeschmack bekommen, was ein repressiver Zuchthausvollzug eigentlich bringen muß. Obwohl die Zuchthausstrafe abgeschafft wurde, ging hier der Zuchthausvollzug allerdings weiter. 1972 kam es endgültig zur Revolte. Zwei Gefangene stiegen aufs Dach, wobei einer beim Entfalten eines Transparentes abstürzte - da ging die Revolte los, am 27. Juli, nachts. Die Gefangenen, die sich in den Freizeiträumen (Z1 und Z2) aufhalten durften, stürzten heraus. Die Beamten haben in panischer Angst die Flucht ergriffen und sich im Verwaltungsgebäude eingesperrt, so daß die Gefangenen praktisch alle Flügel unter Kontrolle hatten.

Tote oder Konzessionen

Wir hatten nun folgende Forderungen: Auflösung der Anstaltsleitung, Dezentralisierung der Machtbefugnis des Anstaltsleiters auf die Abteilungsleiter, eine Gefangenenvertretung, weitgehende Liberalisierung des Vollzugs.

Dr. Ernst Heinsen war damals Justizsenator. Er sah sich vor die Alternative gestellt, entweder die Bereitschaftspolizei einzusetzen - dabei hätte es Tote gegeben - oder Konzessionen zu machen. Für das zweite hat er sich entschieden und ist selber zu den Gefangenen hineingegangen. Es wurde schnell eine provisorische Insassenvertretung gebildet, die vorerst nur die eine Bedingung stellte, alle Gefangenen aus den Zellen zu lassen. Dem wurde nachgegeben und Dr. Heinsen hat obendrein derartig weitgehende Zugeständnisse gemacht, daß sie revolutionär im ganzen bundesdeutschen Strafvollzug waren. Deswegen hat die Opposition ihn angegriffen, so daß er zurücktreten mußte. Aber bevor es so weit kam, hatte er die Weichen für eine völlig neue Form des Strafvollzugs gestellt. Bloß für diese Form des Strafvollzugs war kein Anstaltsleiter zu finden!

Dann wurde Dr. Stark gebeten. Er kam am 2. November 1972.

Die Ära Dr. Stark

W.W.: Was hat sich nun durch Dr. Stark verändert?

D. Pécic: Dr. Stark stand vor der Aufgabe, aus dieser Hölle einen vernünftigen Strafvollzug zu machen. Die meisten hatten ihm nicht mehr als sechs Monate gegeben, bis er verbraten würde. Nun hatte Dr. Stark aber als Psychologe und als Mensch viel Erfahrung. Sein Leben war nicht leicht gewesen: russische Gefangenschaft, Verurteilung zu 20 Jahren Zuchthaus; zwei Jahre davon hat er selbst abgesessen.

Dr. Stark mußte damit beginnen, die Feindbilder und die Fronten zwischen Gefangenen, Bediensteten und der Anstaltsleitung abzuschaffen. Das war wohl seine schwerste Aufgabe, und es ist ihm erst nach vielen Jahren mühsamer Bemühungen und viel menschlichem Einsatz gelungen. Aber es ist ihm gelungen, und ich bin davon überzeugt, daß dies kein anderer fertiggebracht hätte! Sein Ziel war: die Form der optimalen inneren Freiheit und der maximalen Sicherheit nach außen. Das hat er dadurch erreicht, daß er alle Türen geöffnet hat, zuerst flügelweise, dann die ganze Anstalt mit dem Sportbereich, so daß die Gefangenen sich überall bewegen konnten.

Die Bediensteten haben durch die Revolte einen Schock erlitten, während wir eine rapide Entwicklung durchgemacht und den ganzen Vollzug sozusagen in den Griff bekommen haben; zum Beispiel Freizeitgruppen ohne Bedienstete. So etwas gibt es in keiner einzigen Anstalt. Das haben wir erreicht. Nun war es die zweite Aufgabe, daß alle den Vollzug mittragen: Gefangene, Bedienstete, Anstaltsleiter. An dieser Stelle begann der Kampf von Dr. Stark gegen viele aus dem Strafvollzugsamt. - Daß die Gefangenen den Vollzug mittragen, ist ihm weitgehend gelungen, nur von den Bediensteten kam der Widerstand.

In acht Jahren mehr geschafft als in einem Jahrhundert

Wenn man aus heutiger Sicht Dr. Starks Leistung beurteilen will, so muß man sagen, daß er in diesen 8.1/2 Jahren mehr geschafft hat als alle Reformen in einem Jahrhundert im Strafvollzug. Wir haben hier mehr Freiheit als in irgendeiner geschlossenen Anstalt. Es ist Dr. Starks Verdienst, daß er einen Strafvollzug, der der schlimmste im ganzen Bundesgebiet war - bis zur Revolte -, daß er Santa Fu in diesen 8.1/2 Jahren bis über die Grenzen der Bundesrepublik bekanntgemacht hat - auch durch Leistungen, die Strafgefangene vollbracht haben, also im literarischen Bereich usw. - und daß Santa Fu als Musteranstalt im ganzen Bundesgebiet gilt, wo noch in sämtlichen anderen Anstalten die Anstaltsleiter die Hände über dem Kopf zusammenschlagen, wenn sie daran denken, was hier für ein Vollzug gemacht wird. Also sie trauen sich aus Angst vor den Gefangenen nicht, so einen Vollzug zu machen. - Ein weiterer Erfolg für Dr. Stark ist es, daß gerade der Mann, den er damals mitgebracht hat, Wolfgang Sarodnick, zu seinem Nachfolger geworden ist.

W.W.: Das Reformmodell von Dr. Stark bleibt also bestehen?

D. Pécic: Ja, die Linie, die Ära von Dr. Stark geht weiter.

W.W.: Können Sie noch sagen, wie das Verhältnis der Gefangenen zu Dr. Stark war?

D. Pécic: Das Einzigartige, was es auch nur in dieser Anstalt gibt - und das geht weiter mit Herrn Sarodnick: es konnte sich jeder Gefangene bei ihm melden, und er hat ihn vorkommen lassen. Er hat es auch eingeführt, daß die Insassenvertretung jede Woche am Donnerstag eine Sitzung mit der Anstaltsleitung hat und daß sie auch an anderen Tagen in der Anstalt zusammenkommen kann.

Die Verhältnisse von Santa Fu sind überhaupt nicht auf andere Anstalten übertragbar. Anderswo gibt es die Fronten, daß etwas gegen die Anstaltsleitung durchgesetzt werden muß. Hier ist es umgekehrt: Wir müssen mit der Anstaltsleitung zusammen etwas im Strafvollzugsamt durchsetzen. Wir arbeiten zusammen und tragen den Vollzug mit.

In die Irrenanstalt kaltstellen

W.W.: Eine Frage zu Ihrem persönlichen Schicksal: Sie waren ja doch vor der Zeit Dr. Starks im scharfen Arrest und sind nun hier Bibliothekar. Da hat sich doch einiges verändert; wie ist es dazu gekommen?

D. Pécic: Schon als ich hierher kam, haben sie mir alles abgenommen, und ich sollte Zellenarbeit für 1,20 DM pro Tag machen - das reichte nicht einmal für meine Korrespondenz. Natürlich weigerte ich mich, woraufhin ich in den scharfen Arrest kam. Sie dachten, sie könnten mich dort genauso brechen, wie sie alle anderen auch gebrochen haben, doch sie haben vergessen, daß ich 3.1/2 Jahre Fremdenlegion hinter mir habe, davon 2.1/2 Jahre Indochina-Krieg, daß ich schon mit 20 Jahren in Offlziersfunktion war und von psychologischer Kriegsführung mehr Kenntnisse hatte als die ganze Anstaltsleitung.

Jedesmal wenn ich nicht im scharfen Arrest war, habe ich Anträge auf gerichtliche Entscheidungen gestellt, so daß noch schärfere Maßnahmen gegen mich ergriffen worden sind als je gegen einen Gefangenen. Wenn ich nicht im Arrest war, haben sie mich tagsüber in eine leere Zelle eingesperrt, in der nichts darinnen war. Dies ging bis August 1971. Sie wollten mich sogar in die Irrenanstalt kaltstellen. Dafür hatten sie einen Psychologen gewonnen, der behauptete, ich sei eine völlig abnorme Persönlichkeit. Doch durch Entscheidungen des Oberlandesgerichts wurde mir der scharfe Arrest erlassen. Damit hatte ich gewonnen.

Als Dr. Stark die Anstalt übernahm, kam er in meine Zelle und sagte: “Das kann kein Mensch aushalten, ein jeder Mensch muß hier zugrunde gehen.” Er bot mir dann den Posten in der Bücherei an.

Resozialisierung in Ketten?

W.W.: Sie haben auch Vorträge gehalten?

D. Pécic: Ja, zuerst hatte ich aber eine private Ausführung (April 1978) mit Fußketten und Handschellen. Darüber habe ich unter anderem damals geschrieben: “Resozialisierung in Ketten!” Das hat ziemliches Aufsehen erregt. Dann wurde ich im Juli 1979 von der Bremer Universität eingeladen, um über die Entwicklung des Strafvollzugs in Hamburg zu sprechen. Dr. Stark mußte mitfahren. 1980 wurde ich als Ehrengast zum 4. Strafverteidigertag in München eingeladen. Frau Senatorin Leithäuser entschied persönlich, daß es reiche, wenn mich nur ein Abteilungsleiter begleite. Einen Monat später konnte ich schon ohne Begleitung für zwei Tage zu einer Tagung nach Berlin fliegen. August 1980 kam ich in die Urlaubsregelung.

W.W.: Was für ein Gefühl hat man, wenn man nach so langer Zeit wieder nach draußen kann - und wie ist es, wenn man wieder zurück muß?

D. Pécic: Das Gefühl ... tja ... es kommt darauf an, welche Menschen man draußen hat. Ich habe Freunde in Wedel, die mich seit 1976 betreuen. Ich bin dort wie in der eigenen Familie. So etwas macht es leichter, wieder in die Anstalt zu gehen, weil man weiß, daß man wieder dorthin zurückkommen kann. Selbstverständlich ist es eine ganz andere Atmosphäre, wenn man rauskommt. Man fühlt sich viel leichter, wenn man sich frei bewegen kann - es ist ein sonderbares Gefühl. Umgekehrt ist es, wenn man wieder in die Nähe der Anstalt kommt; aber wenn man ein paar Stunden draußen ist, so hat man eben auch dort seine Aufgabe, die Arbeit muß gemacht werden ...

W.W.: Wie viele Insassen haben Ausgang?

D. Pécic: In der Urlaubsregelung ist fast ein Drittel.

W.W.: Wieviel Urlaub gibt es für jeden?

D. Pécic: Nach dem Strafvollzugsgesetz hat jeder Anspruch auf Urlaub, wenn er mindestens sechs Monate seiner Strafe verbüßt hat oder im offenen Vollzug ist. Lebenslängliche müssen mindestens zehn Jahre ihrer Strafe verbüßt haben, obendrein darf keine Fluchtgefahr bestehen bzw. darf kein Verdacht bestehen, daß Wiederholungstaten begangen werden.

W.W.: Wie ist es mit den Besuchen. Dürfen zum Beispiel Ehefrauen beliebig oft kommen?

D. Pécic: Die Sache ist so: Wir wollten den Besuch auf den Zellen durchsetzen, damit die Intimssphäre gewahrt bleibt. Aber das ist noch nicht erreicht worden. Besuch für Lebenslängliche ist zwei Stunden die Woche am Wochenende, für Zeitgefangene alle 14 Tage möglich. Anderswo ist die Besuchszeit nur eine Stunde im Monat. Und wenn die Zeit drängt, ich habe es selbst festgestellt, da weiß man nicht, was wichtiger zu sagen ist, weil man ständig unter dem Druck der Zeitspanne steht.

W.W.: Wo trifft man sich mit den Besuchern, wenn sie nicht in die Zellen kommen?

D. Pécic: Der große Kirchenraum ist als Besuchsraum eingerichtet worden. Dort stehen über 84 Tische voneinander getrennt, so daß andere nicht hören können, was gesprochen wird. Die Beamten sitzen nur am Eingang. An einer Theke gibt es Kaffee, Kuchen und Zigaretten. Ich glaube, das ist schon optimal!

Nicht nur Engel

W.W.: Wird der Vollzug von Dr. Stark von anderen Anstalten übernommen?

D. Pécic: Weniger. Die Widerstände sind so groß, daß es sicherlich noch viel länger dauern wird, bis die so weit sind. Allerdings muß man sagen, daß die Anstaltsleiter in der BRD erkennen, daß ein Vollzug wie hier viel leichter ist, viel weniger Probleme macht und auch etwas für die Leute bringt. Es gibt viel weniger Rückfälle hier und die Leute verhalten sich viel menschlicher. Wir haben sogar schon Frauen als Beamte hier: weibliche Bedienstete in einer Männeranstalt!

Also ich hoffe, daß die Entwicklung in Hamburg erhalten bleibt und weiter voranschreitet. Auf der anderen Seite dürfen wir nicht vergessen, daß es nicht alles Engel sind, die hier eingesperrt sind, daß es viele gibt, die sich nicht von heute auf morgen so einem Vollzug anpassen und zum Beispiel als Urlauber draußen versagen und nicht zurückkommen. Es ist ja schwer; ich habe es selbst erlebt, daß eine Frau zu mir sagte: "Komm, wir fliegen weg, ich kann die Papiere besorgen." Die denken ja gar nicht daran, daß man damit den Vollzug hier kaputtmacht. Und wenn *ich* abhaue, dann wäre die Hölle los! Der Schaden wäre irreparabel.

W.W.: Sie haben die Abschiedsrede für Dr. Stark gehalten?

D. Pécic: Ja. Außerdem haben Dr. Stark und die Senatorin, Frau Leithäuser, gesprochen. Das war auch einmalig, daß Gefangene einen Anstaltsleiter verabschiedeten.

"Wir müssen durch!"

INTERVIEW MIT DR. H.-D. STARK

von Wolfgang Weirauch

Nachdem ich die Wohnung von Dr. H.-D. Stark betreten hatte und wir uns bei vielen Tassen schwarzem Kaffee warmgeredet hatten, scheute ich mich beinahe, mit dem Interview zu beginnen, weil es mir widersprach, die entstandene menschliche Atmosphäre auf ein kaltes Tonband zu bannen. Meine erste Frage galt daher auch der Person H.-D. Stark, seinem Lebenslauf und seinem Weg bis nach Santa Fu. Ergänzend entnehme ich noch einige Ausschnitte aus der Abschiedsrede von Dr. Stark an die Gefangenen, abgedruckt in dem "Santa Fu Magazin" (2/1981), welches ich von Denis Pécic nachträglich erhielt.

Auf die 8.1/2 Jahre seiner Vollzugsreform zurückblickend führt H.-D. Stark aus: "Wenn ich heute zurückdenke, dann benutze ich oft folgendes Bild, um unsere damalige Lage zu verdeutlichen: Ich kam mir vor wie ein Kapitän, der per Hubschrauber auf ein in Seenot geratenes Schiff eingeflogen wurde, um dieses dann aus dem Sturm heraus in ruhige Gewässer zu leiten. Unter den vielen Passagieren, aber hauptsächlich unter der Mannschaft waren mehrere, die mit diesem Kapitän nicht einverstanden waren. Diese wollten nicht, daß es ihm gelingen könnte, das Schiff zu retten. Daher bohrten sie unter Deck Löcher in die Bordwand und merkten in ihrer Verblendung nicht, daß sie selbst mit untergehen würden."

"Ich habe nicht ein einziges Mal darüber gesprochen"

Ich stelle mir vor, wie es auf die Gefangenen gewirkt haben muß, als Dr. Stark ihnen nach 8.1/2 Jahren zum ersten Male offenbarte, daß er selbst im Zuchthaus gesessen hat: "Kenne ich viele Schicksale von Ihnen, so sollen Sie zum Schluß auch meines erfahren. Denn es besteht eine doppelte Berührung zwischen Ihrem und meinem Schicksal. Ich habe hier nicht ein einziges Mal darüber gesprochen, obwohl es mir oft auf der Zunge brannte, davon zu erzählen. - Heute will ich es tun, weil damit die Schicksalsfrage berührt

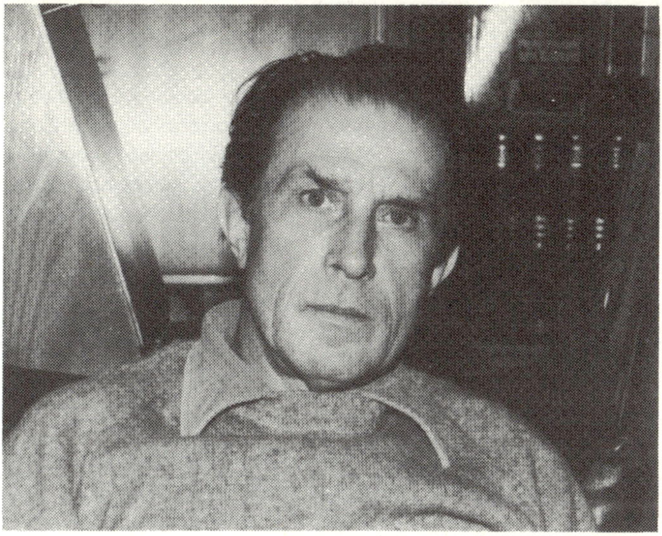

Dr. H.-D. Stark

wird und weil es einigen, vielleicht auch mehreren von Ihnen helfen kann, Sinn in jene Zusammenhänge zu bringen, die uns sinnlos erscheinen. Ich berichte auch deshalb darüber, um jenen zu helfen, die in ähnlichen Situationen sind wie Sie zum Beispiel, damit Sie trotz scheinbar auswegloser Situation wieder Vertrauen zu sich und der Welt finden können. - Dies ist so dringend notwendig, um im Leben zu bestehen und durchzuhalten. Wie kam es nun zu diesem totalen Knick, der mein Leben in eine ganz andere Richtung lenkte und mich von meinem mir selbst gestellten Lebensziel, Arzt zu werden, abbrachte?"

Im Krieg in Polen, Frankreich und Rußland als Funker und Kraftfahrer von Anfang bis Ende dabei, wurde H.-D. Stark nach Kriegsende von den Engländern wegen unerlaubtem Waffenbesitz mit 20 Jahren Zuchthaus bestraft - er besaß eine alte Pistole, ein Erbstück seines Vaters. Zwei Jahre saß H.-D. Stark unter den härtesten Bedingungen im Zuchthaus Hameln: "In den Zellen gab es im Winter 1945/46 keine Heizung, kein Licht und so wenig zu essen, daß das Essen selbst eine Kulthandlung wurde. Ich dehnte den Verzehr einer dünnen Scheibe Brot bis zu einer halben Stunde aus, um lange etwas davon zu haben."

Nach zwei Jahren wurde er freigelassen. Sämtliche Bemühungen, Arzt zu werden, scheiterten trotz guter Zeugnisse: "In der Rückschau sehe ich es so, daß mein Schicksal sehr viel Kraft aufwendete, um mich von meinem Berufsziel, Arzt zu werden, abzubringen und um mich auf jene Bahn zu leiten, die mir bestimmt war." - Auf meine Frage zu seinem Leben ergänzt Dr. Stark: "Ich bin Psychologe und habe in Freiburg studiert. Das Angebot einer akademischen Laufbahn schlug ich aus. Ich wollte wissen, ob es stimmt, was die Psychologie sagt und was in den Gutachten steht. Für mich kam daher nur Klinik oder Knast in Frage. Da ich aber drei Jahre in Krankenhäusern gearbeitet hatte und ein Jahr im Revier der Anstalt Hameln war, wollte ich nicht in eine Klinik zurück. Folglich blieb nur der Knast übrig.

Von August 1960 bis Dezember 1966 war ich Leiter der Jungmännerabteilungen der Anstalt Kassel-Wehlheiden. Dann kam die Anfrage aus Hamburg, den dortigen Kriminalpsychologischen Dienst der Justizbehörde zu übernehmen. Anfänglich konnte ich mich nicht entschließen, Kassel zu verlassen, um etwas Neues und Unbekanntes zu übernehmen. Während dieser Zeit war ich bei einer Michaels-Monatsfeier in der Waldorfschule in Kassel. Frau Reimer sprach die einleitenden Worte und stellte das Bild eines Baumes dar, dessen Blätter sich im Herbst aus der Gemeinschaft lösen und zur Erde fallen, um dort neue Kräfte dem Stamm zuzuführen. Dieses Bild gab mir den letzten Anstoß, um nach Hamburg zu gehen und dort etwas Neues zu beginnen. Als Leiter des Kriminalpsychologischen Dienstes hatte ich es eigentlich angenehm. Es war eine gute und aufschlußreiche Tätigkeit. Die Insassen, die zu mir zur Untersuchung kamen, waren immer freundlich und nett, denn sie wollten ja von mir gut beurteilt werden. Auch konnte ich mir den Tag und die Zeit genau einteilen. Ich wußte immer, wann ich Feierabend hatte.

Im Herbst 1971 begannen die Unruhen in der Anstalt Fuhlsbüttel, die ihren Höhepunkt in der Revolte im Sommer 1972 fanden. Im Oktober 1972 fragte mich der damalige Senator, ob ich bereit wäre, diese Anstalt zu übernehmen. Diese Gespräche waren alle sehr vertraulich, ich durfte mit niemandem darüber reden. Sicherlich wollte der Senator vermeiden, daß gegen meine Berufung Stimmung gemacht würde, da einer Beamtengruppe durch meine Berufung eine wichtige Stelle verlorenging. Für mich war das eine bedrückende Situation, weil ich wußte, was mir bevorstand. Dennoch sagte ich zu und ging hin. Vielleicht gibt es in der heutigen Zeit doch noch so etwas wie ein Pflichtgefühl ..."

Als die Zuchthausstrafe abgeschafft wurde

Wolfgang Weirauch: Können Sie darstellen, wie die Situation in Santa Fu war, als Sie kamen, und was Sie daraus gemacht haben?

Dr. H.-D. Stark: Ich möchte zunächst erklären, wie es zur Revolte kam. Die Anstalt II in Fuhlsbüttel - alle Hamburger Anstalten sind numeriert - war ursprünglich ein Zuchthaus; das einzige Zuchthaus für die drei Länder Bremen, Schleswig-Holstein und Hamburg. 1970 gab es eine Reform des Strafrechts. Die Unterscheidung zwischen Zuchthaus- und Gefängnisstrafe wurde zugunsten einer einheitlichen Freiheitsstrafe aufgegeben. Die bisherige Zweiteilung hatte sich nicht bewährt, im Gegenteil, der Makel, der der Zuchthausstrafe anhaftete, erwies sich als besonderes Hindernis bei den Bemühungen um Resozialisierung.

So wurde 1970 aus diesem ehemaligen Zuchthaus eine Justizvollzugsanstalt, in der Freiheitsstrafen von drei Jahren bis zur lebenslänglichen verbüßt wurden. Als nun die Zuchthausstrafe abgeschafft wurde, hofften die Insassen auf Hafterleichterungen, zum Beispiel mehr Freistunden, mehr Informationen von der Außenwelt durch Zeitungen und

Radiosendungen. In dieser Hinsicht ereignete sich wenig. Nicht einmal eine Rasierklinge durften sie besitzen, denn damit hätte man ja die Gitterstäbe durchsägen können! Ferner trugen sie noch ihre braune Zuchthauskleidung. Geschlagen wurde auch noch hin und wieder, weil zum Beispiel ein Insasse auf seiner Zelle durchdrehte, dabei das wenige Mobiliar zerstörte und mit Gewalt in eine "Beruhigungszelle" gebracht werden mußte. Ich kann mich entsinnen, daß ein Bediensteter mir einmal im Vertrauen folgendes berichtete: "Wenn wir einen aus der Zelle herausholen mußten und ich sah, daß mein Schichtführer unseren Einsatz leitete, dann habe ich auch noch einmal mit dem Gummiknüppel zugelangt, denn ich wollte ja auch in seinen Augen gut sein und befördert werden!"

Sicherlich war es für einige Beamte schwer, nach Abschaffung der Zuchthausstrafe in den Insassen keine Zuchthäusler mehr zu sehen, denn es waren noch dieselben Menschen. Warum sollte sich dann in dem Verhalten der Insassen wie auch der Bediensteten etwas ändern? Warum müssen die Insassen, die man vorher geduzt hatte, plötzlich mit "Sie" und "Herr" angeredet werden? Das war zuviel, zumal man sich schon über Jahre kannte. Die Umstellung auf neue Umgangsformen fiel vielen sehr schwer.

Da sich in Fuhlsbüttel kaum Wesentliches änderte, kam es im Sommer 1971 bereits zu Unruhen. Weihnachten 1971 war das unruhigste Weihnachten, das es je in dieser Anstalt gegeben hat. Die Unruhen schwelten untergründig weiter, bis es im Sommer 1972 zu einer Revolte kam.

Das Rache- und Vergeltungsdenken ist immer noch vorhanden

In den folgenden Jahren wurde in der Anstalt viel verändert. Ob wir aber auch alle Bediensteten erreicht und bei ihnen eine Veränderung der Einstellung bewirkt haben, bezweifle ich. Waren es damals bei Einführung der Freiheitsstrafe dieselben Gefangenen, so sind es heute noch dieselben Bediensteten, unter denen es zur Revolte kam. Es gibt dabei jedoch einen gravierenden Unterschied: Standen sie damals am Anfang ihrer Karriere, so sind sie heute Vorgesetzte und geben das weiter, was sie damals ins Zuchthaus mitbrachten bzw. was ihnen damals beigebracht wurde. Im Zuchthaus hatten die Zuchthäusler zu kuschen. Deswegen war es eine ruhige Arbeit. Wer sich jedoch für diese Arbeit nicht gemeldet hatte, sondern zu ihr abkommandiert wurde, der mußte sich natürlich anpassen, wenn er auf der Leiter der Gehaltsstufen, wenn er im Gefüge der Hierarchien weiterkommen wollte. Das ist das Dilemma des heutigen Vollzuges, daß das Rache- und Vergeltungsdenken sowohl draußen als auch drinnen immer noch vorhanden ist. Erst wenn eingesehen wird, daß es allein dem Richter obliegt, aufgrund der Schwere der Straftat die Strafhöhe festzusetzen, die im Entzug der Freiheit besteht, und das oft auf viele Jahre, erst dann kann gehofft werden, daß wir uns nicht von einem Rache- und Vergeltungsdenken im Vollzug leiten lassen. Mit einer menschenverachtenden Einstellung hat man noch keinem Menschen geholfen. Vielleicht müssen wir warten, bis diese Generationen und vielleicht auch ihre Schüler nicht mehr im Dienst sind.

W.W.: Was haben Sie durchgesetzt, wie sieht Ihre Reform aus?

H.-D. Stark: Mir war es wichtig, die Feindbilder abzubauen. Dies geht natürlich nicht in ein paar Wochen oder Monaten, sondern das konnte nur allmählich geschehen. Ich wollte einfach, daß die verschiedenen Menschen miteinander vernünftig umgehen, sich gegenseitig ernstnehmen, sich wahrnehmen und sich respektieren in ihrem Sosein. Auch wenn es immer schon verständige Menschen im Vollzug gab, so waren es doch zwei Gruppen, die sich feindlich gegenüberstanden und sich abwertend als Verbrecher, Schweine und als Bullen, Schließer, Wärter bezeichneten. Zwischen diesen beiden Gruppen gab es eine große Kluft, die mit Haß, Aggressionen, Neid, Mißgunst und Angst angefüllt war. Dies alles erzeugte ein Klima, in dem man eigentlich nicht leben konnte. Mir kam es darauf an, diese Kluft zu verringern, so daß die Menschen sich menschlich näher kamen, was nichts mit einer Verbrüderung zu tun hat. Hauptsächlich die Insassen sollten es lernen, vernünftig mit sich, aber auch mit den Bediensteten umzugehen. Um dies zu ermöglichen, öffneten wir allmählich die Zellen. Natürlich war das eine gewaltige Umstellung, zumal die Ängste groß waren und wir oft zu hören bekamen: "Was kann alles passieren!" Die Insassen mußten es lernen, ihre Freiheit im Hause nicht zu mißbrauchen. Wir mußten behutsam vorgehen, um nichts zu provozieren.

Die Kinder spielen vor dem Altar

Heute ist es so, daß alle Zellen, mit Ausnahme von ca. zehn, während der arbeitsfreien Zeit geöffnet sind, d.h. morgens bis zum Ausrücken zur Arbeit, mittags und nachmittags ab ca. 15.30 Uhr bis 19.30 Uhr. Freitags sind die Zellen ab 11.30 Uhr offen, weil am Nachmittag nicht mehr gearbeitet wird, und am Samstag und Sonntag sind die Zellen von morgens bis abends geöffnet. Wer seine Zelle verläßt, verschließt sie selbst mit einem Vorhängeschloß. Wer sich gemeinschaftsgefährdend verhält, nimmt vorübergehend nicht am "Aufschluß" teil. Die Insassen dürfen ihre eigene Kleidung tragen. Zweimal im Monat haben sie jeweils zwei Stunden Besuch bei Kaffee und Kuchen in der Anstaltskirche, in der knapp hundert kleine Tische mit Stühlen stehen, an denen die Insassen mit ihren Angehörigen vertrauliche Gespräche führen können. Die Kinder spielen während dieser Zeit unter Anleitung eines Insassen vor dem Altar. Sie wären sicherlich überfordert, zwei Stunden still bei ihren Eltern sitzen zu müssen. Einmal im Jahr ist das große Familiensportfest, zu dem jeder Insasse drei Besucher einladen kann. Die Anzahl der Kinder ist dabei unbegrenzt. In der Weihnachtszeit veranstalten die Insassen für die Kinder in der Kirche eine Weihnachtsfeier. Jedes Kind verläßt beschenkt die Anstalt. Außerdem wurden die Zellen mit Lichtschaltern und Steckdosen ausgerüstet. Die Kosten wurden zum Teil von den Insassen getragen. Nach dem Strafvollzugsgesetz ist Gemeinschaftsfernsehen erlaubt. Einzelfernsehen durfte nur aus therapeutischen Gründen zugelassen werden. Da bei 600 Insassen mindestens zwanzig Fernsehräume für Gemeinschaftsempfang erforderlich sind, die wir nicht haben, und da außerdem Gemeinschaftsfernsehen mit 50 bis 100 Mann in einem abgedunkelten Raum ein psychischer Streß ist, haben wir uns für Einzelfernsehen eingesetzt, das sich in zwei Jahren gut bewährt hat;

dennoch wird uns oft vorwurfsvoll vorgehalten: "Jetzt sehen sie sogar noch fern!" Man könnte auch fragen: "Warum nicht?"

Heute kann man sagen, daß das Klima entspannt ist, daß die Kluft zwischen beiden Gruppen kleiner geworden ist und daß es die meisten Menschen in diesem Hause inzwischen gelernt haben, vernünftig miteinander umzugehen.

W.W.: Hat sich Ihr Reformmodell letztendlich auch bei den Behörden durchgesetzt?

H.-D. Stark: Als bekannt wurde, daß ich wegen Erreichens der Altersgrenze diese Arbeit aufgeben mußte, hofften einige, daß nun ein Jurist käme, der nun wieder "richtig Vollzug" machen würde, was man auch immer darunter verstehen mag. Ein mutmaßlicher Nachfolger hatte dafür seine Absicht schon deutlich bekundet. Eines Tages kam jedoch die Senatorin zu mir und meinte sinngemäß, daß die Behörde es sich nicht leisten könnte, mich durch einen Juristen abzulösen. Vielleicht - so schien es - hatte ich meine Arbeit trotz der vielen Angriffe und Verleumdungen doch wohl zufriedenstellend gemacht, so daß diese Arbeit durch einen Psychologen oder Sozialpädagogen fortgesetzt werden sollte. Ich schlug Herrn Sarodnick vor, der bei mir im Kriminalpsychologischen Dienst war und damals mit mir in diese Anstalt ging. Er war nicht nur ein guter Mitarbeiter und Berater, sondern auch sozusagen ein Therapeut für mich. Da ich auf einem so "heißen Sessel" saß, brauchte ich jemanden, zu dem ich nicht nur volles Vertrauen hatte, sondern mit dem ich auch psychologische Prozesse durchsprechen konnte. Und nun bin ich froh, daß er am 1. Mai 1981 die Anstalt übernommen hat, auch wenn wir beide wissen, daß diese Arbeit von der Hamburger Struktur her eine undankbare und fast unzumutbare ist.

Während meiner 8.1/2 Jahre in Fuhlsbüttel habe ich sechs Senatoren, zwei Amtsleiter und vier verschiedene Aufsichtsreferenten als Vorgesetzte erlebt und ertragen. Dies ist sicherlich auch eine Kuriosität und bedeutete für mich, sich immer wieder neu auf einen Vorgesetzten einzustellen, vielleicht auch jene in praktischer Vollzugskunde anzulernen. Daß es trotz der unterschiedlichen Persönlichkeiten klappte, kann vielleicht als Wunder angesehen werden. Es kann aber auch ein Beweis dafür sein, daß unser Ansatz in Fuhlsbüttel richtig ist. Wäre Frau Leithäuser nicht meine letzte Senatorin gewesen, dann wäre wohl sicherlich ein Jurist mein Nachfolger geworden.

Der offene Vollzug

W.W.: Wie ist es mit dem mitmenschlichen Zusammensein der Insassen? Ist es durch die offenen Türen und die anderen Reformmaßnahmen besser geworden?

H.-D. Stark: Vorhin sagte ich schon, daß die Insassen wie auch die meisten Bediensteten keinen Vollzug mehr wollen. Aufschlußreich ist dabei, daß Bedienstete fremder Anstalten, die unsere Arbeit gar nicht kennen, oft sehr schlecht auf uns zu sprechen sind und Parolen in Umlauf setzen. Es wäre sicherlich interessant, die Ursachen solcher Stimmungsmache zu ergründen. Aufgrund einer Miesmacherei kommen Bedienstete oft mit unguten Gefühlen zu uns, aber wenn sie sich eingelebt haben, dann wollen sie nicht mehr fort.

Alle haben sich auf diesen offenen Vollzug eingestellt. Man hat sich an Spielregeln und an Zeiten zu halten, ansonsten ist das Leben verhältnismäßig ungezwungen. Die Insassen haben nicht nur ihre offene "Zelle", sondern sie können sich im ganzen Hause frei bewegen. Sie können auf andere Stationen, in einen anderen Flügel oder zum Duschen gehen. Wenn am Wochenende schönes Wetter ist, dann nehmen viele morgens ihre Decke und ihr Kofferradio und gehen auf den Hof. Sie legen sich auf den Rasen, lassen sich bräunen oder treiben Sport. Wenn abends zum Einschluß geläutet wird, dann kommen alle von alleine wieder in den Bau. Sie brauchen nicht extra von Beamten aufgefordert oder gar reingetrieben werden. Es gibt einen Fußball- und einen Handballplatz, einen Tennisplatz und einen Platz für Faustball und Badminton. Sport hat großen Stellenwert. So gibt es mehrere "Fußballvereine" in der Anstalt, die um einen Pokal spielen, wie zum Beispiel die Wäscher gegen die Kalfaktoren oder die Bäcker gegen die Drucker usw. Die Sportergebnisse, der Tabellenstand und die kommenden Spiele werden jeden Donnerstag durch das hauseigene Fernsehen "Fadenkreuz" im Hause ausgestrahlt. Es ist die einzige Anstalt, die ein eigenes Fernsehstudio besitzt. Hier werden zum Beispiel Gäste vorgestellt oder wichtige Mitteilungen ins Haus gegeben.

In den Flügeln werden Steaks gebraten

Auf jeder Station gibt es eine Pantry mit drei Kochplatten, in der die Insassen selbst kochen und braten können. Was sie dafür benötigen, kaufen sie in unserem Anstaltsladen. Außerdem gibt es in jedem Flügel einen Backofen, so daß die Insassen auch ihren Kuchen nach eigenem Geschmack backen können. Wenn man am Freitagnachmittag durch die Anstalt geht, dann merkt man nichts von der muffigen Knastluft, wie ich sie früher zu spüren bekam, sondern es riecht sehr appetitlich: hier wird ein Steak gebraten, dort gibt es Kartoffelpuffer und woanders wird gerade ein Kuchen aus dem Ofen geholt. Samstags und sonntags sitzen morgens Insassen auf dem Flur oder in einem Raum zusammen, um gemeinsam zu frühstücken oder Kaffee zu trinken. Die machen natürlich auch ihre kleinen Geschäfte. Warum auch nicht! Das ist halt das Leben. Im Strafvollzugsgesetz § 3 steht, daß das Leben im Vollzug den allgemeinen Lebensverhältnissen soweit als möglich angeglichen werden soll.

Wichtig dafür ist auch, daß die Insassen ihre eigene Kleidung tragen dürfen. Dies erreichten wir trotz großen Widerstandes. Obwohl der Anstaltsleiter aufgrund des Strafvollzugsgesetzes das Tragen von eigener Kleidung gestatten kann, waren die meisten im Strafvollzugsamt gegen eigene Kleidung. Aufgrund unserer fünfjährigen guten Erfahrung wurde das Tragen eigener Kleidung durch den damaligen Senator trotz Widerstandes sanktioniert. Für uns in der Anstalt war die Zivilkleidung eine Reformmaßnahme, die nicht nur nichts kostete, sondern die dem Staat sogar noch Geld ersparte. Es ist nachvollziehbar, daß mit eigener Kleidung pfleglicher umgegangen wird als mit der Anstaltskleidung, die nicht paßt, die von Woche zu Woche wechselt, da kein Insasse seine eigene Anstaltskleidung hatte, die er nach dem Waschen zurückbekam.

Die Leute sehen bei uns eigentlich immer sauber aus. Wie sie das machen, darüber wird nicht gesprochen. In der neuen modernen Wäscherei darf die eigene Kleidung offiziell nicht gewaschen werden. Es heißt, es müßte etwas umgebaut werden, außerdem müßten die Insassen für das Waschen bezahlen. Aber trotzdem scheint es zu gehen. Teilweise waschen sie ihre Wäsche selbst, teilweise nehmen wohl ihre Freunde die Wäsche mit in die Wäscherei und lassen sie dort mit der Anstaltswäsche waschen.

W.W.: Wenn das doch geht, warum dann nicht offiziell?

H.-D. Stark: Das sind Erscheinungen, die ich auch nicht verstehe, bei denen ich nur Vermutungen anstellen kann. Vielleicht stützt man sich auf das Gesetz, in welchem es heißt, daß der Gefangene, wenn es ihm vom Anstaltsleiter genehmigt wird, eigene Kleidung zu tragen, für die "Reinigung, Instandsetzung und regelmäßigen Wechsel auf eigene Kosten" selbst zu sorgen hat. Beim Konzipieren des Gesetzes dachte man sicherlich an Ausnahmefälle: Es war damals wohl nicht vorstellbar, daß fast eine ganze Anstalt eigene Kleidung tragen würde, die ja auch zur Atmosphäre beiträgt. Hinter dieser formalen Auslegung steckt sicherlich mehr. Leider gibt es immer noch Kräfte, die diesen Vollzug nicht wollen und in ihrer menschenverachtenden Haltung vielleicht sogar noch bestärkt werden. Es sind jene, die bei Problemen nicht mit den Insassen sprechen, sondern lieber "die Akte ziehen" und aufgrund der Aktenlage entscheiden.

Der Anstaltsleiter wurde in der Anstalt erschossen

W.W.: Wenn bei Ihnen alle Türen in der Anstalt offen sind, haben andere Anstalten in der Bundesrepublik Deutschland Ihr Modell übernommen?

H.-D. Stark: In dieser Konsequenz mit Sicherheit nicht, zumindest nicht in einer gleich schweren Anstalt wie Fuhlsbüttel. Vermutlich wird es in einigen Anstalten vereinzelte Stationen mit ausgewählten Gefangenen geben, die in den Genuß offener Zellen kommen. Aber daß eine ganze Anstalt gleicher Schwere die Zellen konsequent öffnet, mit Sicherheit nicht. Wir haben im kleineren Kreis oft darüber gesprochen, warum andere Anstalten in der Bundesrepublik Deutschland das nicht allmählich einführen, was wir unter den ungünstigsten Bedingungen erreicht haben. Vielleicht ist es Angst, vielleicht ist es auch eine Einstellung den Insassen gegenüber, die ihre Wurzel im Rache- und Vergeltungsdenken hat.

Im Herbst 1980 besuchte ich eine gleich große und schwere Anstalt. Ich empfand ein bedrückendes Gefühl, eine lähmende Atmosphäre. Es war unfreundlich, tot. Ich empfand es als schlimm. Sicherlich - das muß ich einräumen - stammt dieses ungute Klima noch aus jener Zeit, in der der Anstaltsleiter in der Anstalt erschossen wurde, obwohl die Anstalt nach innen nicht offen war, also als geschlossene Anstalt zu bezeichnen ist.

Etwas später lud ich die Leitung zu uns nach Hamburg ein. Es kam der Vertreter des Anstaltsleiters mit einem Soziologen und zwei Herren aus der Nachbaranstalt. Sie blieben einen Nachmittag und auch noch den nächsten Tag in der Anstalt. Für sie brach eine Welt zusammen, daß ich alleine mit diesen vier Gästen ohne Aufsichtsbeamte durch den offenen Bau ging, daß die Insassen freundlich waren, "Hallo" sagten und grüßten und daß man sich in Ruhe mit ihnen unterhalten konnte. Der Soziologe sagte später, er würde seinen Anstaltsleiter bitten, mit ihm einmal durch seine Anstalt zu gehen, aber dieser würde es sicherlich nicht wagen, und wenn, dann würden die Insassen pfeifen.

Die Atmosphäre einer Anstalt muß zum Therapeutikum werden

Für mich ist entscheidend, daß in einer Anstalt eine Atmosphäre, ein Klima, entsteht, in der man leben kann. Ich meine, daß gerade in einer solchen Anstalt die Atmosphäre ein entscheidendes Therapeutikum sein kann. Wenn ich so etwas sage, dann bedeutet das viel, denn wir - die Mitarbeiter und ich - sprechen hier nicht über Therapie und Behandlung. Diese Begriffe sind in unserer Anstalt tabuisiert. Dennoch meinen wir, daß in dieser Hinsicht in unserer Anstalt mehr geschieht als in jenen, die ein solches Etikett tragen.

W.W.: Haben Sie auch Einzelgespräche mit den Insassen geführt?

H.-D. Stark: Die Gespräche waren das Wichtigste. Eigentlich wurden ständig Gespräche geführt. Dabei war das Hinhören wohl bedeutender als das Reden. Ich saß dabei nie am Schreibtisch. Ich finde es nicht schön, wenn zwischen den Gesprächspartnern ein dicker dekorativer Schreibtisch steht, der beim Gegenüber Ängste, Respekt, vielleicht auch Aggressionen auslöst. Ich glaube, daß ich mich dadurch im wesentlichen von meinen Vorgängern und von vielen Anstaltsleitern unterscheide. Natürlich ist es einfacher, "die Akte zu ziehen" und am Schreibtisch alles formal zu regeln. Das ist leichter, als einem Insassen persönlich zu erklären, warum er nicht in Urlaub gehen kann.

Ich kann mich noch an Weihnachten 1973 erinnern, als es noch sehr unruhig war, obwohl wir das Haus schon geöffnet hatten. Sechs Insassen durften nicht in Urlaub gehen. Es waren harte, aggressive Brocken. Deswegen beschloß ich, ihnen die Ablehnung selbst mitzuteilen. Am 24. Dezember sprach ich morgens mit dem ersten Insassen, es war der für mich härteste und unangenehmste. Es ging verhältnismäßig vernünftig zu, besser als ich erwartet hatte. Der zweite Insasse wollte nicht einsehen, daß er keinen Urlaub bekommen könne. Beim dritten wurde ich leider heftiger. Die übrigen Insassen kamen dann nicht mehr. Es hatte sich wohl im Hause herumgesprochen, daß ich nicht friedlich war. Zwei Stunden später mußte ich dann die Weihnachtsansprache halten. Sie können sich vorstellen, wie mir zumute war.

Es ist wichtig, daß wir - damit meine ich die Abteilungsleiter und Sozialarbeiter - den Insassen die negativen Entscheidungen selbst eröffnen und es nicht dem Aufsichtsdienst überlassen, der einfach überfordert ist, weil er die Hintergründe im einzelnen nicht kennen kann. Als ich das in den ersten Monaten einem Abteilungsleiter zweimal sagen mußte, wurde er krank und ward in unserer Anstalt nicht mehr gesehen. Mir war wichtig, daß wir von dem überwiegend formal-bürokratischen Arbeitsstil, der bei jedem Betroffenen Aggressionen auslösen kann, weggekommen sind, indem wir uns den Insassen selbst gestellt und Unangenehmes nicht auf den Aufsichtsdienst abgeschoben haben. Natürlich kann man bei einem solchen Arbeitsstil auch weiche Knie bekommen, wenn man sich zum Beispiel in der Kirche vierhundert Insassenvertretern gegenüber sieht, die etwas wollen und wo der Insassenvertreter sich vor der Masse profilieren muß. In einer solch heiklen und brenzligen Situation war ich dann immer dankbar, wenn mir im rechten Augenblick das Rechte einfiel, das nirgends geschrieben stand, um eine Eskalation zu verhindern. So etwas möchte ich mit Geistesgegenwart bezeichnen.

W.W.: Dann sind Sie doch sicherlich sehr anerkannt worden von den Insassen?

H.-D. Stark: An sich wohl schon. Natürlich gibt es auch Insassen, die enttäuscht von mir sind, weil ich mit ihnen nicht gesprochen habe. Aber bei 600 Insassen ist es völlig unmöglich, mit allen zu sprechen, wenn ein Gespräch länger als fünf oder zehn Minuten dauert. Meistens ist es so, daß eine Sprechstunde in der Woche angesetzt wird. Dann werden jene vorgeführt, die sich zum Leiter vorgemeldet haben, und werden - wenn ich es etwas hart sagen darf - in dieser Stunde abgefertigt. Ein Gespräch dauert dann kaum länger als fünf Minuten. Der Form wurde Genüge getan, der Anstaltsleiter ist seiner Pflicht nachgekommen. Aber ob der Insasse richtig zu Wort gekommen ist, sein Problem los wurde, das ist die Frage. - Da ich eine solche Sprechstunde nicht abhielt, konnte ich nicht mit allen sprechen. Wenn jedoch ein Stationsbeamter oder ein Werkbeamter bei mir anrief und sagte, daß ein Insasse von ihm mich sprechen wolle, dann kam ich dem eigentlich immer sehr schnell nach, um damit auch dem Insassen zu zeigen, daß er einen guten Beamten hat, der sich für ihn einsetzt und "beim Alten" etwas bewirkt.

Da das Haus nach innen offen ist, hatten die Insassen viele Möglichkeiten, ihre Probleme mit den verschiedensten Persönlichkeiten zu besprechen.

In Hamburg sitzt man auf dem Präsentierteller

W.W.: Über Ihren Vollzug hört man die unterschiedlichsten Meinungen. Werden Sie eigentlich von Ihren Vorgesetzten und der Öffentlichkeit anerkannt?

H.-D. Stark: Das weiß ich eigentlich nicht, darüber mache ich mir auch keine Gedanken. Ich weiß nur, daß die Spannungen groß sind, daß ich hart arbeite und meine Pflicht tue. Aber in dem Zusammenhang möchte ich etwas anderes erwähnen. Ich habe früher einmal in der Schweiz in einer - damals - modernen "Arbeitserziehungsanstalt" gearbeitet. Die ähneln in etwa unseren Jugendanstalten, sind aber offen. Als ich in die Bundesrepublik Deutschland zurückkam, sagte ich, ich möchte hier kein Anstaltsleiter sein, am wenigsten in Hamburg. Hierhin führte mich jedoch mein Schicksal!

In der Schweiz sind alle Anstalten vollkommen autonom. Und unter den Anstaltsleitern gibt es die verschiedensten Berufe, "sogar" auch den eines Juristen. Es ist ein offenes Geheimnis: Je weiter eine Anstalt von der Oberbehörde entfernt ist, desto besser "läuft" es, weil am wenigsten hineinregiert wird. Hier in Hamburg kommt zu der großen Abhängigkeit noch hinzu, daß man gleichsam auf einem Präsentierteller sitzt. Das ist durch die Nähe des Parlamentes bedingt. Wenn sich irgendetwas in der Anstalt ereignet, das nicht sein sollte, dann meldet sich die Opposition zu Wort. Außerdem werden durch die Medien besondere Vorkommnisse breit ausgeschlachtet. Für Schlagzeilen ist Fuhlsbüttel immer ein dankbares Objekt. In dieser Hinsicht ist die Lage ungünstig, obwohl andererseits eine Großstadt auch für eine Anstalt Vorteile haben kann. Eine ähnliche Anstalt liegt in einer Stadt mit 48.000 Einwohnern, in der es nur einen Lokalreporter gibt. Mit diesem könnte man sich einmal im Monat treffen und ihn zum Fachjournalisten in Strafvollzugsfragen ausbilden, so daß dieser dann positiv auf die Bevölkerung wirken und die einzelnen Probleme sachlich darstellen könnte. Meistens stehen in den Medien Sensationen, so daß die Bevölkerung heißgemacht wird. Es ist kaum zu verstehen, wie die Mitarbeiter und ich von der Presse in den ersten Jahren angegriffen worden sind.

W.W.: Was hat die Presse Ihnen und Ihrem Strafvollzug gegenüber behauptet? Welche Presse war es?

H.-D. Stark: Ich wurde als "Traumtänzer" bezeichnet, und es wurde gefragt, wie man den Stark überhaupt zum Anstaltsleiter machen konnte. In der BILD gab es eine schlimme Serie: "Die Wahrheit über Fuhlsbüttel". Die Bediensteten wurden diffamiert und verunsichert, denn eines Tages konnte man lesen, daß in unserer Anstalt zwei Pistolen seien und es Munition en masse gäbe. Die Staatsanwaltschaft wurde eingeschaltet, aber mir ist nicht bekannt, daß das etwas brachte. Etwa einen Monat später rief der betreffende Reporter bei mir an und wollte von mir als Psychologen wissen, ob eine lebenslange Freiheitsstrafe persönlichkeitsabbauend sei. Ich bat ihn, mir vorher zu sagen, wo die Waffen seien. Dies könne er mir nicht sagen, da er den Informanten bzw. den Besitzer gefährden würde. Auf meine Frage, ob er es in Kauf nähme, daß alle Bediensteten und alle Insassen dadurch gefährdet würden, sagte er, das könne er verantworten. - Ein Beschwerdebrief an die BILD-Redaktion brachte nichts. Es konnte auch nichts bringen, denn es gab weder Waffen noch Munition. Dafür aber eine Story, die begierig gelesen wurde und die Bevölkerung - mit Recht - gegen uns aufbrachte.

W.W.: Sie haben künstlerische Therapie in der Anstalt eingesetzt. Können Sie dazu etwas sagen?

H.-D. Stark: In dieser Beziehung hätte ich gerne noch mehr gemacht. Leider fehlte es an Räumen, aber auch an Verständnis für solche Aktivitäten. Wir hatten junge Künstler aus der Kunststudienstätte Ottersberg hier. Es wurde gemalt und getöpfert. Aus Raummangel mußten wir dann die künstlerischen Aktivitäten leider einstellen.

Jeder ist zu jedem Verbrechen fähig

W.W.: Rudolf Steiner hat einmal ausgesprochen: "Es gibt kein Verbrechen in der Welt, zu dem nicht jeder Mensch in seinem Unterbewußtsein die Neigung hat." (Rudolf Steiner: Geschichtliche Symptomatologie. GA 185/26.10.1918/S.110) - Bildet dies für uns alle, die wir nicht im Gefängnis sitzen, nicht einen ganz anderen Denkansatz und eine neue Betrachtung für die Strafgesetzgebung, da doch alle Menschen in einem sozialen Zusammenhang sind?

H.-D. Stark: Rudolf Steiner sagt sinngemäß auch folgendes: Wenn ein Zögling diese Erzieher und Menschen gehabt hätte, die ich hatte, dann wäre er vielleicht nicht straffällig geworden. Dies heißt doch, daß jeder Mensch auf die Hilfe anderer Menschen angewiesen ist und daß andere Menschen bereit sind, ihre Zeit für uns zu opfern. Wenn jene Menschen, die ihre Zeit nicht uns, sondern dem Mitmenschen, der straffällig geworden ist, zugewendet hätten, wäre dessen Leben anders verlaufen. Rudolf Steiner folgert daraus: Macht man sich mit diesem Gedanken vertraut, so ist man als Glied einer großen Gemeinschaft mitverantwortlich für den einzelnen. Wenn ich selbst dann bei diesen Vorstellungen an die Schicksale vieler Insassen denke, dann müßte ich mir doch im Stillen sagen, vielleicht wärst du noch schlimmer geworden, wenn du dieses Schicksal gehabt hättest. Wer weiß das schon? Vielleicht würden wir uns dann schämen, anstatt auf so hohen Thronen zu sitzen.

In einer Fernsehsendung in Fuhlsbüttel, in der Bürger mit unseren Insassen diskutierten, konnte sehr die Feindseligkeit gespürt werden, die unseren Insassen entgegengebracht wurde. Ich mußte diesen Teilnehmern einfach sagen: Wie können unsere Männer nach ihrer Entlassung wieder Boden unter die Füße bekommen, wenn sie auf eine so feindliche Außenwelt stoßen? Dies ist ein großes Problem. Zwar bin ich mir bewußt, daß ich nicht nur an die Insassen denken darf, sondern auch an ihre Opfer, aber vielleicht ist es möglich, wenn wir Zusammenhänge erkennen und unser Bewußtsein weiterentwikkeln, daß wir die Zahl der Opfer verringern und daß vielleicht auch so etwas wie eine Aussöhnung möglich ist. Aber solange der Egoismus und damit auch die Unwahrhaftigkeit so große Blüten treibt, ist wohl kaum an eine Linderung zu denken.

W.W.: Wir müssen also nicht nur die Insassen resozialisieren, sondern auch die Außenstehenden müssen sich auf ihre soziale Verantwortung besinnen?

H.-D. Stark: Das ist wohl das, was ich mit den letzten Worten meinte. Daher hatte ich vielleicht auch manchmal den Eindruck, als wenn wir in den Anstalten nicht für die Insassen da sind, sondern die Insassen für uns. Es ist wirklich oft unverständlich und paradox.

W.W.: Haben Sie bei den Insassen beobachtet, ob Reue unmittelbar nach der Tat eintritt oder ob Reue durch den zu harten Vollzug wieder zu Haß wird?

H.-D. Stark: Da müßte zunächst gefragt werden, wie sich Reue zeigt. Reue ist für mich etwas so Intimes, daß diese Frage eigentlich nur jeder für sich beantworten kann. Sicherlich ist sie nicht durch ein Lippenbekenntnis beantwortet, auch nicht dadurch, ob der Blick niedergeschlagen oder zum Himmel gewandt wird. Wer weiß es schon? Sicherlich gibt es Menschen, die etwas wiedergutmachen, und auch solche, die sich schämen, es zu bekennen.

Dankbar für die Konfrontation mit schwierigen Menschen

W.W.: Können Sie abschließend sagen, wie sich diese 8.1/2 Jahre im Rückblick für Sie darstellen?

H.-D. Stark: Es war zunächst eine sehr harte Zeit und vielleicht auch so etwas wie ein Ritt über den Bodensee. Man wußte einfach nicht, was der nächste Tag, die nächste Stunde bringen wird. Dreht jemand durch, weil er mit seiner Strafe, seiner Haft nicht fertig wird oder weil er provoziert wird? Das erste Jahr war dermaßen schlimm, so daß an höherer Stelle bereits daran gedacht wurde, Polizei hereinzuholen und alles wieder dichtzumachen. Eigentlich konnte ich dies nur dadurch verhindern, daß ich wirklich sehr energisch im Amt auftrat. Das erste Familiensportfest im Herbst 1973 brachte dann langsam die Wende.

Zu der sehr schwierigen Arbeit kam die totale Abhängigkeit von Menschen, die nur mittelbar etwas mit der Anstalt zu tun hatten, die selbst noch nie in einer Anstalt gearbeitet, geschweige denn eine geleitet hatten und zum Teil auch ganz andere Interessen verfolgten. Paradox ist dabei, daß die Abhängigkeit und das Hereinreden im umgekehrten Verhältnis zur Notwendigkeit stand. Als es noch unruhig und stürmisch war, da waren wir in unserer Handlungsweise ziemlich frei. Aber nur der erste Senator sagte mir: "Sie sind in Ihren Entscheidungen vollkommen frei."

Zu den 600 Insassen kamen 200 Bedienstete. Daß diese nicht alle meiner Meinung waren, auch dafür muß ich Verständnis haben. Und sicherlich gab es auch viele, die mit meiner Art der Führung und mit meinen Vorstellungen nicht einverstanden waren, weil ihnen vielleicht ein anderer Führungsstil angemessener gewesen wäre. Aber wenn ich zurückdenke, dann muß ich trotz der Schwere der Arbeit und des Verzichtes auf vieles dankbar sein. Dankbar nicht nur deswegen, weil ich diese Zeit durchgestanden habe, sondern auch dankbar dafür, daß mir die Chance einer so unmittelbaren Konfrontation mit schwierigen Menschen - wo sie auch saßen oder standen - gegeben wurde. Eine solche Konfrontation bringt einen dem Danken näher. Menschlich habe ich dabei sicherlich einiges gelernt.

Vom Sinn des Lebens

AUS DR. H.-D. STARKS ABSCHIEDSREDE AN DIE GEFANGENEN

Warum erzähle ich Ihnen dieses? Mit Sicherheit nicht aus Gründen der Sensation. Denn dann hätte ich das bestimmt schon früher getan. Auch nicht, um Ihnen Überlebenstechniken in ausweglosen Situationen zu vermitteln. Ich berichte Ihnen deswegen darüber, um Ihnen bewußt zu machen, wie durch ein kurzes, einmaliges Ereignis, das wie ein Zufall, wie ein Mißgeschick aussieht, ein Leben total verändert werden kann. Sicherlich hat wohl eine Veränderung auch ihren Sinn. Und damit berühren wir die Frage nach dem Sinn des Lebens.

Keiner fragt, wenn er Glück hat, wenn er etwas gewonnen hat: "Warum gerade ich?" Widerfährt jedoch einem Menschen Unglück und Leid, dann kommen die Fragen hoch: "Warum gerade ich, warum muß mir dieses passieren?" - Genauso könnte ich fragen: Mußte mein Leben trotz aller überstandenen Gefahren 1945 nach Kriegsende so massiv verändert werden?

In meiner Rückschau bin ich zur Gewißheit gekommen, daß alles, was sich ereignet - auch wenn es schmerzhaft und leidvoll ist -, immer nach irgendeiner Richtung seinen tief verborgenen Sinn hat. Da aber unsere Sicht in die Zukunft versperrt ist, können wir einen Sinn oft nicht erkennen, so daß wir dann mutlos werden und am Schicksal und an der sogenannten Gerechtigkeit zu zweifeln beginnen. Wenn ich von einem verborgenen Sinn spreche, so hat das nichts mit Fatalismus, mit einem "Die Hände in den Schoß legen" zu tun, weil wir meinen, wir könnten an unserem Schicksal nichts ändern und damit in Resignation fallen und nicht die Kraft finden, mit und an unserem Schicksal zu arbeiten. Das Wissen, daß es in unserem Leben einen verborgenen Sinn gibt, sollte uns zur Aktivität provozieren.

Dies bedeutet, daß unsere Lebensaufgabe unter anderem auch darin besteht, diesen verborgenen Sinn des Lebens zu suchen, indem wir jenes aktiv ergreifen, was sich uns als Aufgabe entgegenstellt. - So wurde mir sehr bald bewußt - sowohl durch glückliche wie auch durch schmerzhafte Fügungen -, wie diese Arbeit und dieses Leben einen Sinn haben. Und das gilt nicht nur für mich, sondern auch für Sie!

Auch Ihr Leben hat trotz Ihres schweren Schicksals und trotz der großen Schuld, die manch einer von Ihnen auf sich geladen hat, seinen ganz bestimmten Sinn. Wenn wir ihn nicht sehen und erkennen können, so liegt dieses Unvermögen darin, daß uns Zusammenhänge noch verschlossen sind, daß uns der Blick in die Zukunft durch einen Vorhang verhängt ist. - Es ist sicherlich schwierig und auch problematisch, in einer solchen Anstalt diese Aussagen zu machen, weil es nach Entschuldigung für alles Tun und alles Versagen klingt. Wahr aber ist, daß jeder alles selbst abtragen muß, was er anderen an Leid zufügt; sei es unmittelbar oder viel viel später.

In den acht Jahren wurde ich oft gefragt: "Wie schaffen Sie es, wie können Sie diese Arbeit und die vielen Anfeindungen und Verleumdungen durchstehen. Woher nehmen Sie diese Kraft?" Heute kann ich sagen, daß ich diese Jahre ohne einen einzigen Krankentag deshalb durchstehen konnte, weil ich mir die Kraft aus meiner Vergangenheit, aus meiner Erinnerung geholt habe, denn ich wurde hart geschmiedet. Ich machte mir bewußt, welche Schwierigkeiten und auch Enttäuschungen ich bereits überstanden hatte, und das alles, was hinter mir lag, seine Notwendigkeit besaß. Außerdem hatte ich durch geisteswissenschaftliche Studien erfahren, daß die Naturwissenschaft uns nur einen Ausschnitt vermitteln kann, daß es darüber hinaus Bereiche gibt, die der Naturwissenschaft nicht zugänglich sind.

Aus all diesem entstand das Vertrauen und die Zuversicht, daß ich auch diese Arbeit schaffen würde. Selbst in der schwierigsten Situation, als im Herbst 1973 mein engster Mitarbeiter und Vertrauter zu mir sagte: "Wir schaffen es nicht", da konnte ich sagen: "Wir müssen durch!" - Und darum denke ich zum Schluß auch mit Dankbarkeit an die Mühsal der vergangenen Jahre. Und dankbar bin ich, daß mein damaliger Mitarbeiter und Vertrauter, der mit mir an diese Arbeit ging, jetzt diese Aufgabe übernimmt und weiterführt. Sie kennen Herrn Sarodnick. Ich brauche ihn nicht vorzustellen. Er sitzt unter Ihnen. In welcher schweren Anstalt wäre es möglich, daß der Anstaltsleiter mitten unter den Gefangenen sitzen kann?

Zum Schluß danke ich allen Menschen in und außerhalb des Vollzuges, den Betreuern und den Gruppen, den Beiräten, den Vorgesetzten und Beamten des allgemeinen Aufsichtsdienstes, des Sanitäts- und Werkdienstes, der Verwaltung, den Lehrern und den Teilnehmern der Anstaltskonferenz, den beiden Geistlichen und all den Ungenannten, die hier ihre Arbeit machen. Ich danke allen, die guten Willens waren, und danke auch meinen Widersachern, die dafür sorgten, daß ich immer wach blieb und nicht müde wurde.

Ich danke unserer Senatorin, die uns half und schützte und meinen Nachfolger bestimmte. Ich danke Ihnen, den Insassen, die diesen Vollzug mitgestaltet und mitgetragen haben und die auch Verständnis dafür gehabt haben, daß sich nicht alles erfüllen läßt, was wünschbar ist. Ich danke auch meiner Frau, die diese Arbeit still mittrug.

Mit Dankbarkeit denke ich jetzt trotz aller Angriffe, Verleumdungen, Kränkungen, Bevormundungen an diese Arbeit zurück! Mit Dankbarkeit deswegen, weil für mich der Sinn des Lebens in der Arbeit liegt. Nicht in der Arbeit um des eigenen Lohnes willen, sondern um dem Mitmenschen zu helfen. Zum Schluß bitte ich alle - Bedienstete, Insassen und Betreuer -, meinem Nachfolger so und noch mehr zu helfen, wie Sie es bei mir taten. Alleine vermag einer nur wenig, doch gemeinsam können wir unsere Umwelt verändern.

In diesem Sinne Ihnen allen ein herzliches Lebewohl!

Hinter tausend Schlössern

Über Aufbau und Alltag einer Justizvollzugsanstalt

INTERVIEW MIT GÖTZ BAUER

von Bernd Hansen

Vorab einige Daten, teilweise ermittelt in einer Studie Prof. Chr. Pfeiffers, Leiter des Kriminologischen Forschungsinstituts, Hannover:

In der Bundesrepublik Deutschland sitzen ständig ca. 40.000 Menschen in Gefängnissen ein, davon sind ungefähr 5 % Frauen. Im Jahre 1985 gab es insgesamt 299.000 Tatverdächtige, von denen 161.000 angeklagt und 104.000 verurteilt wurden. Von den 51.000 angeklagten Ausländern - in der genannten Gesamtsumme der Angeklagten enthalten - wurden 12.000 verurteilt; sie werden in der Regel schärfer beobachtet und härter bestraft!

50 % aller 25jährigen hatten schon ein Strafverfahren, davon waren 7 % sogenannte Gewaltdelikte; ein Drittel der Strafverfahren führte zu Verurteilungen. Auf 100.000 Jugendliche kommen zur Zeit 100 Zellen im Jugendstrafvollzug. Durch den "Pillenknick" werden 1994 oder schon früher voraussichtlich 175 Zellen zur Verfügung stehen. Das wird erfahrungsgemäß zu mehr Verurteilungen führen, zu einer Art Selbstversorgung der Justiz, ebenso wie auch zuviel Polizeikräfte oder die Nähe eines Gerichtes erwiesenermaßen zu einer höheren Verurteilungsrate beitragen.

30 % aller verurteilten Jugendlichen kommen später wieder vor Gericht; die Wartezeit auf ein Verfahren dauert im Schnitt 15 Monate. Alternativen zu dem Jugendstrafvollzug, der den kriminellen Weg eines Menschen nachweislich eher fördert als verhindert, sind der Arrest am Wochenende - von Justizminister Engelhardt propagiert - oder Einrichtungen ambulanter und eher pflegerischer Art. Von denen gibt es jedoch nur 250 bis 500 in der Bundesrepublik Deutschland für maximal 10 % der verurteilten Jugendlichen. Das Jugendstrafrecht gibt den Richtern gewisse Spielräume; Weisungen der Gerichte (§ 10, 15) zielen auf einen milderen Vollzug ab. - Gefängnisplätze sind bis zu sechsmal teurer als alternativer Vollzug (Engelhardt).

In den Strafverfahren und den Strafmaßen gibt es lokale bzw. regionale Unterschiede: Richter verurteilen in der Gesamtzahl ihrer Verfahren von Bundesland zu Bundesland verschieden bis zu 60 % häufiger zu Gefängnisstrafen! Zum Beispiel: Arrest: Hessen 6,7 %; Niedersachsen 9,9 %; Saarland 13 %. Gefängnis: Hessen 0,7 %; Niedersachsen 0,6 %; Saarland 1,7 %.

Mit der 1977 geänderten Fassung des Strafvollzugsgesetzes - Resozialisierung statt Sühne - ist einigenorts tatsächlich ein Umdenken erfolgt: Einige Richter und Staatsanwälte fangen an, anders über Tat und Täter zu denken, den Menschen als solchen zu sehen und weniger als Objekt - doch der "wahren Wahrheit", die der Biographie und Komplexität einer Straftat zugrunde liegt, steht die "formelle Wahrheit" des Verfahrens vor Gericht und des Vollzugs immer noch entgegen.

Götz Bauer, *geb. 1936. Nach dem Jura-Studium und Examen arbeitete er erst als Staatsanwalt, dann als Richter, bis er sich aus Interesse dem Strafvollzug zuwandte und entschied, dort tätig zu werden. Er ist seit 1979 Leiter der Justizvollzugsanstalt Hannover.*

Bis vor kurzem habe ich Gefängnisse nur von außen gesehen, dann ergab sich jedoch die Möglichkeit, die Justizvollzugsanstalt Hannover zu besuchen, dort zu fotografieren und mit dem Leiter der Anstalt, Götz Bauer, ein Interview zu führen.

Ich hielt mich daraufhin zweimal in der Justizvollzugsanstalt als Besucher auf und bin froh, nur ein solcher gewesen zu sein. Die Atmosphäre ist bedrückend, besonders im grimmig-grauen Altbau. Schlüsselgerassel, Türengeschepper und sich ewig wiederholende Rechteckigkeit von Raumaufteilung, Höfen und Gittern prägen sich ein.

Der ca. 1987 vollendete Neubau dagegen wirkt freundlicher, gestalteter. In der Architektur aufgelockert, farbig, die Freiplätze draußen bepflanzt und mit Steinskulpturen lebendig gestaltet - an großzügige Wohnblocks des sozialen Wohnungsbaus eher erinnernd als an einen Knast. Hier sind auch die bungalowähnlichen Werkstätten der Justizvollzugsanstalt eingerichtet. Beim ersten Besuch führte mich Anstaltsleiter Götz Bauer durch die Gebäude und über die Freiflächen; hier sprachen wir über die Plastiken, die mich als Bildhauer sehr beeindruckten, und ich beschloß, ihnen einen Hauptteil im Interview zukommen zu lassen, die Justizvollzugsanstalt noch einmal zu besuchen und zu fotografieren.

Beim zweiten Mal wurde ich vom Ausbildungsleiter der JVA-Beamten begleitet. Beide Besuche in der JVA Hannover verliefen sehr offen und freundlich. Das Betreten und Verlassen der Anstalt war erstaunlich unproblematisch.

Bernd Hansen: Welche Menschen sitzen hier in der Justizvollzugsanstalt Hannover ein, welche Straftaten haben sie im wesentlichen begangen bzw. in welchem Rahmen bewegt sich das Strafmaß?

Götz Bauer: Die Anstalt Hannover hat eine vielfältige Zuständigkeit. Sie ist eine große Einrichtung in einer zentral gelegenen Großstadt mit Abteilungen für Frauen und Männer in Untersuchungshaft mit 200 bis 250 Menschen. Die Frauen und die männlichen Untersuchungshäftlinge sind zwei Sondergruppen, die sich von dem Status der anderen Gefangenen - insgesamt sind es zwischen 850 und 900 - unterscheiden. Der größere Teil der Häftlinge verbüßt Freiheitsstrafen zwischen zwei und fünf Jahren als Wiederholungstäter sowie auch als erstverurteilte Täter, wobei die Strafe in Einzelfällen das Höchstmaß von 15 Jahren erreichen kann. Eine zentrale Transportabteilung und eine zentrale Diagnose- und Einweisungsabteilung für Niedersachsen erklären die Sonderaufgaben. Eine eigene Bildungsstätte sorgt für Schul- und Berufsausbildung.

Die Deliktbreite ist umfangreich, da hier praktisch jedes Delikt vertreten sein kann; zum Beispiel Diebstahls- und Raubdelikte sowie auch Tötungsdelikte und andere schwere Gewalttaten. Nicht zu vergessen die wachsende Zahl von Betäubungsmitteltätern. Wir haben also Menschen einsitzen, die zum ersten Male verurteilt wurden, sowie Menschen, bei denen eine Reihe von Verurteilungen vorausgegangen ist. Für diejenigen, die hier ihre erste Verurteilung abbüßen, besteht unsere vorrangige Aufgabe darin, Schäden zu vermeiden und zu verhindern, daß sie sich im kriminellen Milieu ansiedeln und durch den Ausschluß von der Öffentlichkeit immer mehr da hineingeraten.

B.H.: Kommen wir zu den Tätertypen. Kann man feststellen, daß auf der einen Seite Menschen in die Kriminalität, in eine Straftat eher hineinrutschen und daß es andererseits den kalt kalkulierenden Tätertyp gibt? Ich meine damit Menschen, die ein gewisses kriminelles Potential in sich haben und ihre Bereitschaft, Gewalt anzuwenden, berechnend und skrupellos ausleben. Welche Beobachtungen haben Sie da gemacht?

G. Bauer: Ja, hier muß man differenzieren, denn die Strafzumessung von Richtern gegenüber Tätern, die zur verstärkten Gewaltbereitschaft neigen, sind härter geworden, während Delikte, die früher mit Freiheitsstrafen geahndet wurden, heute eher mit Geldstrafen belegt oder zur Bewährung ausgesetzt werden. Somit kommen diese Täter kleinerer Straftaten glücklicherweise nicht mehr in die Gefängnisse. - Zur wachsenden Gewaltbereitschaft kann man sagen, daß diese sich nicht nur in der Anwendung physischer Gewalt zeigt, sondern auch im Geschäftsgebaren oder im Bereich der Rauschgiftkriminalität. Hier wird sehr trickreich und listig operiert und auch immer rücksichtsloser.

Der Alltag im Vollzug

B.H.: Wie sieht nun der Vollzugsalltag in der Anstalt aus?

G. Bauer: Im Groben gesagt gibt es eine Arbeitszeit, eine Freizeit und eine Ruhezeit. Die Arbeitszeit ist nicht für jeden Gefangenen da, viele Untersuchungshäftlinge und die Durchgangsgefangenen sind von ihr ausgenommen. Diese Menschen haben hier leider einen ziemlichen Leerlauf und somit unausgefüllte Tage. Da gibt es praktisch nach dem Wecken nur eine Stunde Bewegung im Hof und sonst kaum Möglichkeiten zur Betätigung oder zur Begegnung, was für den Gefangenen natürlich schwer auszuhalten ist. Für den Gefangenen im normalen Vollzug gibt es hier Arbeits- und Ausbildungsmöglichkeiten sowie die Gelegenheit zum Gespräch, zum Sport und anderen Freizeitbetätigungen. Das hängt allerdings von den verschiedenen Häusern in Verbindung mit Aufgabenstellung und Personalausstattung ab. In der Regel kann der Gefangene in der Freizeit bestimmen, mit wem, mit wie vielen und wo er sich treffen bzw. umschließen lassen will. Im Neubau kann er sich sogar selbst seinen Haftraum auf- und zuschließen.

Zellentrakt des Altbaus: Galerie der Trostlosigkeit
Alle folgenden Fotos dieses Artikels: Bernd Hansen

B.H.: Wie sieht es mit dem Urlaub im Vollzug aus?

G. Bauer: Wenn wir Flucht- und Mißbrauchsgefahr weitestgehend ausschließen können, sind wir selbstverständlich gerne bereit, Urlaub zu gewähren. Die Risikoabwägung ist natürlich nicht ganz einfach und bedarf auch einer sorgfältigen Prüfung des sozialen Umfelds des Betreffenden. Denn gerade auf dieses Gebiet ist das Auge der Öffentlichkeit im besonderen gerichtet: man sieht weniger die 99 Fälle, in denen es gut geht, sondern den einen gravierenden Fall, in dem der Urlaub mißbraucht wurde. Gerade in den letzten Jahren hatten wir hier Geiselnahme im Gefängnis und auch einen Polizistenmord in Niedersachsen durch beurlaubte Gefangene. Solche Taten werden dann besonders wahrgenommen und führen auch zur Verschärfung von Bedingungen. Es ist aber so, daß der Hafturlaub ganz besonders zur Entspannung des Vollzugsalltags beiträgt und sich dadurch auf den mitmenschlichen Umgang positiv auswirkt.

Teil des Altbaus

Die JVA Hannover hat neben dem großen geschlossenen Komplex des Vollzugs eine kleine Einheit des offenen Vollzugs. Hier arbeiten die Menschen draußen, was dazu führt, daß sie sich langsam und leichter in die Gesellschaft einleben, in die sie dann entlassen werden. Doch auch hier gibt es Rückschläge, wie zum Beispiel durch Unpünktlichkeit oder Mißbrauch.

Resozialisierung ohne Sozialisierung?

B.H.: Wer begleitet den Gefangenen im Vollzug, wer hilft ihm bei der Resozialisierung oder bei einer Sozialisierung überhaupt? Denn ich mutmaße jetzt einmal, daß aus dem Milieu, aus dem ein Großteil der Täter wohl stammen wird, eine Sozialisierung, ein gelebtes Soziales, eigentlich wohl nie wirklich stattgefunden hat.

G. Bauer: Ja, es ist zu sehen, daß ein Großteil der Gefangenen so starke Sozialisationsschwierigkeiten hat, daß von Anfang an sehr viel getan werden muß. Das ist natürlich personalaufwendig und kann nicht alleine in der Anstalt geleistet werden. Begründet sind diese Schwächen wohl durch Schädigungen, die diesen Menschen im ersten oder zweiten Lebensjahrsiebt zugefügt wurden. Und diese Schädigungen sind später kaum noch oder nur sehr schwer zu beheben oder aufzuarbeiten, da eigene Gestaltungskräfte wenig ausgeprägt und Anleitungen zur Selbsterziehung so selten sind.

Dann haben wir hier den anderen Fall, daß etliche Menschen dauernd durch Alkoholismus oder Drogenabhängigkeit latent gefährdet sind. Dieses wird von den Betroffenen oft abgestritten, doch sehen wir hier letztendlich die Probleme, die sie hierhergeführt haben. Um dem begegnen zu können, gibt es Gespräche mit Mitarbeitern, vorrangig mit Pädagogen, Psychologen und Sozialarbeitern. Auch der Mitarbeiter, der täglich im Vollzug mit diesen Personen zu tun hat, sammelt reiche Erfahrungen und sollte für jeden Häftling Ansprechpartner sein.

B.H.: Was liegt denn Ihrer Meinung nach im Vollzug im Argen bzw. welche zeitgemäßen Schritte sind im Strafvollzug in bezug auf Resozialisierung und Sozialisierung noch zu beschreiten? Den Idealfall, eine Gesellschaft ohne Kriminalität, wird es ja nie geben.

G. Bauer: Ja, das ist in der Tat eine unerreichbare Illusion und eine Frage des Maßstabs! Wir fördern den Bereich einer Resozialisierung dadurch, daß wir zum Beispiel eine abgeschlossene Schulausbildung oder Berufsausbildung möglich machen. Das ist für die hier einsitzenden Menschen oftmals das erste Mal, daß eine Sache in Angriff genommen, durchgeführt und abgeschlossen wird und dadurch zu einer Stärkung des Selbstbewußtseins führt. Doch gerade der Bereich der seelischen Bedürfnisse, die der Mensch ja in der

Teil des Neubaus: Gestaltungselemente

Anstalt im besonderen hat, die Freundschaften, Kontakte und Bindungen, können hier nur unvollständig entwickelt und fortgeführt werden. Andererseits ließe sich so etwas natürlich auch nicht verordnen. Doch kann ein künstlerisches Angebot, die Förderung von künstlerischen Anlagen im Gefangenen, eine deutliche Sensibilisierung erwirken. Leider ist der Strafvollzug an sich ja eher kunst- und lustfeindlich, und somit ist es schwierig, Neuerungen auf diesem Gebiet einzuführen und zu erhalten. Ein weiteres Problem ist, ob sie dann von den Gefangenen überhaupt angenommen und weitergetragen werden.

Kunst im Knast – eine wichtige Brücke!

B.H.: In diesem Zusammenhang möchte ich die Steinskulpturen und Plastiken ansprechen, die auf den Rasenflächen des Gefängnis-Neubaus einen Platz gefunden haben, oder das Steinrelief, das am Eingang der JVA die Impressionen eines Gefangenen zur Justiz und Rechtsprechung darstellt. Sie haben mir beim Rundgang einiges über die Entstehung dieser Plastiken erzählt.

G. Bauer: Ja, für den Gefängnis-Neubau 1986/87 wurden wie üblich Mittel für Kunst am Bau bereitgestellt, und wir haben dann dieses Projekt in Absprache mit dem Bundesminister für Bildung in Angriff genommen. Der Bildhauer Bernd-Wolff Dettelbach und die Kunstpädagogin Usch Jacobi - beide hatten schon Erfahrungen im Betreuen von Projekten mit Strafgefangenen - haben hier im Laufe eines Jahres mit einer Gruppe

Relief eines Häftlings am Außeneingang der JVA

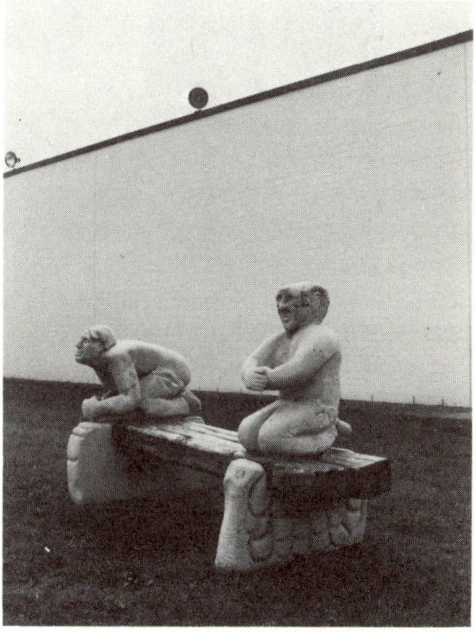

Sitzbank innerhalb der JVA

Skulpturengruppe im Gefängnisinnenhof: Eingemauerte Gesten

Sehnsucht?

von elf bis zwölf Gefangenen täglich gearbeitet. Ausgestellt ist hier nur ein Teil der Arbeiten, andere sind in einem Stadtteil von Hannover aufgestellt. Diese Arbeit wurde angenommen und hat allen Beteiligten viel Spaß gemacht, und wir haben die Hoffnung, eine solche Arbeit im Rahmen der Werkstätten neu aufzubauen und dauernd zu etablieren. Leider sind zur Zeit aufgrund verschiedener Umstände die Haushaltsmittel dafür gestrichen worden.

B.H.: Was mir auffällt, ist die Ausdrucksstärke in vielen dieser Plastiken, wobei oftmals Gesten eines Behütet-sein-Wollens, einer ersehnten Mütterlichkeit oder eines Sich-Versteckens, Verbergens, Duckens auftauchen ...

G. Bauer: ... oder die Geste der Scham bei dem "Eingemauerten". Jedenfalls war dieses Projekt sehr fruchtbar und aufschlußreich. Die Frage ist jetzt - wie gesagt -, wie man etwas derartiges fest etablieren kann und die Mittel dafür freibekommt.

B.H.: Es ist ja wohl auch nicht leicht, der öffentlichen Meinung gegenüber durchzusetzen, daß ein Strafgefangener wichtig und wertvoll genug ist, am künstlerischen Tun, an künstlerischen Prozessen teilzuhaben und mitzuwirken; wobei dieser Komplex in der allgemeinen Gesellschaft auch schon eher brachliegt. - Was läßt sich aus Ihrer Erfahrung zu dem Verhältnis Täter - Gesellschaft, Täter - Justiz und auch Täter - Opfer sagen? Gibt es da Wahrnehmungen von irgendwelchen Veränderungen?

Steinbilder werden lebendig und sprechen an

In mehrmonatiger Arbeit schuf der Häftling Peter Losse, geb. 1945, großformatige Gemälde - u.a. dieses Triptychon -, die sich an den Seitenwänden der Kapelle der JVA Hannover befinden. Ab Dezember 1989 werden diese und andere Arbeiten Peter Losses in einer Ausstellung in Großburgwedel (bei Hannover) zu sehen sein.

Täter – Opfer: Blick auf den Menschen

G. Bauer: Da hat sich in den letzten Jahren glücklicherweise einiges bewegt. Die stärkere Hinwendung zu dem Täter, teilweise hervorgerufen durch die Resozialisierungseuphorie der sechziger und siebziger Jahre, hat bewußt gemacht, daß das Opfer eigentlich nur als Zeuge auftrat und vor Gericht oftmals noch peinlichen Befragungen ausgesetzt war. Jetzt wird gesehen, daß zu einer Aussöhnung mit der Gesellschaft noch etwas anderes gehört als nur das Nachgehen einer Abstraktion wie der, den Täter einer gerechten Strafe zuzuführen. Der Betroffene, das Opfer, ist auch in diesen Prozeß miteinzubeziehen, und bei ihm sollte so etwas wie ein Begreifen oder Verständnis für den Täter und seine Tat erweckt werden. Andererseits muß bei dem Täter eine kritische Erkenntnis seiner Tat und ein Verstehen der Leiden seines Opfers hervorgerufen werden. Hier gibt es einige Bestrebungen, doch es ist alles noch nicht ausgereift. Besonders im Bereich der Sexualdelikte sind Begegnungen sehr schwierig und durch die Umstände fast unmöglich. Es gibt da aber Überlegungen und Versuche von Begegnungen.

Ein anderer Bereich ist der des Schadensausgleichs. Dieser ist bisher ein mehr äußerer Schritt und wurde bis jetzt wegen der Mittellosigkeit des Gefangenen während der Haft überhaupt nicht angesprochen, denn der Gefangene erhält für seine Arbeit, die er leistet, nur ein geringes Arbeitsentgeld. Damit ist es ihm unmöglich, für die Schäden seiner Straftat finanziell aufzukommen. Für ein Opfer bedeutet dies oftmals eine besondere zusätzliche Belastung, wenn es hört, daß der Gefangene Soundso jetzt entlassen worden ist, und das Opfer selbst noch an der Misere, die ihm durch diesen zugefügt wurde, zu tragen hat. Jetzt gibt es gesetzliche und private Maßnahmen, den Schaden zu erfassen, und es soll erreicht werden, daß wenigstens ein Teil der Summe den Gläubigern bzw. den Betroffenen zukommt. Es ist oftmals nur ein Teil der Summe, doch wenn der Gefangene sich bereiterklärt, diese ihm zumutbaren Raten abzubezahlen, wird wenigstens ein Teil der materiellen Schuld abgetragen. Diese bisher total vernachlässigte Schadensregulierung wird jetzt von Ministerien in Zusammenarbeit mit Banken professionell durchgeformt. Hier ist seit etwa zehn Jahren etwas im Entstehen, das positiv erweiterbar ist.

B.H.: Läßt sich noch etwas zu der Ausgleichsmöglichkeit zwischen Täter und Opfer sowie deren Begegnung sagen?

G. Bauer: Nun, das ist der Bereich, in dem die größten Schwierigkeiten auftreten, ganz besonders für das Opfer; und dieser ist bis jetzt allerhöchstens ansatzweise in Angriff genommen worden. Für das Opfer muß ein Weg von intensiver Vorbereitung vorangegangen sein, damit diese Begegnung nicht peinlich oder zu leidvoll wird. Hier sollte meines Erachtens nach weiteren Möglichkeiten gesucht werden. Gerade in diesem Bereich läßt sich auch Schicksalhaftes beobachten. Es gibt oftmals Anbahnungen, die der Tat vorausgingen und letztendlich zu ihr führten, besonders bei den Taten, wo Täter und Opfer sich kannten, beispielsweise Vater und Sohn, Ehemann und Ehefrau usw. Hier fanden vielleicht schon vorher Auseinandersetzungen statt, die dann in eine Straftat mündeten.

B.H.: Gibt es dazu aus anthroposophischem Blickwinkel Beobachtungen, Erfahrungen und daraus abgeleitete Konsequenzen in bezug auf den Strafvollzug?

G. Bauer: Es hat im Laufe der Geschichte der anthroposophischen Bewegung einzelne Vorkämpfer gegeben, die in diesem Bereich tätig waren, doch es haben sich eigentlich nie Gruppierungen zusammengefunden, die miteinander und umfassend kontinuierlich modellhafte Konzepte entwickelten und dann auch noch in die Praxis umsetzen konnten. Es fehlt somit so etwas wie ein Gesamtbild in Richtung einer aus geisteswissenschaftlicher Sicht begründeten Prophylaxe und Therapie.

B.H.: Somit scheint es mal hier eine Inititiative, dort einmal ein Engagement gegeben zu haben oder zu geben, doch nichts im Sinne eines wissenschaftlichen Konzeptes und eines daraus resultierenden Modells, das irgendwo Fuß faßte. Liegt das vielleicht zum Teil an den öffentlich-rechtlichen Vorgaben auf der einen Seite und andererseits an der Besonderheit anthroposophischer Sichtweise, des anthroposophischen Menschenbildes, das Wiederverkörperung und Schicksal miteinbezieht und in bezug auf Verbrechen, Schuld, Täter und Opfer eine Vielzahl ungewohnter Bezüge offenlegen könnte? Wie könnte man solche Anschauungen richtig und wahrhaftig in diesen gesellschaftlichen Bereich einbringen?

G. Bauer: Solche Gedanken werden wohl von einigen voneinander getrennten Initiativen bewegt, doch die Ergebnisse sind von einem praktischen Begreifen des Gesamtkomplexes Kriminalität und Strafvollzug und den daraus resultierenden gesellschaftlichen Konsequenzen noch weit entfernt.

B.H.: Gibt es für Sie einen Konflikt zwischen öffentlich-rechtlichen Vorgaben, Ihrer Position einerseits und Ihrer persönlichen, anthroposophischen Überzeugung und dem daraus resultierenden erweiterten Menschenbild andererseits?

G. Bauer: Ja, denn eigentlich ist es erforderlich, daß wir immer mehr auf den einzelnen Menschen und somit auch auf den einzelnen Menschen im Strafvollzug blicken. Dem steht eine finanziell und personell verwaltete Großeinrichtung konträr gegenüber.

B.H.: Hinkt der Strafvollzug heute den Erfordernissen hinterher? Ist er menschenwürdig und zeitgemäß?

G. Bauer: Ja, wir hinken sicherlich hinterher. Das ist ein Wesenszug einer solchen langlebigen Einrichtung. Es muß bei einer so komplexen, riesigen Einrichtung vieles berücksichtigt werden: Ein menschengemäßerer, pädagogisch konsequenterer Strafvollzug birgt immer wieder Rückschläge, und oft fordern die Öffentlichkeit oder die Politiker, dieses oder jenes wieder einzuschränken. Ausbrüche, Geiselnahmen o.ä. sorgen eben dafür, daß Rückschläge entstehen, und die gesellschaftliche Resonanz auf solche Geschehnisse ist heftiger als die Wahrnehmung des normalen Vollzugsalltags und das Interesse an seiner Gestaltung. Es gibt die verschiedensten Forderungen, die letztendlich auch gegeneinander arbeiten.

B.H.: Gibt es schon Projekte, die zeigen, welche Richtungen eingeschlagen werden könnten? Als Beispiel sehe ich da den Strafvollzug, wie er teilweise in Skandinavien praktiziert wird.

G. Bauer: Natürlich gibt es Beispiele, etwa in der Sozialtherapie, in der unter anderem mit einem größeren Personalaufwand gearbeitet wird. Dort wird insbesondere mit sozialisationsgefährdeten Gefangenen gearbeitet. Diese Arbeit läuft dann in so etwas wie eine therapeutische Behandlung des Strafgefangenen aus, wobei die jetzigen Methoden meiner Meinung nach nicht ausreichen, den Menschen insgesamt zu erfassen. Ich erachte die Arbeit an der Biographie eines Menschen als vorrangig; besonders wichtig ist dabei das Abspüren, was er an Qualitäten und Fähigkeiten in sich birgt. - Dann gibt es Modelle, die im Bereich des Verhaltenstrainings ihre Ansatzpunkte sehen. Dieses ist auch nur ein Baustein, doch birgt er Entwicklungen in sich. Hier werden Selbsterfahrungen und Einblicke in andere Verhaltensweisen gegeben. Doch fraglich ist, ob das schon ein Heilmittel ist, neue Straftaten zu verhindern.

B.H.: Hier stellt sich für mich die Frage nach der Erreichbarkeit des einzelnen Menschen im Strafvollzug. Wie verhärtet ist er? Gibt es zum Beispiel das Böse in ihm als eigene Kraft, die ihn unzugänglich macht?

G. Bauer: Es gilt immer, einen Anknüpfungspunkt zu finden, der nicht auf Spekulationen begründet ist.

B.H.: Der Tagesablauf sieht für jeden Gefangenen gleich aus: das gleiche Essen, die gleichen Beamten, die gleiche Umgebung. Das ist auch von Menschen zu ertragen, die eigentlich nicht hierhergehören, die vielleicht "hineingerutscht" oder zum ersten Mal hier sind; andererseits wird es Menschen geben, die man nicht auf die Gesellschaft loslassen kann, weil sie vielleicht ein ungeheures kriminelles Potential oder auch Triebe in sich bergen und bereit sind, diese rücksichtslos anzuwenden, auszuleben oder sich dagegen gar nicht wehren können. Wie kann man das einschätzen?

G. Bauer: Es gibt hier in der Tat Menschen, die so gefährlich sind, daß der vorübergehende Ausschluß aus der Gesellschaft begründet ist. Bei ihnen sind oftmals schwere soziale und psychische Störungen erkennbar. Doch das ist eher ein Extrem. Die große Mehrheit hier besteht aus Menschen, die sich sozial unauffällig verhalten wollen, bei denen aber die Persönlichkeitskräfte nicht ausreichen, um die biographischen Probleme aus eigener Kraft zu meistern. Da konnte vielleicht eine Konfliktsituation nicht bewältigt oder eine Sucht mußte befriedigt werden. Und die Frage ist für mich: Sind sie böse, ist es böse, was sie dazu brachte, was sie eine kriminelle Tat begehen ließ? Ein Großteil der Gewaltanwendung entsteht aus einem momentanen Verlieren der Selbstbeherrschung.

Andererseits liegt der immer mehr ansteigenden Rauschgiftkriminalität eine besondere Konstellation zugrunde. Neben dem Süchtigen tritt der Geschäftemacher als Klein- und Großdealer in Erscheinung, die beide auf ihre Art rücksichtslos und egoistisch vorgehen, um zu Stoff oder zu Geld und noch mehr Geld zu kommen und dabei vor Gewaltanwendung oder Ausweitung der Sucht durch Hervorrufung neuer Abhängigkeit nicht zurückschrecken. Da wird es ihnen dann letztendlich egal, wie sie es schaffen, an Geld zu kommen; Hauptsache ist die Befriedigung der Sucht.

B.H.: Können Sie noch etwas zu den Ausbildungsstätten und Ausbildungsmöglichkeiten sagen?

G. Bauer: Wir haben hier einige Handwerksbetriebe, die ausbilden, zum Beispiel zum Tischler, Schlosser, Installateur, Elektriker, Maler, Koch etc. Das sind also traditionelle

Handwerksberufe. Die Ausbildung wird dann mit dem Gesellenbrief abgeschlossen. Dieses Papier unterscheidet sich nicht von einem normalen Lehrabschluß. Die Anforderungen entsprechen ebenfalls denen, wie sie draußen erhoben werden. So eine Ausbildung erfordert von dem Gefangenen Einsatz und Kontinuität und ist ein wichtiger Baustein, ihn in eine neue Bahn zu bringen.

Dann geben wir schulische Kurse, die vom Analphabetenkurs bis zum Realschulabschluß reichen. Gerade im schulischen Bereich herrscht ein sehr großes Nachholbedürfnis, denn bei den meisten Menschen hier ist das zweite Lebensjahrsiebt sehr unausgefüllt gewesen. Man sieht oft, daß nicht ein Mangel an Begabung vorliegt, sondern daß eine richtige Betreuung gefehlt hat. An den Ausbildungsmaßnahmen nehmen etwa 150 Menschen teil, die von Sozialarbeitern, Pädagogen, Meistern und ehrenamtlichen Helfern und Mitarbeitern betreut werden.

Berufliche und schulische Förderung sind ein Beitrag zur Stärkung der sozialen Kompetenz, aber kein Allheilmittel gegen kriminelles Verhalten. Zu einer Gesamtschau der Ursachen der Kriminalität gehört mehr.

B.H.: Wie stellt sich denn das Verhältnis zwischen einsitzenden Gefangenen und Mitarbeitern überhaupt dar?

G. Bauer: Ja, das ist für einen Laien kaum verständlich. Wir haben hier in Hannover zwischen 850 und 900 Gefangene. Demgegenüber stehen 430 Mitarbeiter. Diese arbeiten größtenteils in der täglichen Betreuung, Versorgung und im Sicherheitsdienst. In geringerem Maße gibt es Verwaltungsangestellte und schließlich Betreuungspersonal wie Ärzte, Pädagogen u.a. Aus unserer Sicht ist es natürlich zu wenig Personal. Wir sehen immer mehr Aufgaben, die wahrgenommen werden müßten, doch für die Personalverwaltung und die Finanzgeber stellt es sich leider anders dar. Wie so oft geht die Sicht des finanzgebenden Apparates, des Verwaltungsapparates, nicht konform mit den Notwendigkeiten vor Ort.

B.H.: Da stellt sich für mich die Frage nach einer kleineren Einrichtung, einer personenintensiveren Einrichtung, die man vielleicht unter dem Stichwort "Privatknast" fassen könnte. Natürlich entsteht da ein Fragenkomplex anderer Art: nach Recht, Bevorzugung, Verhältnismäßigkeit und der Gewährleistung der Sicherheit. Auf jeden Fall liegt meiner Meinung nach hier ein Punkt, Gedanken zu beginnen und weiterzuentwickeln.

G. Bauer: Eine verlockende Frage gewiß, doch birgt sie eine Vielzahl von Schwierigkeiten in sich. In der Praxis würde das eine ganze Menge von Problemen mit sich bringen und auch Unverständnis hervorrufen. Schließlich lautet das Urteil auf Freiheitsentzug und somit geht es auch um staatliche Machtausübung.

Ich meine, man sollte lieber das Augenmerk auf die bestehenden Einrichtungen werfen und dort Entwicklungshilfe leisten. Hier sollten vorhandene positive Tendenzen aufgegriffen und ausgebaut werden. Gerade im Bereich der Drogenabhängigkeit, der Rauschgiftkriminalität werden viele Gefangene nach außen abgegeben. Bei Verstößen gegen das Betäubungsmittelgesetz hat man eine Behandlungsbedürftigkeit der Klientel erkannt und akzeptiert.

Drogen – auch im Strafvollzug *das* Problem!

Die Drogenabhängigen haben in den letzten Jahren das Gefängnisleben sehr geprägt. Vor 15 bis 20 Jahren kamen sie eigentlich nicht vor, doch nun stellen sie heute im Vollzug einen Prozentsatz von 20 bis 25 % dar, wobei man das nicht genau eingrenzen kann, da die Beschaffungskriminalität undurchsichtig ist und auf jeden Fall zunimmt. Der latenten Suchtgefährdung dieses Personenkreises wird durch die Haftstrafe nicht begegnet. Die Programme, die innerhalb des Vollzugs gestartet wurden, sind wieder aufgegeben worden und es blieb nur die Möglichkeit, Therapieplätze außerhalb des Vollzugs einzurichten. Unter Haftbedingungen ist Therapie nicht durchführbar. Wie die Krankenhäuser und Therapieplätze aussehen, denen die Betroffenen überantwortet werden, ist ein anderes Kapitel. Zunehmend wird von Erfolglosigkeit berichtet, was aber auch an den bisher eingesetzten Methoden liegen kann. In der Regel haben diese Therapiestätten private Trägerschaften, und hier läßt sich vielleicht Ihr Stichwort "Privatgefängnis" erfahrbar machen. Auf gemeinnütziger Vereinsbasis nimmt man sich einer gewissen Klientengruppe an. Dies ist ein Personenkreis, in dem sich so etwas erweitern ließe und greifen könnte. Vielleicht ließe es sich auch noch auf andere Personenkreise ausdehnen. Doch das bedürfte einer Vielzahl von Erwägungen und Abprüfungen.

Das Ausgrenzen der Personen, die mit dem Betäubungsmittelgesetz in Konflikt gekommen sind, aus dem normalen Strafvollzug würde diesen wiederum entschärfen, da er immer mehr mit der Suchtgefährdung zu kämpfen hat und immer mehr Drogen in den Vollzug geschmuggelt werden. Viele der Kontrollen von in die Haft zurückkehrenden Gefangenen bleiben wirkungslos. Diese Problematik hat sich in allen Anstalten etabliert und intensiviert.

Ein weiteres Phänomen ist das Anwachsen des Personenkreises, der im Grenzbereich zwischen Normalität und Psychiatrie steht. Diese Menschen fallen durch deutliche Persönlichkeitsstörungen auf, doch sind sie hier im Strafvollzug gelandet. Für diese Menschen ist eine Arbeitstherapie und ganz besonders eine Kunsttherapie eine wichtige Begleitmöglichkeit. Ich habe in verschiedenen Einrichtungen vorgesprochen, die bei dieser oder jener Bildungsmaßnahme behilflich sein könnten, zum Beispiel in der Kunststudienstätte in Ottersberg oder der Alanus-Schule in Alfter. Aus diesen Einrichtungen waren auch Studenten hier, die zeitweise über einen längeren Zeitraum wöchentliche Kurse gegeben haben. Diese Arbeit mit Gefangenengruppen ist auch gut gelaufen, doch hängt der Erfolg der Arbeit sehr stark von der Persönlichkeit ab, die diese Kurse gibt, da diese Arbeit auch gewissen Anfeindungen unterliegt, sowohl seitens der Gefangenen, die diese Arbeit belächeln oder den Kursgebenden verunsichern, als auch von seiten der Mitarbeiter, die doch oft gegenüber Neuem nicht aufgeschlossen sind und von daher Vorbehalte entwickeln können. Es bedarf daher für einen von außen kommenden Mitarbeiter einer Standfestigkeit, eine solche Arbeit aufzubauen, sie eigenständig zu vertreten und durchzutragen.

Ich habe früher in diesen Ausbildungsstätten Vorträge gehalten, um die Studenten an die Problematik des Strafvollzugs heranzuführen, doch der Versuch, eine eigene Stelle in der Anstalt, beispielsweise die eines Kunsttherapeuten, zu etablieren, ist nicht geglückt. Wir erreichten zwar eine solche Stelle über eine ABM-Maßnahme, haben das mit viel Mühe bei der Justiz- und Finanzverwaltung durchsetzen können, doch ließen persönliche Probleme diese Arbeit nach einer gewissen Zeit scheitern. Zudem fiel diese Trennung von dem betreffenden Mitarbeiter in die Zeit einer Sparwelle, und die Stelle wurde wegrationalisiert. Nun müßte wieder von vorne angefangen werden, was von der Sache her dringend notwendig wäre. Leider sind die Haushaltsmittel für uns zur Zeit beschränkt.

Der Anstaltsleiter – Vermittler zwischen zwei Polen

B.H.: Was haben Sie als Anstaltsleiter zu tun, wie sieht Ihr Tagesablauf aus? Ich sehe da auf Ihrem Schreibtisch mehrere Türme mit hunderten von Akten aufgestapelt.

G. Bauer: Das mag vielleicht beängstigend aussehen! Als Anstaltsleiter muß ich Gesamtentscheidungen treffen. Diese betreffen das Leben und die Organisation der Anstalt. Neben Vorgaben für die Mitarbeiter muß ich Einzelentscheidungen treffen, im Verhältnis zu den Gefangen wie auch im internen Personalbereich. Mir obliegt die Personalhoheit, Mitarbeiter an bestimmten Stellen einzusetzen wie auch von bestimmten Stellen wieder abzuziehen, wenn sich da beispielsweise im Verhältnis zu den Gefangenen Untragbares abzeichnet und entwickelt. Im Umgang mit den Gefangenen muß ich mich in einer so großen Anstalt auf die Mitarbeiter verlassen können, welche in den verschiedensten Bereichen eine gewisse Eigenständigkeit haben. Dazu ist es notwendig, daß ein regelmäßiger Austausch stattfindet. Dieser findet auf Konferenzen statt, in denen Ansichten und Standpunkte ausgetauscht und Lösungswege besprochen werden.

Seitens der Gefangenen wird auch vom Eingaberecht Gebrauch gemacht, und ich begegne dann, wenn möglich, diesen Gefangenen im Gespräch. Das Eingaberecht ist dem Gefangenen von Gesetz her zugebilligt, und ich nehme diese Sache ernst. Nur durch das persönliche Gespräch kommt man an diese Menschen, die sich da auch öffnen, heran. Manchmal entstehen dann auch neue Ansatzpunkte für eine verfahrene Situation. Das Spektrum, in das ich oftmals vermittelnd eingreifen muß, ist sehr breit gefächert. Es sammeln sich im Strafvollzug querulatorische Menschen, die dann eine starke Bindung des Personals hervorrufen. Da gibt es zum Beispiel die Vielschreiber, deren Beschwerden in Einzelfällen in die Hunderte wachsen können. Das bindet Kräfte und hindert die Mitarbeiter, andere Gefangene, die nicht so hervortreten, wahrzunehmen. Diese, die eher Angepaßten, Stillen im Vollzug werden dadurch teilweise in den Hintergrund gedrängt. Als Anstaltsleiter in dem großen Komplex des bestehenden Strafvollzugs besteht meine Aufgabe innerhalb der Mauern hauptsächlich darin, zwischen Mitarbeitern, Häftlingen und der Verwaltung ein ertragbares Klima in gegenseitiger Achtung aufzubauen und zu unterstützen.

Der Anstaltsleiter hat darüber hinaus noch weitere Perspektiven bei seiner Arbeit zu bedenken, und zwar einmal die Aufsichtsbehörden mit dem politisch verantwortlichen Minister an der Spitze, und zum anderen die Öffentlichkeit in Form von Presse, Rundfunk und Fernsehen. Zwischen diesen unterschiedlichen Interessen ist es nicht leicht, auf sachgerechte und wahrheitsgemäße Urteilsbildung hinzuwirken. So bleibt im Alltag zu wenig Zeit und Kraft, zukünftige Entwicklungen und tragende Ideen in ein funktionsfähiges Konzept zu verwandeln.

Gemälde von Peter Losse

Die Wurzeln der Isolationshaft

IN DER VERHALTENS- UND DEPRIVATIONSFORSCHUNG

Kirsten Bock und H. Leutemann

Der folgende Artikel gibt drei Abschnitte der Dokumentation "Die Situation der politischen Gefangenen in der BRD" wieder, die wir aufgrund ihres Umfangs von über 70 Seiten nicht vollständig abdrucken können. Sie belegt die Auswüchse der Isolationshaft, ihre psychischen und körperlichen Auswirkungen, die zum Hungerstreik der RAF-Häftlinge 1989 führten, und nimmt u.a. Stellung zum Verteidigerausschluß und zur Kontaktsperre. Die hier veröffentlichten Abschnitte zeigen eine Entwicklungslinie auf, die sich durch die Verhaltensforschung im Strafvollzug in den USA der fünfziger und sechziger Jahre, die Deprivationsforschung in der BRD und schließlich bis hin zur Knastarchitektur verfolgen läßt (Red.).

Entwicklung der Verhaltensforschung im Strafvollzug der USA

Seit Beginn der fünfziger Jahre findet die Verhaltensforschung, insbesondere die Psychologie und die ihr verwandten Wissenschaften, eine immer größere Bedeutung bei der Behandlung von Strafgefangenen. Es wird dabei davon ausgegangen, daß ein Verbrechen Ausdruck einer "sozialen Neurose" sei. Man wandte sich davon ab, den Gefangenen ausschließlich mit physischen Mitteln, die gegen den Körper gerichtet sind, oder durch bloßen Freiheitsentzug zu strafen und auf seine Reue zu hoffen.

Mit Hilfe dieser Wissenschaften wurden Techniken und Strategien entwickelt, den "Schuldigen" zu einem "Umdenken" zu zwingen. Es sollte direkt auf sein Denken und Verhalten in der Weise Einfluß genommen werden, daß sichergestellt ist, daß er wiederum als "nützliches Mitglied" in die Gesellschaft entlassen werden kann. Die Definition darüber, was ein nützliches Mitglied der Gesellschaft ist, liegt hier natürlich bei den Therapeuten oder Sozialtechnikern, die wiederum der jeweiligen Ideologie ihrer Machthaber unterstellt sind oder sie sich zu eigen gemacht haben. So herrschte eine Tendenz zur Verfeinerung, Verwissenschaftlichung und zum Unsichtbarmachen des Strafens vor.

Wir haben uns im folgenden hauptsächlich auf die Entwicklung in den USA konzentriert, da sie unseres Erachtens nach die Grundlage für die heutige Situation in der BRD bildet. Die Menschen, die sich wegbereitend mit der Entwicklung von Theorien und Methoden zur Verhaltensmanipulation mittels der Psychologie u.a. befassen, nennen sich Wissenschaftler, aber auch Verhaltenstechnologen oder Sozialtechniker. Auf ihre Forschungsergebnisse geht letztlich die Praxis, wie sie sich heute in immer verfeinerter Form in den Gefängnissen aller Welt darstellt, zurück.

Sie sprechen in ihren Aufsätzen und Büchern immer wieder von der Programmierbarkeit des Menschen[1)]: James McConnel, Psychologe an der Universität Michigan/USA, der Erkenntnisse, die er in jahrzehntelanger Arbeit mit Plattwürmern erlangte, auf Kriminelle übertrug, schreibt in seinem Aufsatz "Criminals can be brainwashed":

"Wir müssen beginnen, neue Gesetze zu schaffen, die soweit wie möglich der Technologie menschlichen Verhaltens, die die Wissenschaftler gewonnen haben, entsprechen. Soweit wie möglich sollten wir menschliches Verhalten durch Anbieten von Belohnung führen, statt Gesetzesbrüche zu bestrafen. Wir sollten unsere Gesellschaft so restrukturieren, daß alle von Geburt an trainiert würden, selber zu wollen, was die Gesellschaft von uns fordert. Jetzt haben wir die Techniken, das zu tun. (...) Viele halten an dem altmodischen Glauben fest, daß jeder seine Persönlichkeit logisch und nach seinem freien Willen aufbaut. Das ist genauso falsch wie der Glaube, daß die Welt flach sei. Niemand ist Herr seiner eigenen Persönlichkeit. Unser Ich, unsere Individualität wurde uns durch unsere genetische Konstitution und durch die Gesellschaft, in die wir hineingeboren wurden, aufgezwungen. Wir konnten über die Art unserer Persönlichkeit nichts mitbestimmen, und es gibt deshalb auch keinen Grund zu glauben, daß wir das Recht haben sollten, uns der Erziehung zu einer neuen Persönlichkeit zu widersetzen, wenn unsere alte Persönlichkeit antisozial ist."[2)]

Nicht unerwähnt bleiben darf in diesem Zusammenhang der Behaviorismus, eine Anfang dieses Jahrhunderts in den USA begründete Richtung der Psychologie. Nach ihr wird Verhalten als ein Ergebnis eines nach dem Reiz-Reaktions-Schema verstandenen Lernprozesses aufgefaßt. Der Behaviorismus fordert für die Psychologie die Anwendung rein naturwissenschaftlicher Methoden und beschränkt sich auf das empirisch beobachtbare, physikalisch quantifizierbare Verhalten. Es sieht das menschliche Verhalten ausschließlich als Ergebnis der auf den Menschen einwirkenden Umweltfaktoren. Ändert man die Umwelt, ändert sich das Verhalten - der Mensch als Maschine.

B.F. Skinner, dessen Neo-Behaviorismus in den USA der fünfziger Jahre zu einer regelrechten Bewegung wurde, schreibt am Schluß eines seiner jüngeren Bücher:

"Heute übernehmen allerdings Umweltkontingenzen Funktionen, die einst dem 'autonomen Menschen' zugeschrieben worden sind. So stellen sich bestimmte Fragen. Wird der Mensch 'abgeschafft' werden? Er wird gewiß nicht abgeschafft werden als Spezies oder Einzelperson, die bestimmte Dinge erstrebt und vollbringt. Es ist der autonome Mensch, der abgeschafft wird, und das ist ein guter Schritt voran ...

Die wissenschaftliche Sicht des Menschen bietet erregende Möglichkeiten. Wir haben noch nicht erkannt, was der Mensch aus dem Menschen machen kann."[3)]

Skinner beruft sich in diesem Buch auf T.H. Huxley, der am Ende des 19. Jahrhunderts geschrieben hat: "Wenn eine große Macht sich bereit erklärte, mich immer das, was wahr ist, denken, und das, was richtig ist, tun zu lassen, unter der Bedingung, daß ich zu einer Art Uhrwerk würde, ich würde dieses Angebot sofort annehmen."[4)]

Sehen wir - nach dieser historischen Vorwegnahme der Clockwork Orange - schließlich in das Buch eines anderen amerikanischen Psychotechnologen. P. London beschreibt darin Möglichkeiten der Verhaltenskontrolle:

"Selbst in totalitären Staaten wird man Zwangssteuerungen weniger als Strafe für politische Opposition, sondern eher als ein politisch-medizinisches Behandlungsverfahren sehen, um soziale Abweichler dieser oder jener Art wieder auf die Linie der Allgemeinheit zu bringen. In demokratischen Ländern könnte sie gleichermaßen auf andere Formen sozialer Abweichung angewendet werden, vor allem auf Verbrecher und Irre."[5)]

Für die Gefangenen bedeuten diese Überlegungen konkret folgendes - ein Beispiel aus dem Gefängnis "Marion", USA:

Jeden Abend beginnt die "kontrollierte Bewegung". Aus den Lautsprechern ertönt das Signal: "Die Bewegung fängt an. Sie haben 10 Minuten Zeit, sich zu bewegen." Zehn Minuten später ertönt wieder der Lautsprecher: "Die Bewegung ist zu Ende. Räumen Sie den Flur." Zwanzig Minuten später fängt alles von vorne an usw., bis das Unterbewußtsein der Gefangenen auf die Einteilung von Bewegen/Nichtbewegen konditioniert ist. Die Gefangenen nennen diese Sache "einen Teil des Programms". In der Verhaltenspsychologie heißt dieser Prozeß "erlernte Hilflosigkeit" - eine abgeleitete Form von Skinners "operantem Konditionieren".

Gefördert wurde die Einbeziehung der Verhaltensforschung, Neurologie u.a. auch dadurch, daß im Zuge der Reformen der letzten Jahrzehnte die Anwendung von physischer Gewalt als Mittel zur Manipulation, zum Brechen des Widerstandes eines Menschen in der Öffentlichkeit weitgehend geächtet wurde.

So sagte J. Bennett, Direktor des "US Bureaus of Prison", über Alcatraz, das berüchtigte Gefängnis auf einer kleinen Felseninsel vor San Francisco, das 1963 geschlossen wurde:

"Die Aura eines Grabes, eines Ortes ohne Wiederkehr, nahm die Insel in Beschlag, und gerade die Tatsache, daß nie jemand von Alcatraz geflohen war, verstärkt mein Mißbehagen darüber, daß ich Chef eines amerikanischen Sibiriens war. Noch gravierender war für mich die Tatsache, daß Alcatraz jetzt als Symbol einer Vergeltungsjustiz dastand - eine Art von hartem Gefängnis, wie nach den Vorstellungen von manchen alle Gefängnisse sein sollten."[6)]

1951 setzte die Legislative des Staates Maryland/USA ein Gesetz über "defekte Delinquenz" (Defective Delinquency Law) in Kraft, in welchem verfügt wurde, daß eine bestimmte Gruppe von Kriminellen in eine Institution überwiesen werden konnte, welche keine Irrenanstalt und auch kein Gefängnis war, sondern wichtige Eigenschaften von beiden in sich vereinte. Es wurden meist solche Gefangenen dort eingewiesen, von denen man annahm, daß sie schwer zu "resozialisieren" wären; also zum Beispiel Wiederholungstäter oder Gefangene, die durch schlechte Führung während der Haft auffielen. In dieser Institution wurde auch die Methode des Strafens und Belohnens zur Konditionierung der Gefangenen angewandt, die später auch im Zuge der "Reformen" im sogenannten Normalvollzug eine zentrale Rolle spielen sollte.

In dieser Patuxent Institution (es wurde kein Versuch gemacht, in ihren Namen irgendeinen Begriff einzubeziehen, der etwas über ihre Natur oder Funktion aussagte) gibt es vier Rangstufen (Stufenvollzug), die sich durch jeweils immer mehr Vergünstigungen für den Gefangenen auszeichneten. Man wurde auf der untersten Stufe eingeliefert und konnte sich durch vom Sozialarbeiter- und Psychiaterstab erwünschtes Verhalten bis zur obersten Stufe und schließlich bis zur Entlassung "hinaufarbeiten".

Legte der Gefangene das gewünschte Verhalten nicht an den Tag oder arbeitete er gar bei der psychologischen Behandlung nicht mit, konnte er über sein eigentliches Strafmaß hinaus auch lebenslang auf der untersten Rangstufe, d.h. meist in völliger Isolation, festgehalten werden. Weder erfolgreiche Klagen beim obersten Gerichtshof (McNeill-Affaire) noch ein Psychiatergutachten, das feststellte, daß die Vorgehensweise weder aus wissenschaftlicher noch aus kriminalistischer Sicht zu rechtfertigen sei, sondern daß die Folge der Patuxent Institution lediglich sei, daß immer mehr Gefangene über das Strafmaß hinaus festgehalten würden, konnten bis 1980 die Schließung erreichen.

Einen Schub erhielten die amerikanischen Verhaltenstechnologen in den fünfziger Jahren auch über die Erkenntnis der Behandlungsmethoden, die ihre ideologischen Gegner in kommunistischen "Umerziehungslagern" in China und in der Sowjetunion anwandten: Während des Korea-Krieges wurden die Amerikaner, besonders während der schweren Kämpfe 1952, durch die von Chinesen veröffentlichten Geständnisse schokkiert, die gefangene US-Piloten über ihre Kriegsverbrechen abgegeben hatten. Am Ende des Krieges hatten 70 % der Gefangenen entweder ein Geständnis oder Petitionen unterzeichnet, die die USA zur Beendigung des Krieges in Asien aufforderten. Eine breite Kontroverse um die Tugenden der amerikanischen Jugend, die sich so leicht hatte verführen lassen, setzte ein; eine fürchterliche Maschinerie mußte es gewesen sein, die sie verdorben hatte: das Wort "brainwashing" wurde als Schlagwort des Kalten Krieges verbreitet.

Sofort sandten CIA und Streitkräfte eine Armee von Wissenschaftlern nach Hongkong und Tokio, um so viel wie möglich über die Gehirnwäsche herauszufinden. Für den CIA nahmen vor allem Wolff und Hinkle die Untersuchungen auf, unter den Forschern für die Luftwaffe und Armee befanden sich F. Williams, R.J. Lifton, E.H. Schein, A. Biderman. All diese Namen tauchen in den psychiatrischen Fachzeitschriften der fünfziger und frühen sechziger Jahre immer wieder auf, wenn sie über Ergebnisse der Gehirnwäscheforschung berichten.

Der CIA hatte natürlich verstärktes Interesse, die Entwicklung der Verhaltensforschung auf diesem Gebiet auch im eigenen Land voranzutreiben. Insgesamt arbeiteten seit Mitte der fünfziger Jahre bis 1965 80 Institutionen für den CIA, darunter 44 Colleges oder Universitäten, 15 andere Forschungsinstitute, 12 Hospitäler und drei Gefängnisse. Einige der Wissenschaftler wußten nicht einmal, daß sie vom CIA bezahlt wurden, denn die Finanzierung erfolgte über Förderfonds wie den "Fund for Medical Research" und das "Scientific Engeneering Institute". Die Förderprogramme beeinflußten einen ganzen Zweig der Wissenschaft. Die Behavioristen wurden ermutigt, von Versuchen an Ratten und Hunden nun endlich auf den Menschen überzugehen. Schließlich, die Brechung des Skinner-Monopols in den Verhaltenswissenschaften, die Entwicklung von anderen Methoden (die heute zum Teil als alternativ verstanden werden), ist nicht zuletzt ein Verdienst des CIA.

Im April 1961 fand im "Federal of Prison" unter der Leitung von James V. Bennett ein Symposium von Sozialtechnikern und Gefängnisdirektoren über "Neue Horizonte der Besserungsbehandlung" statt. Auf dieser Konferenz wurden - wie sich bald zeigte, in weltweitem Maßstab - die Weichen für die Gefängnisstrategie von heute gestellt, die sich in den Schlagworten: Hochsicherungstrakt, Isolationshaft, Verhaltensänderung durch ein Bündel von Maßnahmen der Gehirnwäsche zusammenfassen lassen. Die Hauptreferate wurden 1962 im "Journal of Correctional Psychiatry and Social Therapy" (No.8, S.57 ff.) abgedruckt. Sie stammen von den Koryphäen der Skinnerschen Schule der Verhaltenskonditionierung, die seit Beginn der Kennedy-Ära die US-amerikanische Psychiatrie und Psychologie erneut zu beherrschen anfingen, und von einzelnen CIA-Technokraten, die Ende der fünfziger Jahre breite Feldstudien über neue und stille Methoden der Verhaltensänderung abgeschlossen hatten.

Es wäre aufschlußreich, aus diesen Referaten zu zitieren, doch soll hier lediglich Dr. Edgar H. Schein erwähnt werden, die wohl zentralste Figur dieser Konferenz (sein Referat hieß "Man against Man, brainwashing", wie auch das Gehirnwäschekonzept der USA insgesamt:

"Er begann seine Karriere in den fünfziger Jahren bei der US-Navy, wo er als Psychologe Soldaten 'befragte', die in den koreanischen Gefängnissen 'umgefallen' waren. Ende der fünfziger Jahre setzte Schein die dabei gemachten Erfahrungen in Forschungsprojekten der US Air Force und des CIA um. Er schloß seine Studien über eine US-spezifische Variante von Gehirnwäsche zu Beginn der sechziger Jahre ab und hatte wesentlichen Anteil an der Knast'reform'politik der Kennedy-Regierung, der er mit einem berühmten 24-Punkte-Programm zum Durchbruch verhalf. Die direkte Quelle des Texts ist uns unbekannt. Aber an ihrer Echtheit gibt es keinen Zweifel: es handelt sich tatsächlich um eine gestraffte Zusammenfassung der Bücher, Referate und Diskussionsbeiträge, die Schein in diesen Jahren zur Gehirnwäsche geliefert hat. Danach setzte Schein seine Karriere als Professor für Industriepsychologie am Massachusetts Institute of Technology (MIT) fort: mit Beiträgen zur Verhaltenskonditionierung der mittleren und Spitzenkader in Großbetrieben! Für Leute vom Schlag eines Schein ist die Verhaltenskonditionierung überall als Sozialtechnik anwendbar, für sie war der Hochsicherheitstrakt nur ein Experimentierfeld.

Die 24 Punkte des Dr. Edgar Schein

1. Verlegung der Gefangenen in Bereiche, die ausreichend isoliert sind, damit enge emotionale Beziehungen erfolgreich abgebrochen oder ernsthaft abgeschwächt werden.
2. Absonderung aller "wirklichen" Führer ("natural leaders").
3. Einsetzung kooperativer Gefangener als Führer.
4. Verbot von Gruppenaktivitäten, die nicht im Einklang mit den Zielen der Gehirnwäsche stehen.
5. Bespitzelung von Gefangenen und Weitergabe des persönlichen Datenmaterials.
6. Namen von Gefangenen in gefälschte Erklärungen schreiben, die dann anderen gezeigt werden.
7. Opportunisten und Informanten benutzen.
8. Gefangene überzeugen, daß sie niemandem vertrauen können.

9. Diejenigen, die willens sind zu kollaborieren, nachsichtiger behandeln als solche, die es nicht sind.
10. Diejenigen, die sich unkooperativ verhalten, bestrafen.
11. Systematisches Vorenthalten der Post.
12. Den Kontakt zu all denen verhindern, die nicht mit den Behandlungsmethoden und der Kontrolle über den gefangenen Pöbel übereinstimmen.
13. Auflösung aller Gruppennormen unter den Gefangenen.
14. Schaffung eines Gruppenbewußtseins unter den Gefangenen, daß sie von ihrer sozialen Ordnung aufgegeben und völlig isoliert sind.
15. Zerstörung jeder emotionalen Unterstützung.
16. Verhindern, daß Gefangene über ihre Haftbedingungen nach Hause oder zu Freunden schreiben.
17. Zugang zu Publikationen und Büchern ermöglichen und erlauben, die ausschließlich solches Material beinhalten, das das gewünschte neue Verhalten unterstützt oder sich ihm gegenüber neutral verhält.
18. Die Individuen in neue und zweideutige Situationen bringen, in denen die Normen bewußt unklar bleiben und dann Druck auf sie ausüben, damit sie, um dem Druck zu entgehen und eine Atempause/Vorteile zu erhalten, sich an das Gewünschte anpassen.
19. Die Individuen, deren Willenskraft mehrere Male geschwächt oder zerstört wurde, in eine Lebenssituation mit mehreren anderen bringen, die in ihrem Denken schon mehr angepaßt sind und deren Aufgabe es ist, weiterhin die emotionale Unterstützung des Individuums zu zerstören.
20. Anwendung von Techniken zur Charakterschwächung wie: Erniedrigungen, Verunglimpfungen, Schreien, um Gefühle von Schuld, Angst und Beeinflußbarkeit auszulösen - in Verbindung mit Schlafentzug, einem strengen Knastregime und regelmäßig wiederkehrenden Verhören.
21. Allen unaufrichtigen Versuchen, dem Druck von Zellenkameraden nachzugeben, mit erneuter Feindseligkeit begegnen.
22. Den Gefangenen durch Zellenkameraden wiederholt darauf hinweisen, wo er in der Vergangenheit oder in der Gegenwart nicht einmal seinen eigenen Grundsätzen und Werten gemäß gelebt hat.
23. Durch Aufhebung des Drucks und Akzeptierung als menschliches Wesen gehorsames und unterwürfiges Verhalten belohnen, das den Gehirnwäschezielen entspricht.
24. Schaffung von sozialer und emotionaler Unterstützung, die das neue Verhalten verstärkt."[7)]

Deprivationsforschung in der BRD

Neben diesen eher grundsätzlichen Überlegungen wurden und werden in experimenteller Arbeit an Menschen Methoden und Mittel oder Instrumente erprobt, die bei besonders schwierigen oder widerspenstigen Gefangenen zur Heilung führen sollen. Hier sind neben Medikamenten die Elektroschockbehandlung, die Psychochirurgie und die sensorische Deprivation zu nennen. Alle diese Methoden werden heute in Gefängnissen angewandt. - Da die politischen Gefangenen in der Bundesrepublik vornehmlich der Isolation, also der sensorischen oder perzeptuellen Deprivation ausgesetzt sind, soll die Deprivationsforschung in der Bundesrepublik näher beschrieben werden.[8)]

In den Jahren 1971 bis 1974 machten die Forscher Meyer, J. Gross, J.M. Burchard und P. Kempe in der Hamburger Universitätsklinik im Sonderforschungsbereich 115 (SFB 115) Laborversuche mit der Camera Silens. Bei der Camera Silens handelt es sich um einen dunklen, nach außen schallisolierten, nach innen schallschluckenden Raum, der schwingungsfrei aufgehängt ist. 12 Hi-Fi-Lautsprecher ermöglichen die Zufuhr von Dauergeräuschen, eine Infrarotkamera ermöglicht die Beobachtung der Versuchsperson. Über Mikrophon und Rücksprechanlage kann der Versuchsleiter mit dem Probanden in Kontakt treten. Simultan können Magenmotorik, Hirn- und Herzstromkurven, Puls und Atmung registriert werden.

Der SFB 115 wurde 1973/74 mit einer Summe von 2,8 Millionen DM von der Deutschen Forschungsgesellschaft (DFG) finanziert. In einem ersten Vorschlag sollte der Arbeitstitel "Aggression als Funktion von Abhängigkeit" lauten, doch später wurde er umbenannt in "Psychosomatische, psychodiagnostische und therapeutische Aspekte der Aggressivität".

Die Forscher wollten eine angstauslösende Isolationssituation mit Hilfe der Camera Silens herstellen. Versuchspersonen waren zunächst Psychologiestudenten, die ohne Honorar zwei Stunden in der Camera Silens lagen, später Patienten und Bundeswehrsoldaten aus einer Hamburger Kaserne, bei denen die Versuchsdauer auf sechs Stunden heraufgesetzt wurde.

Sie wurden in der Camera Silens der extremen Reduktion von Sinnesreizen (sensorische Deprivation) ausgesetzt, oder es wurden lediglich konstante Geräusche in den Raum eingespielt bzw. die Versuchsperson trug eine Milchglasbrille, d.h. es fand eine Reduktion oder Eliminierung des Informationsgehalts sensorischer Reize statt (perzeptuelle Deprivation).

Die Versuchspersonen waren folgenden objektiven Umweltbedingungen ausgesetzt:

- akustische Isolation und Kontrolle
- optische Isolation und Kontrolle
- Bewegungseinschränkung und Kontrolle
- Magnetwellen werden durch Metallgitter im Baumaterial abgefangen

Anhand der Auswertung der Untersuchungsberichte und der Beschreibungen der Versuchspersonen werden die Folgen dieser Situation der Isolation folgendermaßen benannt:

- Leere und Empfinden des Nichts
- Niedergeschlagenheit und Kontaktangst
- Teilnahmslosigkeit
- Es nicht mehr aushalten können
- Sensibilität und Reizhunger
- Entfremdung der Wirklichkeit

- Verlust der Orientierungsmöglichkeit
- Sinnestäuschungen und Fehlwahrnehmungen
- Halluzinationen
- Abnahme der Denkfähigkeit
- Zerrüttung des Gleichgewichts der Organe
- Gewichtsabnahme

Die Autoren Hartwig Hansen und Horst Peinecke stellen in ihrem Buch "Reizentzug und Gehirnwäsche in der BRD" die Laborsituation und die Forschungsergebnisse im SFB 115 der Situation der Gefangenen in den Isolationszellen des Hochsicherungstrakts anhand von Briefen der Gefangenen gegenüber. Sie stellen sowohl bei den objektiven Umweltbedingungen als auch bei den Folgen für den Menschen eine Übereinstimmung fest.

Es muß davon ausgegangen werden, daß die Deprivationsforschung die Grundlage bildet für die Situation der politischen Gefangenen in den Hochsicherungstrakten der BRD. Die Isolation im Toten Trakt erfolgt in Anwendung der Ergebnisse der Isolationsforschung.

J. Gross und C. Srab selbst schreiben:

"Richten wir unser Augenmerk auf die Rolle, die der Faktor der sensorischen und sozialen Deprivation in gesetzlichen Untersuchungs- und Strafmethoden spielt. Mit diesem Namen bezeichnen wir alle die Methoden, deren gemeinsamer Nenner eine unmenschliche Folterung an Untersuchungshäftlingen, Gefangenen und Soldaten in Gefangenschaft ist, ohne Rücksicht darauf, ob es sich mehr um eine körperliche oder überwiegend um mentale Gewalt handelt. Bei der zweiten Möglichkeit kommt jedoch das Moment der sensorischen Deprivation und sozialen Isolation bedeutend zur Geltung."[9)]

Prof. Meyer definierte seine Forschungsverantwortung wie folgt:

"Wir können dann nur die Öffentlichkeit alarmieren, wenn uns bekannt wird, daß unsere Forschungsarbeiten mißbraucht werden." (Hamburger Abendblatt vom 19.12.1973)

Die Erkentnisse der Reizentzugsforschung wurden zu der Zeit schon längst mißbraucht. Ulrike Meinhof und Astrid Proll zum Beispiel wurden 1972/73 in Köln-Ossendorf im Toten Trakt isoliert.

Knastarchitektur

Parallel zu den Forschungen der Gehirnwäsche und der sensorischen Deprivation wurde in den USA ein neueres Gefängniskonzept entwickelt, das sich bald international durchsetzte und dessen Grundmuster sich bis heute kaum verändert hat: die Isolationshaft, aus der sich die heutigen Hochsicherungstrakte (HST) entwickelten. Das Konzept sieht die Möglichkeit bzw. die Praxis der vollständigen Isolation Gefangener vor. Kernstück der Trakte sind die Isolationszellen, in denen mit den Mitteln der sensorischen Deprivation gearbeitet wird.

Zu dem Konzept eines Hochsicherungstraktes gehören immer auch abgeminderte und abgeschwächte Formen des Vollzugs. Im Frauengefängnis Berlin Plötzensee gibt es zum Beispiel für "... 130 Frauen 15 verschiedene Vollzugsformen auf 16 Stationen in 5 Häusern ..."[10].

Gefangene können je nach Kooperation, Anpassung und Unterwerfung in den zweifelhaften Genuß eines erträglichen Lebens im Knast kommen. Ordnen sie sich nicht unter, leisten sie Widerstand oder sind aufmüpfig, werden die Gefangenen meist sofort wieder unter Isolationsbedingungen gehalten. Dabei wird Isolation dort eingesetzt, wo sie für richtig empfunden wird. Rechtsansprüche auf bestimmte Behandlungen haben die Gefangenen nicht. Wie schon im vorigen Teil beschrieben, ist die Anpassung an die Verhältnisse einer der Wege, auf dem die Veränderung der Menschen erreicht werden soll. Grundsätzlich sind also alle Gefangenen den Isolationsbedingungen unterworfen, auch wenn sie aus taktischen Gründen nicht ausgeübt werden. Es genügt daher an dieser Stelle, wenn wir auf den Hochsicherheitstrakt und seine Bedingungen eingehen, da durch sie das eigentliche Wesen des neuen Gefängnismodells deutlich wird. Die weitere Schilderung wird sich auf die heutigen Gefängnisse in der BRD beziehen.

In der BRD liegt die Gefängnisgewalt in den Händen der Bundesländer. Es gibt daher in der BRD kein einheitliches Modell für Gefängnisse. Sie weisen alle kleine Unterschiede auf, sind vom Prinzip her aber gleich.

Neben den bisherigen Hochsicherheitstrakten und den Neubauten werden inzwischen wie in Frankfurt alte Gefängnisse auf den neuesten Stand hin modernisiert. In der Nähe des hessischen Weiterstadt, bei Darmstadt, wird zur Zeit mit 700 Haftplätzen einer der größten Knäste Europas fertiggestellt.

Die Situation für und in diesem Gefängnis ist symptomatisch für viele Hochsicherheitstrakte. Selbst der Standort ist ein Teil des Konzepts. Das ca. 10.000 qm große Gelände ist soweit von der Zivilisation entfernt, daß es nicht einmal eine Zufahrtsstraße dorthin gab. Wenn der Erdwall um die 6 km lange und 6,5 m hohe Mauer mit vier Wachtürmen fertig ist, wird das Gelände von der Straße nicht mehr zu sehen sein. Es soll anonym bleiben, nach dem Motto: aus dem Auge, aus dem Sinn. Vielleicht wird es noch ein kleines Hinweisschild geben, aber ein ahnungsloser Mensch wird niemals vermuten, was sich wenige 100 m hinter der Stichstraße abspielt. Das Gelände liegt so weit ab von der Zivilisation, daß es nicht einmal eine Busverbindung dorthin gibt. Praktisch bedeutet das, daß weder Besucher noch Anwalt ohne große Schwierigkeiten und Aufwand dort hingelangen können. Die Isolation der Gefangenen beginnt also nicht erst in der Zelle, sondern wird auf das ganze Gefängnis umgelegt. Andere Hochsicherheitsgefängnisse wie Stammheim sind ähnlich konzipiert.

Das Äußere der Gebäude drückt schon die Gewalt und die Macht aus, die sie bestimmen. Große, kalte, graue Wände ohne einen Hauch von Leben, das sich hier nur zwischen Sicherheitskontrollen abspielt. Schwere Türen, dicke Mauern, Beton, Maschinenpistolen, Körperdurchsuchungen, diese Gewalt macht ohnmächtig und sie soll es auch.

Die Wände der Hochsicherheitstrakte sind als sogenannte Sägezahnfassade gebaut. Die Fenster sind zwar alle in einer parallelen Front gebaut, doch durch die architektonische Lösung, daß alle Fenster in Winkelnischen eingebaut sind und dabei eine Richtung einhalten, ist es für Gefangene unmöglich, zu anderen Gefangenen Sicht- oder Rufkontakt zu entwickeln, selbst wenn sie sich aus dem Fenstern lehnen würden. Das Ganze sieht aus wie eine Säge, daher auch der Name. Die neuesten HST werden nur nach diesem Prinzip gebaut.

Die eigentlichen Traktgebäude werden streng von den anderen getrennt. In Weiterstadt werden zum Beispiel extra Verwaltungen zwischen die Gebäude gelegt, damit auch so kein Kontakt entstehen kann. Die HST besitzen einen eigenen Hof. In Berlin Moabit ist dieser durch eine hohe Mauer vom übrigen Gefängnisgelände getrennt. Er wird durch einen ständig besetzten Wachturm, zwei Kameras und vier Abhör- und Alarmanlagen kontrolliert. In Celle ist der 5 x 25 m große Betonhof noch zusätzlich durch ein Tarnnetz der Bundeswehr überdacht.

Im Innern sind die Gänge und Flure fensterlos und werden 24 Stunden am Tag von Neonlampen beleuchtet. Es gibt nicht den geringsten Kontakt zur Außenluft, die Luft kommt durch eine Belüftungsanlage. Die Farben sind steril, sie schwanken zwischen weiß, grau und blaßgelb. Überall finden sich Kameras, Abhör- und Alarmanlagen.

Zum Hochsicherheitstrakt gehören auch die Anwalt- und Besucherzellen: zwei kleine fensterlose nebeneinanderliegende Räume mit fenstergroßem Durchbruch in der Trennwand, der mit der beweglichen Panzerglasscheibe geschlossen werden kann. Anwalt/Besucher und Gefangene sitzen in je einem der Räume. Bei Privatbesuchen wird die Trennscheibe heruntergefahren, und man sitzt sich wie an einem Schalter gegenüber.[11)]

Die Gefangenen haben kaum einmal, meistens nie, Körperkontakt zu anderen Menschen. Die Stimme des Besuchs wird durch die Gegensprechanlage völlig entfremdet. Diese Maßnahme verstärkt das Isolationsgefühl der Gefangenen noch mehr. Die Besuche werden nur unter Anwesenheit von Beamten des Landeskriminalamts durchgeführt. Die notieren nicht nur das Gespräch, sondern auch das Verhalten und die Reaktion des Gefangenen. Die Text- und Psychoprotokolle werden später für die weitere Behandlung der Gefangenen genutzt.

Die Isolationszelle ist, wie gesagt, das eigentliche Kernstück im Hochsicherheitstrakt. Auch hier gibt es Unterschiede, die wesentlichen Details sind jedoch überall die gleichen.

Die Zellen sind vollständig von den anderen abzuschotten, innerhalb der Zelle ist es nicht möglich, etwas von außen aufzunehmen. Die Zellen können, ohne daß der/die Insassen etwas davon bemerken, jederzeit optisch und akustisch überwacht werden. Teilweise sind die Fenster aus undurchsichtigem Milchglas und nicht zu öffnen. Die Beleuchtung erfolgt über das kalte Licht von Neonröhren. Die Luft wird über eine Belüftungsanlage geregelt, die Raumtemperatur wird ebenfalls von außen gesteuert. Das Inventar wie Bett, Tisch und Stuhl sind teilweise fest installiert und nicht beweglich.[12)]

“Diejenigen, die nicht unter Totalisolation stehen, haben noch, wenn auch eingeschränkt, gemeinsamen Umschluß. Das Traktgebäude selbst ist im Innern in verschieden große Teilbereiche unterteilt, zwischen denen es keine Hör- und Sichtmöglichkeiten gibt.

Jede Gruppe hat eigene Gemeinschaftsräume, die Bewegungsfreiheit ist während der Freistunden relativ groß. Dies bedeutet jedoch keine Einschränkung der Überwachungsmöglichkeiten, da alle Räume mit Videokameras und Gegensprechanlagen ausgestattet sind, die jede Lebensäußerung des/der Gefangenen erfaßbar machen."[13)]

Anmerkungen:

1) Dieser Abschnitt des Artikels basiert auf der "Autonomie No.2", "Gehirnwäsche gegen den Umsturz", von 1980. Aus ihr sind auch die Zitate und deren Quellenangaben entnommen.

2) J. McConnel: "Criminals can be brainwashed", Now. Psychology Today, April 1970.

3) B.F. Skinner: "Jenseits von Freiheit und Würde", Reinbek 1973.

4) T.H. Huxley: "Methods and Results", New York 1893.

5) P. London: "Der gesteuerte Mensch. Über Möglichkeiten einer Verhaltenskontrolle", München 1973.

6) James V. Bennett: "I chose Prison", e.d. R. Champell, New York 1970.

7) Autonomie Nr. 2, S.25.

8) Die Ausführungen zu diesem Thema basieren auf dem Buch "Reizentzug und Gehirnwäsche in der BRD" von Hartwig Hansen und Horst Peinecke, Verlag Libertäre Assoziation.

9) J. Gross/L. Svab: "Soziale Isolation und Sensorische Deprivation und ihre gerichtspsychologischen Aspekte", Prag 1967.

10) Dokumentation zum Hungerstreik im Frauenknast Berlin Plötzensee.

11) Übersicht und Bericht politischer Gefangener in der BRD.

12) "Todesschüsse, Isolationshaft, Eingriffe in das Verteidigerrecht", Diter Bakker Shut, Selbstverlag.

13) Durchblick Neue Folge Nr. 1, "Die neuen Knäste".

Dornenreicher Weg zur selbstbestimmten Moralität

INTERVIEW MIT KARL-HEINZ DENZLINGER

von Marietta Biermann

Karl-Heinz Denzlinger, *nach einer landwirtschaftlichen Lehre Abitur und Studium der Rechts- und Staatswissenschaften mit Stipendium der Studienstiftung des Deutschen Volkes in Freiburg/Br. und Durham/England. Natur- und sozialwissenschaftliche Interessen. Begegnung mit dem Goetheanismus durch einen dies-universitatis-Vortrag an der Universität Freiburg (Prof. Hönl). Eigene goetheanistische Studien. Zwei Staatsexamen, dann Referent auf dem Oberschulamt Südbaden in Freiburg/Br. Eheschließung, drei Söhne; mit 35 Jahren Geschäftsführer des Oberrheinischen Waldorfschulvereins. Mitglied der Anthroposophischen Gesellschaft seit 1962, der Christengemeinschaft seit 1965. Später Übergang in den Justizdienst des Landes Baden-Württemberg als Staatsanwalt für Straßenverkehr in Stuttgart. In Freiburg ab 1971 zuständig für allgemeine Kriminalität. Ab 1980 Aufbau der Carl-Theodor-Welcker-Stiftung e.V. aus kleinsten Anfängen heraus mit dem Ziel, eine Methode der sozialen Rehabilitation im Strafvollzugsbereich zu entwickeln. Inzwischen vier hauptamtliche, mehrere nebenamtliche Mitarbeiter, fünf Wohngruppen mit 17 Plätzen, daneben ambulante Betreuungsverhältnisse in den Strafanstalten und in den forensischen Abteilungen mehrerer psychiatrischer Kliniken. Anthroposophische Kursarbeit an der Volkshochschule Offenburg, in der Anthroposophischen Gesellschaft (Arbeitszentrum Oberrhein) und in der Vollzugsanstalt Freiburg. Mitglied der Freien Hochschule für Geisteswissenschaft, Goetheanum. Publikationen in juristischen Fachzeitschriften und in anthroposophisch orientierten Zeitschriften.*

Karl-Heinz Denzlinger ist Staatsanwalt in Freiburg. Als solcher hat er also Straftaten zu verfolgen und aufzuklären, um die Straftäter einer gerechten Strafe zuzuführen. Darüber hinaus hat er sich aber selbst eine andere Aufgabe gestellt: denjenigen zu helfen, die nach der Verbüßung einer Gefängnisstrafe entlassen werden. Karl-Heinz Denzlinger hat sein eigenes Haus einer Wohngruppe für Strafentlassene zur Verfügung gestellt, in der er zeitweise auch selbst lebt, und die Carl-Theodor-Welcker-Stiftung als Träger dieser Initiative gegründet.

Das, was auf den ersten Blick als Absurdität erscheint: Menschen ins Gefängnis einsperren zu lassen und ihnen dann nach der Freilassung zu helfen, kommt einem bei gründlicherem Nachdenken beinahe folgerichtig, zumindest aber sehr sinnvoll vor. Nicht weil Karl-Heinz Denzlinger - wie manche vielleicht vermuten würden - so sein schlechtes Gewissen beruhigen kann oder weil er im karitativen Sinne wohltätig wirken will, sondern weil Kriminalität, Strafe, Verbüßung und Neuanfang, d.h. ohne Kriminalität zu leben, objektiv eng zusammengehören. Sieht man dies zudem - wie Karl-Heinz Denzlinger - aus einer anthroposophischen Perspektive, so ergeben sich weitere interessante Gesichtspunkte, unter anderem in bezug auf Individualität, Wiederverkörperung und Schicksal, an denen man ganz besonders in der Arbeit mit Knackis heute nicht mehr vorbeikommt.

Marietta Biermann: Herr Denzlinger, Sie sind Staatsanwalt. Was tut ein Staatsanwalt hauptsächlich?

Karl-Heinz Denzlinger: Ein Staatsanwalt ermittelt. Es wird zum Beispiel ein Mord begangen, irgendetwas gestohlen oder ein Raubüberfall verübt. Wenn es der Polizei bekannt wird, zum Beispiel jemand Anzeige erstattet, fängt die Polizei an zu ermitteln, Zeugen ausfindig zu machen und zu verhören etc. Bei einem Mord zum Beispiel wird der Staatsanwalt häufig sofort eingeschaltet, d.h. er geht an den Tatort und gibt der Polizei Anregungen für die Ermittlungen. Wir bekommen dann das gesamte Material, regen weitere Ermittlungen an, Durchsuchungen usw., entscheiden eventuell über den Haftbefehl, ob der mutmaßliche Täter inhaftiert wird oder nicht. Das gesamte Material wird dann gesichtet, analysiert, das Unwichtige wird ausgeschaltet, die Hauptpunkte herausgearbeitet und das Ganze in die Form einer Anklageschrift gebracht, als Grundlage für die Gerichtsverhandlung. Eine ganz wichtige Aufgabe des Staatsanwaltes ist auch, daß er in bezug auf die polizeilichen Ermittlungen für die Einhaltung rechtsstaatlicher Gesichtspunkte Sorge zu tragen hat, wie sie aus dem Grundgesetz und der Strafprozeßordnung hervorgehen.

Was ist Kriminalität? - Der Verbrecher im Spiegel des Strafrechts

M.B.: Sie haben tagtäglich mit kriminellen Handlungen und kriminellen Menschen zu tun. Was bedeutet dabei "Kriminalität"? Wie würden Sie diese definieren?

K.-H. Denzlinger: Kriminalität wird formell durch das im Rahmen des demokratischen Rechtsstaates gestaltete System der Strafrechtsnormen definiert.

M.B.: Aha! Was heißt das?

K.-H. Denzlinger: Man kann es nicht besser ausdrücken! Was Kriminalität ist, wird durch das Strafrecht definiert.

M.B.: Kriminelle Handlungen sind also solche, die in irgendeiner Form gegen ein Gesetz verstoßen?

K.-H. Denzlinger: Das Strafrecht betrifft die elementarsten Verhaltensregeln des menschlichen Zusammenlebens in der konkreten gesellschaftlichen Gestaltung. Kriminalität ist daher inhaltlich ein Verstoß gegen derartige Verhaltensprinzipien, also gegen die grundlegenden Anforderungen des sozialen Lebens in seiner konkreten Gestalt. Dies kann mehr gelegentlich - aufgrund von Verführung oder Konfliktsituationen mit Ausnahmecharakter - erfolgen oder so, daß mehr oder weniger fest ausgeprägte Strukturen abweichenden Verhaltens sich herausbilden oder zugrunde liegen. Dabei gehen Wirkungen der gesellschaftlichen Ächtungen, der Sanktionsmechanismen, in diese kriminell getönten Persönlichkeitsstörungen ein und prägen sie mit (Stigmatisierung).

M.B.: Wenn wir einen Blick in die Geschichte werfen, welches Bild vom Verbrecher kam vor 200 Jahren im Strafrecht zum Ausdruck?

K.-H. Denzlinger: Der Ursprung des Strafrechts geht aus den Gruppennormen hervor, welche für die Gruppenidentität maßgeblich waren. Mit dem Verstoß gegen diese Gruppennormen verliert dieser einzelne Mensch gleichzeitig auch die Merkmale bzw. ein Stück dieser Gruppenidentität. Damit büßte er aber auch - damals - einen wesentlichen Bestandteil seines Menschseins ein. Er büßte sozusagen *seine* Menschlichkeit ein und wurde infolgedessen als Unmensch aus der Gruppe ausgestoßen und vernichtet. Man hat daher in den Ursprüngen des Strafrechts sogenannte symbolische Strafen in der Form ritueller Verfahren verhängt, die primär darauf gerichtet waren, die Gruppenidentität wieder herzustellen und zu stärken.

Das ändert sich mit dem Bewußtseinsfortschritt: Auf der einen Seite tritt in der Bewußtseinsseelenepoche Kriminalität erstmals als Massenerscheinung auf und andererseits wird das Strafrecht nunmehr als Mittel zur Repression verwendet, insbesondere von Randgruppen. Der ursprüngliche Bewußtseinshintergrund - Wiederherstellung von Gruppenidentität - tritt mehr zurück. - Durch die Aufklärung und die Wirkung christlicher Entwicklungen findet eine gewisse Humanisierung Eingang ins Strafrecht, und es entwickelt sich als eine wichtige Leistung der Jurisprudenz der Menschenrechtsgedanke. Man hat also in das gesellschaftliche Bewußtsein der Neuzeit aufgenommen, daß auch der Verbrecher ein Mensch ist.

Ohne Rechtsnormen wuchert die Willkür

Der nächste Schritt ist, daß man damit beginnt, das ganze Strafrecht, die Strafe und den Strafprozeß zu verrechtlichen, man führt prozessuale Rechte ein, man versucht, der Strafe einen rationalen Sinn zuzulegen, wobei Sühne, später die Abschreckung und schließlich auch der Erziehungsgedanke immer mehr Einfluß gewinnen und sich entsprechend auswirken. - Die irrationalen Momente wirken sich aber noch lange im Strafrecht aus, unterschwellig auch heute noch.

M.B.: Worin drückt sich diese Irrationalität der Strafe historisch gesehen aus?

K.-H. Denzlinger: Man braucht sich nur einmal vorzustellen, daß Diebe gehängt wurden. Die Irrationalität der Strafe drückte sich in den rituellen Maßnahmen aus: Den Dieb hat man zum Beispiel an einer Eiche aufgehängt, die geschält sein mußte, die Augen wurden ihm verbunden, weil er angeblich den bösen Blick hatte, und die Hände wurden auf dem Rücken gefesselt, die Haare geschoren und vieles mehr. - Noch lange wirkten diese symbolischen irrationalen Elemente nach. Die letzte Hexe wurde bei Freiburg ca. 1740 verbrannt. Schon der Verdacht, gegen die Normen verstoßen zu haben, führte zur sozialen Ächtung und ermöglichte auch die Anwendung der Folter. Auf diesem Boden der Irrationalität wucherte die Willkür! Die Uferlosigkeit des Strafrechts und der Strafvollziehung wurde immer mehr durch die Verankerung und Ausbreitung einer Strafgesetzgebung, in der nach und nach der Menschenrechtsgedanke sich ausdrückte, abgegrenzt, eingeengt und rationeller geordnet. Stets besteht die Gefahr, daß diese Errungenschaften wieder verloren gehen.

M.B.: Wie sieht es mit dem Strafrecht und dem Strafvollzug heute aus?

K.-H. Denzlinger: Wesentlich sind die Strafreformgesetze Anfang der siebziger Jahre als Folge der kriminologischen Weltbewegung, welche die Kriminalität, also das faktische Geschehen, wissenschaftlich begreifen möchte. Sie läßt sich als eine moderne Geistesströmung beschreiben, die mit der naturwissenschaftlichen Betrachtungsweise und mit einem empirischen, wissenschaftlichen Begriff arbeitet und sowohl psychoanalytisches Gedankengut - zum Beispiel die Trieblehre und die Bedeutung der frühen Kindheit für die persönliche Entwicklung - als auch sozialreformerische Theorien - Bedeutung des Milieus für die Entstehung von Kriminalität - aufgreift. Von dieser Kriminologie werden das Strafrecht und die Strafvollzugspraxis immer mehr ergriffen. Beispielsweise wird das Jugendstrafrecht und der Jugendstrafprozeß ausgegliedert. Es wird die Strafaussetzung zur Bewährung eingeführt - in der Bundesrepublik Deutschland übrigens erst nach dem Zweiten Weltkrieg -, es wird ferner in den Strafreformgesetzen versucht, die Strafe selbst möglichst wenig belastend zu gestalten. Natürlich steht immer noch im Vordergrund - und das wird meistens nicht eingestanden -, daß der zu gravierenden Straftaten entschlossene Teil der Bevölkerung repressiv behandelt werden muß. Man möchte eben verhindern, daß diese Teile der Bevölkerung sich als soziale Gruppen und Strukturen integrieren und Macht erlangen können. Deshalb will man die Kriminalität desintegriert halten und den Aufbau von "organisierter Kriminalität" verhindern. Weiterhin ist die sogenannte Abschreckung des labilen Sektors der Bevölkerung, die sich nach den gesellschaftlichen Trends richtet, eine Aufgabe des Strafrechts.

Das in dem Strafreformgesetz der siebziger Jahre etwas euphorisch klingende Ziel des Strafvollzugs, den kriminell Gewordenen durch den Vollzug der Strafe zu einem Leben ohne Straftaten befähigen zu wollen, ist wohl doch etwas zu hoch gegriffen. Vorsichtiger könnte man das Ziel so formulieren, daß er wenigstens keine gravierenden Schäden durch den stationären Vollzug erleiden soll. Im Vergleich zu früheren Zeiten, in denen die Stigmatisierung des Inhaftierten als "Zuchthäusler" sehr ausgeprägt und ein fast unausweichliches Schicksal war, ist es heute immerhin doch so, daß man versucht, durch Freizeit- und Bildungsangebote eine Weiterentwicklung der Persönlichkeit zu ermöglichen, um Lebenschancen zu eröffnen. Aber es ist noch nicht gelungen, ein sozialtherapeutisches Klima im Strafvollzug zu installieren. Die Herstellung eines sozialtherapeutischen Klimas hätte vor allem die Überwindung und Weiterbildung der dualistischen Struktur, wo Kriminalität verwaltet wird und sich Personal und Insassen gegensätzlich, oft feindselig und verständnislos gegenüberstehen, zur Voraussetzung. Aber davon sind wir noch weit entfernt.

Kriminologie begreift Verbrechen als notwendig entstehendes Phänomen, als unvermeidbar, und versucht, das kriminelle Verhalten einfühlbar zu machen. Sie postuliert, daß mit dem Straftäter adäquat verfahren werden müsse, um diesem einzelnen eine Entwicklung zu einem sozial tragbaren Leben zu ermöglichen. Im Straftäter werden die Defizite der Gesellschaft als ganzes sichtbar und manifest, stellvertretend für die Allgemeinheit wird bestraft. Die Unzulänglichkeiten, die Defizite, die Schlupflöcher, Widersprüche und Fragwürdigkeiten mancher Gesetze und vieler gesellschaftlicher Regelungen und Strukturen werden durch ihre Übertretung oder Ausnutzung, vor allem aber: in ihren destruktiven, kriminogenen Wirkungen durch die kriminellen Handlungen sichtbar. Wird er nun ertappt und bestraft, so wird er nicht nur individuell bestraft, sondern gewissermaßen auch stellvertretend für die Allgemeinheit.

"Verbrecherische Naturen sind eine Art geistiger Frühgeburten"

M.B.: Sie haben viele Biographien von Straffälligen kennengelernt. Wenn Sie diese Biographien zusammenschauend vor Ihrem inneren Blick Revue passieren lassen, was fällt Ihnen dabei besonders auf? Gibt es Ähnlichkeiten in den biographischen Merkmalen? Rudolf Steiner spricht in einem Vortrag über die Konstitution des Verbrechers:

"Wenn der Verbrecher angeschaut wird, hellseherisch, so stellt sich heraus, daß verbrecherische Naturen eine Art geistiger Frühgeburten sind. Es gibt für jede Seele eine Möglichkeit, herunterzukommen aus den geistigen Welten, sich mit der physischen Materialität zu verbinden, die gewissermaßen die normale ist; aber die Tendenzen, die zu diesem Normalen hinführen, kreuzen sich mit anderen Tendenzen, so daß die meisten Menschen - aber Verbrecher besonders stark - viel früher ins Erdenleben heruntergehen, als es normalerweise geschehen sollte. Das stellt sich sonderbarerweise heraus. Nun hat das etwas anderes im Gefolge. So richtig sich durchdringen mit der ganzen Leiblichkeit, daß man in der Leiblichkeit der Erde steht als ein Vollmensch, das kann man nur, wenn man wenigstens annähernd zu dem normalen Zeitpunkt sich wieder verkörpert. Aber wenn Gründe vorliegen durch vorhergehende Erdenleben, früher herunterzukommen auf die Erde, so nimmt man etwas mit, was im Unterbewußtsein lebt, wovon man gar kein Bewußtsein hat. Es lebt nämlich in den Tiefen der Seele etwas, was wie ein Leichtnehmen des Erdenlebens ist, weil man nicht zu dem Zeitpunkt heruntergekommen ist, wo man sich am vollkommensten hätte verbinden können mit dem Physischen. So verbindet man sich nur oberflächlich. Aber man weiß nichts davon. Das wird eine innere Seelenstimmung; das Leben nicht vollzunehmen. Und so kann es sein, daß man in seinem gewöhnlichen Oberbewußtsein sogar einen abnorm entwickelten Selbsterhaltungstrieb hat, so daß man mit Feindschaft der sozialen Welt gegenübersteht, den stärksten Egoismus entfaltet, so daß man Verbrecher wird - und dennoch in seiner inneren Natur, die man nicht kennt, ein gewisses Oberflächlichnehmen, ein Leichtnehmen des Lebens hat, keinen Wert legen will auf dieses Leben. Das ist durch eine geistige Frühgeburt bewirkt." (Rudolf Steiner: Inneres Wesen des Menschen und Leben zwischen Tod und neuer Geburt. GA 153/ 08.04.1914/S.63 f.)

K.-H. Denzlinger: Eines fällt dabei tatsächlich auf: Man hat oft den Eindruck, daß sich diese Menschen zur falschen Zeit und an der falschen Stelle inkarniert haben. Sie müssen nun in einem Milieu leben und sich entwickeln, in dem sie sich nicht heimisch fühlen und in welchem sie nicht gewollt sind. Sie fliehen aus diesem Milieu oder werden regelrecht hinausgeprügelt. Zum Beispiel fliegen sie von der Schule, werden in Heime oder Pflegefamilien geschoben, fangen eine Lehrstelle an, aber brechen sie wieder ab, und so gehen sie von einem zum anderen Schicksalspunkt. Es gibt wenig helfende und unterstützende Momente in ihrem Leben. Wo Erziehung stattfindet, ist sie oft widersprüchlich: verwöhnend und andererseits verdeckt aggressiv oder gleichgültig, oft auch offen aggressiv.

Man kann sich auch die Frage stellen, ob es vielleicht junge Seelen sind, die wenig Inkarnationserfahrung haben, oder abgetriebene Seelen, die sich verfrüht oder verspätet in einem Umfeld inkarnieren, das auf diese Individualität nicht vorbereitet ist oder nichts mit dieser zu tun haben will. Es ist ja so: Die Individualität entwickelt sich einerseits im Gefüge ihres Leibes, sie steht andererseits in Interaktion mit dem gesellschaftlichen und natürlichen Umfeld. In beiden Bereichen entfalten sich karmische Kräfte, denen der Mensch heute selbstbestimmte Moralität abringen muß. Gewisse Verhaltensstörungen sind deutlich als "tiefsitzende" zu kennzeichnen; es sind vorgeburtlich, intrauterin oder frühkindlich in der Primärgruppe veranlagte Schädigungen, die ihr Träger kaum beherrschen kann und die nur in langjährigen Abläufen zu beeinflussen sind. Sie sind leiblich, jedenfalls im Ätherleib, zum Teil aber auch im physischen Leib der Einzelperson veranlagt. Solche Tendenzen können sich aber auch, teilweise mit milderem Verlauf, während des Lebens erstmalig einnisten, typisch dafür ist jede Form des Suchtverhaltens.

Man hat weiter die häufig aus den Gegebenheiten des makrosozialen Zusammenhangs gespeisten kriminellen Lernprozesse zu beachten, die sich dem einzelnen durch die Interaktionen in Kleingruppen - Familie, Straße, Schule, Berufsleben - vermitteln. Beide Tendenzen überschneiden und ergänzen sich und führen häufig zur Integration in kriminelle Gruppen, deren Machtanspruch zu verhindern die Aufgabe der Strafjustiz ist. Das Bild ist also: die zwischen leiblichen und geistigen Einflüssen - umgeben von dem Kleingruppenklima in unserer von materiellen Wertvorstellungen geprägten Zivilisation - ihren Weg suchende, ihn eventuell in der Form nachhaltiger krimineller Verhaltensstörung verfehlende Individualität.

Ein zu schwaches Ich in der schlecht gepflegten Leiblichkeit

Eine andere Weise, selbstbestimmte Moralität zu verfehlen, ist natürlich auch die für andere kriminogen wirkende Anpassung an verkehrte psychosoziale Tendenzen. Überall aber erscheint das zu schwache Ich in der schlecht gepflegten Leiblichkeit: Das Ich wird vom Astralleib, dieser vom Ätherleib, dieser wieder vom physischen Leib gewissermaßen aufgesogen - mit dem Endresultat der Verblödung, nicht nur in moralischer Hinsicht. Biographische Verfrühung insbesondere durch aufweckende, traumatisch wirkende Schocks oder verfrühte Intellektualisierung, Willenlosigkeit, unterstrichen durch alle erdenklichen Umwelteinflüsse, die teils bewußt (lernend), teils unbewußt (verwahrlosend) wirken, verhindern und verkomplizieren die Inkarnation.

M.B.: Kann man überhaupt sagen, daß Kriminelle besonders ich-schwach oder besonders ich-stark sind? Kann das Ich besonders gut oder schlecht durchgreifen?

K.-H. Denzlinger: Das ist der springende Punkt. Meistens lebt ein schwaches Ich in einer schlechten Leiblichkeit und entwickelt sich mehr schlecht als recht. Es gibt natürlich auch starke Persönlichkeiten mit einer ausgeprägten Ich-Identität und Ich-Kraft. Diese orientieren sich dann aber nach rein materialistischen Werten und operieren mit einer großen Rücksichtslosigkeit. Sie haben nicht den Anschluß an eine glaubhafte Wertvermittlung gefunden. Sie sind zum Beispiel noch nie einem Menschen begegnet, zu dem sie wirklich Vertrauen hatten und der ihnen wirklich moralische und soziale Werte glaubhaft vermittelt hat. Sie haben immer nur Negatives, d.h. zum Beispiel Verletzungen, erlebt, und diese werden dann von einem Menschen mit starken Ich-Qualitäten eher in rigides und starres Abwehrverhalten umgesetzt. Das ist auch ein Beispiel für einen kriminellen Lernprozeß.

Ein anderes Bild bietet dagegen der Ich-Schwache. Das Ich wird wie von den Hüllen aufgesaugt bzw. die Hüllen sind unvollständig und lückenhaft und bieten keinen Schutz, so daß sich alle möglichen Vorformen menschlich ausgereiften Verhaltens, zum Beispiel im Triebhaften, zeigen, deren Kräfte auf einer bestimmten Ebene steckenbleiben, wo sie nicht hingehören. Kopfkräfte sind zum Beispiel aneignende Kräfte, das Auge eignet sich mit Krakenarmen alles an, um seine Funktion erfüllen zu können. Rutschen diese Kopfkräfte in den Willensbereich, zum Beispiel in die Glieder, dann entsteht das übermäßige Bedürfnis oder die Sucht, sich alles mit den Händen aneignen zu wollen - konkret: der Mensch fängt wie von einer unerklärlichen Kraft getrieben zu klauen an, was gerade bei Heranwachsenden, bei Menschen im Pubertätsstadium in eindrucksvollen Serien abläuft und sich leicht zu einer kriminellen Existenzweise verdichten kann.

Der Knast als möglicher Wendepunkt der Inkarnation

M.B.: Was kann es für das Karma eines Menschen bedeuten, wenn er im Gefängnis landet?

K.-H. Denzlinger: Die Inkarnation ist eben bis zu dem Gefängnisaufenthalt nicht geglückt. Sie wird jetzt "zurückgenommen" in eine Art von pränatalem Zustand - also ich meine damit nicht, daß die Erwachsenen Embryonen im Mutterleib sind, es ist als Bild zu verstehen. Das Problem ist nun, wie man jetzt die Inkarnation neu inaugurieren und neu anpacken kann. Gerade weil der Inkarnationshilfe und der Richtungsänderung der Inkarnation eines Menschen, der im Gefängnis sitzt, entscheidende Bedeutung zukommt, wäre erstens eine stärkere Durchdringung des Gefängnisalltags und des dort vorherrschenden Geistes mit wirklicher Moralität und zweitens die Schaffung von Übergangsräumen zwischen Gefängnis (Endpunkt der mißglückten Inkarnation) und Entlassung (als Chance zur Inkarnationskorrektur) dringend geboten.

Sicherlich hängt die Bedeutung eines Gefängnisaufenthaltes für das Karma davon ab, was der einzelne im Gefängnis erlebt. Hat er die Möglichkeit, über sein bisheriges Leben oder durch entsprechende Gruppenangebote über den Sinn des Lebens nachzudenken, hat er vielleicht eher die Chance für eine Neuorientierung. Häufiger ist es aber, daß er weiter abwärts rutscht, und zwar schon im Gefängnis.

M.B.: Also Knast als Chance, das alte Karma zu korrigieren und vielleicht sogar ein neues Karma zu schaffen?

K.-H. Denzlinger: Ja, das wäre die Aufgabe: den Strafvollzug so zu gestalten, daß er nicht nur eine Endstation ist, daß er nicht nur zum Ersatz für die alte Prügelstrafe wird, daß er nicht nur die Leute ausgliedert, sondern daß das Gefängnis bzw. der Strafvollzug eine Durchgangsphase ist, von der aus dann die Wiedereingliederung stattfindet. Als Bild könnte man sagen: Der soziale Organismus, welcher die Rechtswerte in einer Art Einatmungsvorgang aufgenommen hat, sollte nun auch mit dem Ausatmen verwandelter Rechtswerte eine Nierenfunktion innehaben: Im Strafverfahren sollten u.a. durch den sozialtherapeutisch gestalteten Strafvollzug schädliche Bestandteile des sozialen Organismus ausgeschieden und wertvolle, nützliche Prozesse freigesetzt werden, mit deren Hilfe dann neues aufgebaut werden könnte.

Mit dieser Wiedereingliederung tut sich die Gesellschaft schwer, weil ein Prinzip dieser Gesellschaft die Ausgrenzung ist, die Abschottung gegen andere. Man denke nur an die Kleinfamilie im Reihenhäuschen mit dem Gartenzaun drumrum. Da paßt nur diese kleine Familie rein und sonst niemand. Alles, was problematisch ist - Alte, Psychotiker, Kranke, Knackis -, wird ausgeschlossen. Dadurch erkaltet und verhärtet sich die Gesellschaft immer mehr; ja, mehr noch: es wird so im Grunde permanent versucht, eine illusionäre Wirklichkeit herzustellen und aufrechtzuerhalten, in welcher es nur Schönes, Gesundes, Unproblematisches und Erwünschtes geben soll. Dazu passen dann auch hervorragend die gängigen hochtechnisierten Pseudoerlebnisformen, wie synthetische Musik, Video, Fernsehen usw.

Zwar wird heutzutage der ausgegliederte Mensch nicht mehr physisch vernichtet oder zum Freiwild erklärt. Man gibt ihm zu verstehen, daß er auch ein Mensch sei, indem man ihm sagt: "Wir achten Dich, Du bekommst einen Verteidiger, Du hast Rechte" - aber letztendlich weiß man nicht so recht etwas mit ihm anzufangen. Man sperrt ihn ein. Und wenn er eine Zeitlang im Gefängnis gesessen hat, dann kommt er eben wieder raus. - Es wird noch einige Zeit dauern, bis wir soweit sind, daß der Gedanke, den Strafvollzug als Einrichtung zur Umgestaltung und Neuordnung von Biographien zu begreifen, in der gesellschaftlichen Realität Fuß gefaßt hat. Besonders die Übergänge vom Gefängnis in das soziale Leben draußen müssen viel stärker gefördert werden, und zwar so, daß die Strukturen derart gestaltet werden, daß eine *individuelle* Behandlung eines jeden Menschen, also des Einzelfalles, im Sinne einer Erübung von Freiheit - zum Beispiel durch den Umgang mit Geld -, Erübung von menschlichen Beziehungen - zum Beispiel Konfliktlösung im privaten und beruflichen Feld - gewährleistet ist.

M.B.: Sie haben das Stichwort "Freiheit" genannt. Ein Inhaftierter ist jemand, dem die Freiheit entzogen wurde, eventuell weil er sich durch Gesetzesübertretung zuviel Freiheit herausgenommen hat. Kann man jemandem den besseren Umgang mit Freiheit durch Entzug von Freiheit beibringen?

K.-H. Denzlinger: Das erste Ziel des Strafvollzugs ist Repression des sozial Untragbaren und Abschreckung der Labilen, also - leider - *nicht* die Erziehung des Täters! Insofern stellt sich diese Frage so nicht! Ich würde eher sagen, daß die Strafvollzugsgesetzgebung und das Strafrecht durch die Möglichkeiten der Vollzugslockerungen versuchen, dieser Aufgabe, Freiheit zu üben, schon während des Gefängnisaufenthaltes vorzuarbeiten. Man kann zum Beispiel ab einer gewissen Zeit der Strafverbüßung draußen einen Urlaub bekommen, ferner kann die Strafe zu einem Drittel oder zur Hälfte zur Bewährung ausgesetzt werden, oder es gibt halboffene bzw. offene Vollzugsregelungen, innerhalb derer der Inhaftierte draußen arbeiten kann, um abends in den Knast zurückzukommen. Früher hat man nach der Strafverbüßung einfach die Gefangenen nach dem Motto entlassen: "Seht zu, wie Ihr zurechtkommt!" Jetzt läßt man sie mit einer Zweidrittel-Strafverbüßung nach dem Motto heraus: "Seht zu, daß Ihr Euch bewährt!" - Der Staat ist quasi noch in der Verantwortung; man darf auch die Verantwortung des Staates gegenüber den potentiellen Opfern nicht vergessen.

Auflösung des kriminellen Syndroms durch materielle, seelische und geistige Hilfen

M.B.: Sie sprechen viel von diesen Übergängen vom Vollzug ins soziale Leben. Dabei soll während dieses Prozesses die "Auflösung des kriminellen Syndroms" vonstatten gehen. Können Sie definieren, was mit dem kriminellen Syndrom gemeint ist und wie diese Auflösung desselben aussieht?

K.-H. Denzlinger: Das kriminelle Syndrom meint eine Vielfalt von Verhaltensstörungen, die zusammengenommen das kriminelle Verhalten ergeben, zum Beispiel: Jemand ist nicht in der Lage, befriedigende soziale Beziehungen einzugehen und sein Leben selbstverantwortlich zu gestalten. Er kann daher nicht ohne gravierende Verletzungen dieser elementaren Verhaltensvorschriften, wie sie nun mal im Strafrecht zusammengefaßt sind, auskommen. Dieses Syndrom muß in seiner individuellen Ausprägung erkannt und wahrgenommen werden, und die Defizite, die der einzelne hat, müssen schrittweise aufgearbeitet werden. Am wichtigsten ist es dabei, das soziale Umfeld herzustellen, indem vor allem menschliche Beziehungen aufgebaut werden. Der Betreuer kann sich dafür zur Verfügung stellen, so daß eine soziale Beziehung möglich wird. Die Auflösung dieses Syndroms geht dann auf drei Ebenen vor sich: der physischen, der seelischen und auf der geistigen Ebene.

Die Hilfe der Carl-Theodor-Welcker-Stiftung, die ich vor einigen Jahren gegründet habe, erstreckt sich also:

1. auf den Bereich der objektiven Bedürfnisse der Inhaftierten als Mitglieder der Gesellschaft, d.h. Wohnung, Sozialleistungen zur Deckung des Mindestlebensbedarfs, Umschuldung, Führerschein, Ausbildung, Beruf, Weiterbildung;
2. auf den Bereich der seelischen Bedürfnisse: Zuwendung, Freundschaft, Beziehungen, Freizeitverhalten, Kontakte, Erlebnisse, seelische Defizite, Therapie;
3. auf den Bereich der Gesinnung: zumindest die Erkenntnis, daß kriminelle Verhaltensorientierung falsch war und ist, Bereitschaft zur Zusammenarbeit, zur Selbsterziehung etc., idealerweise Zuwendung zu einer freigewählten, geistig motivierenden Weltanschauung, Religionsgemeinschaft etc.

M.B.: Wie sieht das konkret aus? Wie wird nun der Erstkontakt zu den inhaftierten Menschen angebahnt? Gehen Sie in den Knast und fragen, wer demnächst entlassen wird?

K.-H. Denzlinger: Wir haben eine Gesprächsgruppe über philosophische Themen im hiesigen Gefängnis, und sind bei den Sozialarbeitern, die sich um die Entlassungsvorbereitung der Inhaftierten kümmern, bekannt. Diese vermitteln dann den Kontakt. Wir kommen im weiteren zu einem Gespräch mit den Inhaftierten in den Knast, bei dem wir versuchen herauszufinden, wie wir miteinander zusammenarbeiten können. Diese Besuche werden dann wiederholt.

M.B.: Was bieten Sie nun so einem Menschen an?

K.-H. Denzlinger: Oft hat der Inhaftierte selbst das Anliegen, einen Betreuer zu finden. Es werden Fragen besprochen, wie zum Beispiel der Zeitpunkt der Entlassung, welche konkreten Probleme und Perspektiven er hat, oder ob er zum Beispiel Aussicht auf Aussetzung der Strafe nach zwei Dritteln der Haftzeit hat. Dafür sind einige Voraussetzungen nötig. Zusätzlich zu einer guten Führung muß er einige Tage Urlaub beantragen, um zu beweisen, daß er wiederkommt, daß er gewillt ist, Gesetze und Gebote zu respektieren und einzuhalten. Voraussetzung für die Gewährung eines Urlaubs von der Haft ist es, daß er eine Adresse hat oder einen Menschen, zu dem er gehen kann. Allerdings ist das oft nicht der Fall, und wir stellen dann unsere Wohngruppen zur Verfügung. Es gibt weitere Fragen zu klären: wovon er leben will, ob er einen Beruf hat und er eine Ausbildung braucht, wie es seiner Familie geht usw. Eine Frage ist auch, wie man sich in der Anstalt vernünftig verhält und welche Angebote der Anstalt sinnvoll sind.

M.B.: Was muß vor der Entlassung eines Inhaftierten alles geregelt werden?

K.-H. Denzlinger: Entweder weiß er, an wen er sich nach der Entlassung wenden kann, d.h. er hat noch soziale Bindungen. Dann kann man ihn vielleicht dort belassen und betreuen. Oder er sagt, er habe niemand, er wisse nicht wohin, oder er wolle nicht zurück in das Milieu, weil dort die Gefahr des Rückfalls sehr groß sei. Wir bieten ihm dann ein Zimmer an, was ausgesprochen wichtig ist. Denn da kann er dann wohnen und sich polizeilich anmelden. Diese polizeiliche Anmeldung ist die Voraussetzung dafür, daß er

Sozialhilfe, Wohngeld, Eingliederungshilfe usw. bekommt, also Voraussetzung für die Schaffung der allerelementarsten Grundlagen für seine physische Existenz. Häufig müssen auch Papiere, zum Beispiel der Personalausweis, neu beantragt werden.

Allein dieses - auf ein Amt zu gehen, Anträge auszufüllen und die Fragen eines Beamten zu beantworten - ist für viele Menschen ein Problem. Sie wissen gar nicht, wie sie vernünftig, zielstrebig und selbstbewußt mit einer Behörde umgehen können. Viele sind mit diesen Anträgen, mit dem ganzen Papier- und Paragraphenkrieg überfordert und schmeißen alles in den Papierkorb. Das üben wir, indem wir gemeinsam das Ausfüllen der Papiere angehen und sie auch mit auf die Ämter nehmen.

Die Wohngruppe als Grundlage

M.B.: Der Ausgangspunkt der Arbeit der Welcker-Stiftung ist also die Wohnmöglichkeit, die Wohngruppe. Wie viele Wohngruppen haben Sie?

K.-H. Denzlinger: Fünf Wohngruppen sind es im Augenblick, eine weitere ist im Aufbau. Insgesamt haben wir 17 Plätze.

M.B.: Die Zimmer werden einzeln vermietet?

K.-H. Denzlinger: Ja, ich trete nicht an die Leute mit dem Anspruch heran, daß sie sich in eine Gemeinschaft einfügen müssen. Denn das ist ein ganz hohes Ideal, und Menschen mit krimineller Vergangenheit sind oft solche, die die Verwirklichung solcher Ideale nur schwer beherrschen. Ich überlasse das Herausbilden von sozialen Beziehungen sowie die Form des Zusammenlebens denjenigen, die in diesen Zimmern wohnen. Sicherlich versuchen wir zu ordnen, zu vermitteln und eine Richtung anzugeben, aber wir erzwingen nichts. Am Anfang hatten wir regelmäßige Wohngruppenversammlungen und -konferenzen, zum Beispiel einmal im Monat das Gespräch im Plenum. Alle Wohngruppenmitglieder und -mitarbeiter kamen damals zusammen, zum Beispiel zu einer Adventsfeier, zu einem Vortrag o.ä.; und dort wurden dann auch Probleme besprochen, die in den Wohngruppen vorhanden waren. Aber es war zu schwierig, diese Probleme so zu differenzieren, daß Organisatorisches und Therapeutisches auseinandergehalten würde. Es trat auch die Schwierigkeit auf, daß einige Probleme nur eine bestimmte Wohngruppe betrafen, nicht aber die anderen.

Zur Zeit ist es so, daß Gespräche über das Leben und die Probleme in der Wohngruppe dort stattfinden, wo sie aus einem natürlichen konkreten Zusammenhang heraus entstehen. Beispielsweise sitzt man beim Abendessen zusammen, ein Betreuer kommt hinzu, es entstehen Fragen - und schon ist man mitten im Gespräch! Aber es ist aus der Mitte der Menschen heraus entstanden, nicht aufgesetzt und zu einem festgesetzten Termin vereinbart. Das funktioniert nicht und ist auch nicht lebensnah. Sicherlich müssen viele praktische Dinge geregelt werden, zum Beispiel wer das Bad wann und wie saubermacht. Aber entsprechende Regelungen schematisch in einer Art Hausordnung festlegen zu wollen, geht oft an der Wirklichkeit vorbei - allein schon deshalb, weil viele Wohngruppenbewohner aus ihrer Knasterfahrung heraus regelrecht allergisch auf solcherlei feste

Ordnungen und Reglements reagieren. Für die Mitarbeiter der Stiftung wären entsprechende Reglements freilich vordergründig zunächst einmal eine bequeme Erleichterung. Alles wäre geregelt und man müßte nicht immer wieder erneut darüber diskutieren - aber letztlich ist es gar keine Erleichterung, weil es nämlich nicht funktioniert und alle Punkte ohnehin immer wieder neu besprochen und festgelegt werden müssen. Wir hätten dann auch nichts anderes als die oben erwähnte dualistische Struktur. Wir wollen aber eine lebendige, auf wechselseitigem Kennen und Zusammenleben gegründete Struktur, für die das Vorbild die Familie ist.

M.B.: Die Mitarbeiter wohnen nicht mit in diesen Wohngruppen?

K.-H. Denzlinger: Wir haben es einmal versucht, daß Sozialarbeiter mit in der Wohngruppe wohnten, aber wir haben davon vorübergehend wieder Abstand genommen. Es zeigte sich nämlich die Gefahr, daß die eigenen seelischen Bedürfnisse einiger Mitarbeiter zu stark in die Arbeit hineinwirkten, und dadurch wurde Chaos produziert.

M.B.: An welche seelischen Bedürfnisse seitens der Mitarbeiter denken Sie dabei?

K.-H. Denzlinger: Zuwendung, Bewundertwerden, Abhängigmachen von einem selbst; solche Bedürfnisse dürfen kein Gewicht bekommen. Auch hier muß man experimentieren und die richtigen Methoden finden. Grundsätzlich kann man sagen: ob ein Sozialarbeiter mit Klienten zusammenwohnen kann, was ein Ideal darstellt, hängt von seinen eigenen subjektiven und objektiven Voraussetzungen ab.

Er klaut, darf aber bleiben

M.B.: Welche Rahmenregelungen gibt es nun in den Wohngruppen?

K.-H. Denzlinger: Wir haben ein Papier, welches wir unterschreiben lassen. Dort sind bestimmte Dinge festgelegt: kein Drogenkonsum, Verpflichtung zur Rücksichtnahme, pfleglicher Umgang mit dem Mobiliar, es dürfen keine kriminellen Handlungen begangen werden, kein Diebesgut in der Wohnung aufbewahrt werden, Verzicht auf Gewalttätigkeiten, die Ruhezeiten müssen eingehalten werden, nach 22.00 Uhr sind Radios und Fernseher auf Zimmerlautstärke zu stellen, die Räume müssen saubergehalten werden usw.

M.B.: Was passiert nun, wenn einer diese Rahmenregelung verletzt, wenn einer das Zimmer mit silbernen Leuchtern und Ikonen vollstellt, die er irgendwo organisiert hat?

K.-H. Denzlinger: Wir haben gerade so einen Fall. Einer unserer Bewohner klaut unter Alkoholeinfluß. Er war drei Jahre im Gefängnis und zwei Jahre in einer Trinkerheilanstalt untergebracht. Aber er hat auch eine gute Eigenschaft: er hält sein Arbeitsverhältnis ganz korrekt ein; wenn er allerdings gesoffen hat, dann stiehlt er. Es hat sich erst vor kurzem herausgestellt, daß er dieses Zeugs in die Wohnung bringt. Für uns stellt sich natürlich die Frage: Wie sollen wir nun damit umgehen? Ich werde morgen mit dem Psychologen und dem anderen Mitarbeiter in die Wohnung gehen, um das Zeugs zu begutachten und festzustellen, woher es kommt. Selbstverständlich werden wir es zurückbringen!

M.B.: Und er darf bleiben?

K.-H. Denzlinger: In diesem Fall ja, weil das Klauen unter Alkohol als eine Art krankheitsbedingter Zustand angesehen werden muß. Normalerweise würde man ihn zur psychiatrischen Behandlung ins LKH einweisen, weil er sich gar nicht beherrschen kann. Er hat nun aber diese Krise, und wir versuchen, sie mit ihm gemeinsam durchzustehen. Es ist die Frage, ob es uns gelingt, ihn soweit zu bringen, daß er nicht mehr klaut, denn er hat bereits - vielleicht durch den Alkohol - einen hirnorganischen Schaden. Wir befürchten allerdings, daß es bei diesem Jungen, der eigentlich gar keine schlechten Anlagen hat, vielleicht nicht mehr gelingen wird. Was dann mit so einem Menschen geschehen kann, das weiß ich auch noch nicht.

Mit Alkoholikern habe ich aber schon erstaunliche Entwicklungen erlebt, und zwar bei Leuten, an denen man schon fast verzweifelt war. Es sind häufig intelligente Menschen. Ich habe oft erlebt, daß es eines Tages auch ohne Alkohol geht, und deswegen mag ich nicht gleich die Hoffnung aufgeben.

Wie Sie also sehen, wenn einer gegen die Regeln verstößt, gibt es bei uns kein abstraktes Konzept. Unser methodischer Ausgangspunkt, der aus der Anthroposophie stammt, ist, daß wir die Individualität unserer Klienten ansehen und versuchen, das Besondere des Falles wahrzunehmen und die maßgebliche individuelle Konstellation zu berücksichtigen.

M.B.: Bei dem einen kann es also sein, daß er rausgeschmissen wird, wenn er klaut, bei dem anderen aber nicht?

K.-H. Denzlinger: Im großen und ganzen ja! In dem einen Fall probieren wir es noch einmal, bei einem anderen werden wir sagen: Wir beantragen, daß du wieder in den Knast kommst! So einen Fall habe ich auch schon gehabt: der hat mir einen Zimmerbrand gemacht, aber das haben wir sogar noch durchgetragen ...

M.B.: ... einen richtigen Brand?

K.-H. Denzlinger: Ja, da waren noch besondere Umstände dabei, aber dann kamen noch Drogen hinzu und schließlich Diebstahl. Deswegen habe ich ihn wieder in den Knast zurückgebracht. Das halte ich auch für richtig, denn wenn einer sich überhaupt nicht bewährt, dann muß er noch einmal eine Zeit der Besinnung durchleben. Wir besuchen ihn natürlich wieder, führen Gespräche und probieren es vielleicht noch einmal mit ihm.

Oder ein anderer Fall, dem ich folgendes gesagt habe: "Du mußt jetzt in stationäre Drogentherapie. Wir betreuen Dich weiter, aber ohne die Therapie läuft nichts. Wenn Du das nicht willst, dann wollen wir nicht mehr mit Dir zusammenarbeiten."

Statt nach Freiburg fuhr er nach Kalkutta

M.B.: Wie sieht es nun mit dem Angebot der Welcker-Stiftung auf seelischem Gebiet aus? In welcher seelischen Situation sind Inhaftierte im Knast und in der Zeit danach?

K.-H. Denzlinger: Es ist natürlich immer individuell verschieden, das muß man bei allen Aussagen im Bewußtsein haben. Die Entlassung bewegt jeden im Knast ungeheuer:

Wann komme ich raus? Wie wird das sein'? Was wird auf mich zukommen, wenn ich rauskomme? In diesem Zusammenhang treten meistens starke Streßphänomene auf. Einer hat als erstes nach der Entlassung vor lauter Aufregung sein Gebiß verloren, so daß wir ihm erst einmal ein neues Gebiß besorgen mußten.

Oder es kommt zu Kurzschlußhandlungen nach der Entlassung. So war es zum Beispiel bei einem Klienten: Wir hatten alles für die Entlassung vorbereitet, ein Zimmer war vorhanden, der Arbeitsplatz war besorgt, alles war in Ordnung. Ich hatte ihm aber gesagt, daß ich ihn nicht abholen werde und er seinen Weg selber finden solle. Seitdem habe ich nichts mehr von ihm gehört, bis ich sechs Wochen später erfuhr, daß er eine Weltreise machte! Er ist nach Indien gefahren, hat in Kalkutta als Fremdenführer gearbeitet und nach 1.1/2 Jahren habe ich aus einer türkischen Hafenstadt einen Anruf bekommen, ob ich ihm 500 Mark schicken könne. Ich sagte: "Nein, ich schicke Dir keine 500 Mark, aber Du kannst dem Konsulat sagen, daß wir Dir eine Fahrkarte nach Freiburg bezahlen." Das ist ein Beispiel dafür, wie jemand es braucht, in die Welt hinauszufahren, um sich erst einmal umzusehen. Das war ganz wichtig für ihn.

M.B.: Sie haben ihn also wieder aufgenommen?

K.-H. Denzlinger: Ja, obwohl wir wieder bei Null anfangen mußten: Führerschein, Arbeitsplatz usw. Heute hat er eine feste Arbeit und hat eine Familie gegründet.

M.B.: Es ist wohl so, daß vor allem die menschlichen und sozialen Beziehungen durch den Knastaufenthalt zerstört werden und daß der Entlassene oft vor einem Nichts in bezug auf etwaige Beziehungen steht?

K.-H. Denzlinger: Ja, die Einsamkeit und die soziale Isolierung sind sehr groß. Wenn man einen Strafentlassenen sich selbst überläßt, gerät er oft ganz schnell wieder ins alte Milieu, in nicht tragfähige soziale Beziehungen. Es gibt natürlich starke Persönlichkeiten, die nach der Entlassung die Ärmel hochkrempeln können. Ich kenne zum Beispiel jemanden, der sich sofort für 8,50 DM Brutto-Stundenlohn eine Arbeit beschaffen konnte, für seinen Vater und Bruder den Haushalt geführt hat, und dann in der Schweiz eine Arbeit als Kellner bekommen hat, obwohl er ein Rückenleiden hatte. Inzwischen ist er stellvertretender Direktor eines Hotels - und das Ganze hat er in einem dreiviertel Jahr geschafft! Die Betreuung von ihm sah so aus, daß wir Briefe geschrieben haben, ab und zu fanden Gespräche statt. Für ihn hat es gereicht, daß er einen entsprechenden Rückhalt hatte.

Es gibt auch Fälle von Heroinabhängigen, die ganz aus eigener Kraft vom Heroin losgekommen sind. Aber das sind eher Ausnahmen. Die Regel ist, daß jeder Unterstützung, Ansprache und Zuspruch, Ratschläge und intensive Begleitung braucht. Einsamkeit ist häufig das Los dieser Menschen, weil von ihrem bisherigen Lebenskreis nichts Unterstützendes und Hilfreiches ausgegangen ist. Sie waren immer allein auf sich gestellt.

M.B.: Welche Rolle spielt die künstlerische Therapie innerhalb dieser seelischen Hilfestellungen?

K.-H. Denzlinger: Die künstlerische Therapie spielt eine besondere Rolle. Ich würde gerne viel mehr davon haben, besonders im Knast. Denn dort ist es leichter und wirkt intensiver, weil die Klienten nach der Entlassung viel zu stark von dem absorbiert werden, was auf sie einströmt. Insofern hat die stationäre Situation im Knast durchaus Potentiale, die man nutzen könnte, um neue Entwicklungen und Selbstfindungsvorgänge mit neuen Perspektiven zu eröffnen.

Die Pflege von entstandenen menschlichen Beziehungen nach der Entlassung, vor allem die Beziehungen zum anderen Geschlecht, ist ein sehr wichtiger Bestandteil der seelischen Betreuung. Es gibt eben den Typ, der eher eigenbrödlerisch und sehr viel alleine ist, und auf der anderen Seite denjenigen, der viele flüchtige oder wechselnde Beziehungen eingeht. Wenn aber jemand eine wirkliche Beziehung aufnimmt, dann ist diese meistens von Dauer.

"Das Böse ist ein versetztes Gutes"

M.B.: Kommen wir zu der Ebene der "Gesinnung", also zu der geistigen Ebene innerhalb der Betreuung: Versuchen Sie dem Inhaftierten die Verwerflichkeit seiner Tat bewußt zu machen?

K.-H. Denzlinger: Das brauchen wir gar nicht. Im allgemeinen wissen sie das ganz genau, auch wenn sie sich natürlich mancherlei Selbsttäuschungen hingeben und sich selbst sowie anderen gegenüber nicht zugeben, daß sie sich falsch verhalten haben. Diese Erkenntnis, dieses Zu-sich-zu-Stehen und zu sagen: Jawohl, das war falsch, was ich getan habe - das muß man langsam entwickeln.

M.B.: Wie machen Sie das?

K.-H. Denzlinger: Vor allem dadurch, daß wir Alternativen zu der bisherigen kriminellen Lebensweise aufzeigen, die für ihn real erreichbar sind! Wir stärken das Selbstbewußtsein in dem Sinne, daß es für ihn noch etwas besseres gibt, daß er zu etwas besserem in der Lage ist.

M.B.: Fast jedes Kind kennt den Begriff "böse". Es wird selbst als böse bezeichnet, wenn es etwas Unerlaubtes getan hat. Sind Verbrecher böse Menschen? Rudolf Steiner sagt über das Böse:

"Denn würden die Kräfte, die in Dieben, Räubern, Mördern leben, nicht hier in der Sinneswelt ausgelebt, sondern würde der Mensch dasjenige, was er in der Sinneswelt unrechtmäßigerweise auslebt, metamorphosiert, umgewandelt auf dem höheren Plane ausleben, so wäre es da voll berechtigt. Dahin gehört es. Das Böse ist ein versetztes Gutes. Nur dadurch, daß die ahrimanischen Kräfte das, was in eine ganz andere Welt gehört, in unsere Welt hereindrücken, entsteht die Artung des Bösen." (Rudolf Steiner: Die soziale Frage als Bewußtseinsfrage. GA 189/02.03.1919/S.104). Was meinen Sie dazu?

K.-H. Denzlinger: Auf jeden Fall gibt es immer Kräfte, die sich auf eine falsche Weise ausleben und auswirken. Man muß sicherlich erreichen, daß diese Kräfte - also die ursprünglich guten, jetzt bösen Kräfte - in eine vernünftige Form durch eine sinnvolle Betätigung umgewandelt werden. - Daß tiefe spirituelle Hintergründe vorhanden sind, kann einem schon in der Arbeit mit den Klienten deutlich werden: Man hat den Eindruck, daß sich nicht das Ich inkarniert, sondern daß sich stattdessen in den Hüllen - welche sonst vom Ich durchdrungen wären - andere parasitäre, ichfremde Kräfte breitgemacht haben.

M.B.: Versuchen Sie, derartige spirituelle Zusammenhänge den Klienten klarzumachen?

K.-H. Denzlinger: Nein, im allgemeinen bin ich da sehr vorsichtig. In der Strafanstalt arbeite ich allerdings in einer Gesprächsgruppe mit Menschen, die sich für Philosophie und Erkenntnistheorie interessieren, auch mit anthroposophischen Texten. Das sind aber nur sehr wenige. Nach der Entlassung lege ich mehr Wert auf die sozialtherapeutische Gestaltung der menschlichen Beziehungen und des Gesamtmilieus. Für mich als Betreuer dieser Menschen ist allerdings dieses Hintergrundwissen sehr sinnvoll. Es verobjektiviert vieles, wenn man weiß, woher die Schwächen kommen und daß diese durch die Ich-Stärkung zurückgedrängt und in geduldiger, jahrelanger Arbeit überwunden werden können.

Sind alle Menschen potentielle Verbrecher? –
Zu einer Phänomenologie des Bösen

M.B.: Rudolf Steiner sagt weiter über das Böse im Menschen:

"Wenn man das Böse im Menschen suchen will, so muß man es suchen nicht in den bösen Handlungen, die innerhalb der menschlichen Gesellschaft vollzogen werden, sondern man muß es suchen in den bösen Neigungen, in den Neigungen zum Bösen. Man muß zunächst ganz abstrahieren, ganz absehen von den Folgen dieser Neigungen, die bei dem einen Menschen mehr oder weniger eintreten, man muß den Blick hinrichten auf die bösen Neigungen. Und dann kann man fragen: Bei welchen Menschen wirken die bösen Neigungen innerhalb der fünften nachatlantischen Periode, in der wir drinnenstehen, jene Neigungen, die, wenn sie in ihrer Nebenwirkung zum Ausdrucke kommen, eben in den bösen Handlungen so anschaulich sich darleben, bei welchen Menschen wirken die bösen Neigungen? (...)

Und die Antwort lautet: Bei allen Menschen liegen im Unterbewußtsein seit dem Beginne der fünften nachatlantischen Periode die bösen Neigungen, die Neigungen zum Bösen. - Ja, gerade darinnen besteht das Eintreten des Menschen in die fünfte nachatlantische Periode, in die neuzeitliche Kulturperiode, daß er in sich aufnimmt die Neigung zum Bösen. Radikal, aber sehr richtig gesprochen kann folgendes zum Ausdrucke gebracht werden: Derjenige, der die Schwelle zur geistigen Welt überschreitet, der macht die folgende Erfahrung: Es gibt kein Verbrechen in der Welt, zu dem nicht jeder Mensch in seinem Unterbewußtsein, insofern er ein Angehöriger der fünften nachatlantischen Periode ist, die Neigung hat. Die Neigung hat; ob in dem einen oder in dem anderen Fall die Neigung zum Bösen äußerlich zu einer bösen Handlung führt, das hängt von ganz anderen Verhältnissen ab als von dieser Neigung." (Rudolf Steiner: Geschichtliche Symptomatologie. GA 185/26.10.1918/S.110)

Demnach sind alle Menschen potentielle Verbrecher?

K.-H. Denzlinger: Ich glaube es in dieser Schärfe nicht. Es ist ja so, daß sich das Böse in der kriminellen Straftat augenscheinlich manifestiert. Darin wird es deutlich wahrnehmbar und greifbar. Deswegen ist es vielleicht an dieser Stelle gar nicht so besonders gefährlich, wie es dagegen in vielen anderen Bereichen der Fall ist, nämlich in Denkgewohnheiten, Verhaltens- und Sozialstrukturen, überholten Rechtsformen - die sich unmerklich, aber ungeheuer wirkungsvoll manifestieren -, die einen eindeutigen kriminogenen Charakter haben! Denn es ist ebenfalls eine Form, die selbstbestimmte Moralität zu verfehlen, sich an psychosoziale Prozesse anzupassen, die diesen kriminogenen Charakter haben. Denn dort herrscht das Böse unmerklich, aber nicht minder wirksam. Man braucht nur die Umweltzerstörungen und die Kriege anzuschauen. Die Grundlage dafür ist das verhüllte Böse.

M.B.: Aber was ist nun das Böse? Wie definieren Sie es?

K.-H. Denzlinger: Ich definiere das Böse lieber vom Guten aus: Das Gute ist das, was den Menschen in seiner Identität und Selbstbestimmung stärkt, und zwar in seiner Selbstgestaltung seines Lebens durch das Ich, durch den Geist des Menschen und durch Erkenntnis. Das Böse ist demnach alles, was dies verhindert, was den Menschen verfremdet, steuert und beherrscht. Die Frage nach dem Bösen ist ein weites Feld, und die Entwicklung einer Phänomenologie des Bösen - oder besser Dämonologie - ist nicht weit gediehen. Daher möchte ich mich mit Aussagen auch noch eine Weile zurückhalten.

Die Kriminologie hat nur im Groben die Phänomenologie des Bösen entwickelt. Es gibt das Phänomen der gelernten Kriminalität, die vom Bewußtsein gesteuert wird, die zielstrebig und egoistisch vorgeht, die mit der Lüge, mit Betrug, Gewalt und Macht operiert. Auf der anderen Seite steht das Phänomen der Ich-Schwäche: Die kriminelle Handlung wird begangen, weil der Mensch labil ist oder nicht nein sagen kann. Er kann der Versuchung nicht standhalten, er ist beeinflußbar und hängt sich an Stärkere an. Er *will* eigentlich gar nicht kriminelle Handlungen begehen, aber irgendetwas in ihm treibt ihn trotzdem dazu. Sein Ich ist also nicht Herr im Hause.

Die Gesetzmäßigkeiten der Reinkarnation, wie sie Rudolf Steiner beschrieben hat, können dabei wichtige Hilfestellung zum Verständnis des Bösen im Menschen leisten: Bestimmte geistige Schwächen tendieren dazu, sich in einer weiteren Inkarnation im Seelischen zu manifestieren oder bis in die Leiblichkeit hineinzugehen, zum Beispiel als Psychopathie oder Psychotik. Rudolf Steiner nennt es "Offenbarungen des Karma". Konkret: Wenn sich ein Mensch in diesem Leben zum Beispiel lieblos und desinteressiert gegenüber seiner Umwelt verhalten hat, er sich also mit nichts und niemanden verbunden hat und keine Ideale entwickelt hat, dann kann er in der nächsten Inkarnation eine Betrügermentalität entwickeln. Er wird dann von etwas anderem eingefangen und beherrscht, er kann davon gar nicht mehr los - das kann sich auch bis ins Psychotische steigern -, so daß er wie neben sich steht und verwundert zusieht, was er da alles macht.

M.B.: Rudolf Steiner spricht auch über den Zweck dieser bösen Kräfte:

"Ja, was wollen diese Kräfte, die im Menschen die bösen Neigungen bewirken, was wollen diese Kräfte denn eigentlich im Weltenall, indem sie zunächst in die menschliche Wesenheit hineinträufeln, indem sie in die menschliche Wesenheit hineinfließen? Was wollen diese Kräfte? - Sie sind wahrhaftig im Weltenall nicht dazu da, um böse Handlungen in der menschlichen Gesellschaft herbeizuführen. (...) Sie sind, ebensowenig wie die Kräfte des Todes dazu da sind, den Menschen nur sterbend zu machen, im Weltenall nicht vorhanden, diese Kräfte des Bösen, um den Menschen zu verbrecherischen Handlungen zu führen, sondern sie sind im Weltenall dazu vorhanden, um, wenn der Mensch aufgerufen ist zur Bewußtseinsseele, in ihm die Neigung hervorzurufen, das geistige Leben so zu empfangen, wie wir es gestern zum Beispiel und schon das vorige Mal charakterisiert haben.

Im Weltenall walten diese Kräfte des Bösen. Der Mensch muß sie aufnehmen. Indem er sie aufnimmt, pflanzt er in sich den Keim, das spirituelle Leben überhaupt mit der Bewußtseinsseele zu erleben. Sie sind also wahrhaftig nicht da, diese Kräfte, die durch die menschliche soziale Ordnung verkehrt werden, sie sind wahrhaftig nicht da, um böse Handlungen hervorzurufen, sondern sie sind gerade dazu da, damit der Mensch auf der Stufe der Bewußtseinsseele zum geistigen Leben durchbrechen kann." (Rudolf Steiner: Geschichtliche Symptomatologie. GA 185/26.10.1918/S.111)

Merken Sie davon etwas in Ihrer Arbeit?

Aufwachen durch die Auseinandersetzung mit dem Bösen

K.-H. Denzlinger: Ja, die Bewußtseinsseele hat tatsächlich eine Beziehung zum Bösen. Man merkt das zum Beispiel an der Massenkriminalität. Der Mensch im Bewußtseinsseelenzeitalter muß sich verstärkt mit dem Bösen bis in die Materie hinein auseinandersetzen. Er muß das Geistige in sich finden, d.h. den geistigen Weg in sich entdecken und bewußt an das Geistige anknüpfen. Zwar gilt das für jeden Menschen, aber im besonderen Maße für den kriminell gewordenen Menschen, damit er sich nicht mit seinem Ich an die Materie, an das Materielle verliert. In der Auseinandersetzung mit dem Bösen kann der Mensch aufwachen!

M.B.: Kann man dann sagen, daß diejenigen Menschen, die durch die Kriminalität böse Neigungen zu bösen Handlungen haben werden lassen, eine besonders große Chance haben, am Bösen aufzuwachen und einen geistigen Weg zu finden?

K.-H. Denzlinger: Das möchte ich denen gerne wünschen! Aber es ist leider nicht so einfach. Sicherlich verdienen die Menschen, die kriminelle Handlungen begangen haben, unser vorwiegendes Interesse, weil sie in besonders drastischer Weise dem Konflikt in der Auseinandersetzung mit dem Bösen ausgesetzt sind. Es ist schon viel, sehr viel erreicht, wenn einer anfängt, sich aus dem Sumpf herauszuarbeiten und Schritte zu machen, die ihn in seiner besonderen Qualität als Mensch weiterbringen.

M.B.: Kriminell gewordene Menschen haben erfahrungsgemäß oft ein großes Potential an krimineller Energie, ausgedrückt in bestimmten Fähigkeiten, wie Konzentration, Geschicklichkeit, Ausdauer, Beharrlichkeit, Geistesgegenwart und Phantasie. Diese speziellen Fähigkeiten werden nun aber am falschen Ort, zur falschen Zeit, am falschen Objekt eingesetzt. Kann man diese Energie in irgendeiner Weise positiv umpolen?

K.-H. Denzlinger: Man müßte mit diesen Kräften vernünftig umgehen können. Es ist eine Frage der geistigen Orientierung.

M.B.: Ganz konkret: Ich weiß, daß jemand die außergewöhnliche Fähigkeit hat, innerhalb von fünf Minuten ein Auto aufknacken und kurzschließen zu können ...

K.-H. Denzlinger: ... ja, er ist der geborene Automechaniker!

M.B.: Oder sehr gut geeignet für den Schlüsseldienst?

K.-H. Denzlinger: Diese Betrachtungsweise ist natürlich nicht ganz tiefschürfend, aber dahinter steckt etwas Wahres: Der Beruf bedeutet tendenziell, daß man die Kräfte, die man besitzt, in einem heilenden, positiven Sinn einsetzt, welche aber genauso woanders verwendet werden können.

Die soziale Struktur ist oft zu krank und zu versteinert, um wirklich die Fähigkeiten, die ein Mensch in sich hat, zur Entfaltung zu bringen. Dafür bräuchte man eigentlich eine ganz neue soziale Struktur. Unwahrscheinliche Überraschungen würde man dann erleben: Was die Menschen alles können, wenn sie nicht in Schematismen und Bürokratismen eingebunden wären, wie zum Beispiel Ausbildungsrichtlinien, formale Qualifikationen und Schulabschlüsse usw.

M.B.: Welche Rolle spielen religiöse Kräfte für die kriminellen Handlungen?

K.-H. Denzlinger: Man könnte es so sagen: Es spielen auch hier Kräfte der Hingabe, des Opfermutes und der Entdeckerfreude hinein. Derjenige, der leicht etwas stiehlt, der befindet sich geistig gesehen noch im Paradies, in der geistigen Welt, in der es keine Abgrenzung zwischen mein und dein gibt. Entweder gehört alles einem selbst oder es gehört allen. Häufig sind dies Kinderkräfte bzw. das Verlangen nach dem Außergewöhnlichen. Die Umwandlung dieser religiösen Kräfte, die durch die Kriminalität mißbräuchlich eingesetzt werden, in positive religiöse Kräfte, ist sehr schwierig. Ich bin da sehr zurückhaltend, auch wenn ich erlebt habe, wie tief beeindruckend es für einen Klienten war, als ich ihn einmal zu einer Sonntagshandlung in die Waldorfschule mitgenommen habe. Er ist über drei Wochen hin völlig verändert gewesen, denn so etwas hatte er noch nicht erlebt. Das Religiöse muß aber aus echten Erlebnissen hervorgehen und darf auf keinen Fall missionarisch werden. Ich habe einmal einen Menschen bei mir gehabt, der zwölf Jahre auf der Straße gelebt hat. Ich sagte ihm, er solle doch zu einem bestimmten Pfarrer gehen, denn der habe entsprechende Einrichtungen für Obdachlose geschaffen. Aber der Mann hat mir geantwortet, daß er dort nicht hingehen werde, weil er da morgens und abends beten müsse! Lieber bleibe er auf der Straße als etwas zu tun, hinter dem er nicht stehen könne. So etwas finde ich eine ganz tolle, grandiose Einstellung.

Vertrauen entsteht aus gemeinsam durchgestandenen Rückschlägen

M.B.: Welche Eigenschaften muß ein Betreuer haben, der bei Ihnen arbeitet?

K.-H. Denzlinger: Man muß bescheiden sein, nichts erwarten, für alles dankbar sein, was sich an Fortschritten zeigt. Für diese sozialpädagogische Aufgabe ist tatsächlich der anthroposophische Schulungsweg, auf dem eine langfristige, heilsame Verwandlung der

Persönlichkeit nötig ist, eine große Hilfe. Diese Tätigkeit mit Straffälligen ist ein exzellentes Feld zum Ausführen und Üben der sogenannten Nebenübungen: Konzentration, Gelassenheit, Positivität des Denkens - es ist zum Beispiel besser, einer spielt Karten, als daß er klaut - und Vorurteilslosigkeit. Im Bereich Positivität des Denkens mache ich es zum Beispiel so: Der Klient macht etwas, was mich streßt und nervt. Ich kann dann nur auf dieses Negative schauen. Aber ich kann eben auch einsehen: Sein Verhalten will mir etwas sagen - vielleicht habe ich etwas übersehen, vielleicht ist das Verhalten ein Signal -, und ich kann versuchen herauszufinden, was das ist, um dann diesem Menschen besser helfen zu können.

M.B.: Wie vollzieht sich der Prozeß der Vertrauensbildung zwischen Klient und Berater? Was tun Sie bei Vertrauensmißbrauch? Wieviel Vertrauen braucht der ehemalige Kriminelle, um wirklich ein Leben ohne Kriminalität führen zu können?

K.-H. Denzlinger: Wenn ich sehe, daß sich der Mensch bewußt und mit kühler Berechnung parasitär mein Vertrauen erwerben will, indem er auch andere in zynischer Weise ausnutzt - das ist oft bei notorischen Betrügern der Fall -, wenn ich gar keine Ansätze bzw. heilsame seelische Kräfte in dem Menschen entdecken kann, dann sind das Fälle, bei denen ich denke, es wäre falsch, Vertrauen zu etablieren. Da sage ich unter Umständen: Nein - der muß wieder hinter Gitter.

Etwas anderes ist es mit Rückschlägen im Verselbständigungsprozeß. Das kommt häufig im Umgang mit Geld zum Tragen und fällt manchem sehr schwer. Zum Beispiel hatte ich einmal mit jemandem ausgemacht, er solle sich mittels eines Darlehens von mir ein Auto kaufen. Statt dessen aber hat er das verpfändete Auto seiner Freundin ausgelöst und sich einen sündhaft teuren Fernsehapparat gekauft! Ein anderer sollte nach Frankfurt fahren, fuhr aber statt dessen in die Türkei! Solche Vorkommnisse betrachte ich oft nicht als Vertrauensbruch, sondern sehe sie im Sinne der Positivität des Denkens und entdecke eben oft, daß das Verhalten des Betreffenden durchaus einen Sinn hatte. Meist steht man gemeinsam die Rückschläge durch. Das schafft außerordentlich viel Vertrauen.

Zukunftsziel:
Strafvollzug als Einrichtung zur Umgestaltung von Biographien

M.B.: Wie kommen Sie als Staatsanwalt dazu, sich um Knackis zu kümmern? Tagsüber verhängen Sie möglicherweise hohe Haftstrafen und abends kümmern Sie sich um diejenigen, die eine - eventuell sogar von Ihnen verhängte - Strafe abgesessen haben. Wie verträgt sich das?

K.-H. Denzlinger: Ich will meinen Beruf als Staatsanwalt richtig ausüben! Ich soll mit Kriminalität umgehen, ich soll Methoden entwickeln, Kriminalität zu handhaben und zu entschärfen. Aus diesem fast sportlichen Interesse an meiner Tätigkeit hat sich das entwickelt. Aus meinen beruflichen Erfahrungen habe ich erkannt, daß eine solche Tätigkeit notwendig ist, weil unser System Lücken aufweist. Als Anthroposoph habe ich auch eine besondere Motivation. Es könnte mir ja sonst egal sein, denn warum sollte ich mich mit den Problemen anderer Leute herumärgern, wenn in 30/40 Jahren mein Leben sowieso zu Ende wäre? Aber als Anthroposoph sieht man es eben anders, weil man die geistige Welt als Realität mit ihren Gesetzmäßigkeiten anerkennt und auch erleben kann.

M.B.: Haben Knackis Vertrauen zu einem Staatsanwalt?

K.-H. Denzlinger: Das ist das Eigenartige! Zu dem haben sie am ehesten Vertrauen! Das kommt daher, weil die Knackis uns Staatsanwälte als diejenigen erleben, die ihnen reinen Wein einschenken. Wir sagen ihnen am ehesten etwas, was sie als Wahrheit empfinden. Nebenbei bemerkt: Einer der größten Fehler unseres Strafprozesses ist es, daß der Angeklagte zu lügen lernt. Er merkt sehr schnell, daß es unvorteilhaft für ihn sein kann, wenn er die Wahrheit sagt. Sternstunden des Strafprozesses sind es daher, wenn es gelingt, daß der Angeklagte wirklich die Wahrheit sagt und deswegen keine Nachteile hat. In einem solchen Fall nimmt man sich gegenseitig als Mensch wahr und kommt aus der Verlogenheit heraus.

Meine Arbeit als Betreuer bereichert auch meine Tätigkeit als Staatsanwalt. Ich bekomme einen tiefen Einblick. Für mich gibt es keinen Widerspruch, und ich betrachte es als zwei Seiten einer Medaille. Das verstehen viele nicht, auch im anthroposophischen Spektrum nicht.

M.B.: Welche Änderungen würden Sie im Strafvollzug durchsetzen wollen, wenn Sie es könnten?

K.-H. Denzlinger: Ich weiß, daß es Vorstellungen gibt, die Bauweise anders zu gestalten, die Ernährung zu verändern, die Art der Betreuung zu verbessern - also Stichwort "anthroposophischer Knast". Man kann gewiß seine Freude an solchen utopischen Vorstellungen haben. Ich habe auch gar nichts dagegen, daß man sich damit beschäftigt und Experimente macht, aber letzten Endes glaube ich, daß man innerhalb des bestehenden Systems bleiben muß und die Ansätze, die vorhanden sind, aufgreifen sollte. Ich sehe das Heil vor allem darin, die Übergänge von der stationären Situation im Knast in die Freiheit sozialpädagogisch in eine neue soziale Struktur zu bringen. Die Rückfallquote würde somit zurückgehen und das Ganze würde auch kostensparend wirken. Einen Großteil der finanziellen Mittel, die gegenwärtig voll in den stationären Vollzug fließen, würde ich in solche Übergangseinrichtungen umleiten. Das würde auf den Knast zurückwirken. Derartige Arbeitsplätze sind auch viel attraktiver als Arbeitsplätze im Knast. Das Klima im stationären Vollzug würde ich - wenn ich es könnte - in Richtung größerer wirklicher Moralität verändern, zum Beispiel durch bessere Ausbildung der Gefängnisbeamten und durch Verbesserung der Arbeitsbedingungen. Auch das Angebot an künstlerischen Tätigkeiten sollte man verstärkt ausbauen.

Vertrauen ist alles!

INTERVIEW MIT RAINER Z., BEWOHNER EINER WOHNGRUPPE DER CARL-THEODOR-WELCKER-STIFTUNG IN FREIBURG

von Marietta Biermann

Rainer Z., 38 Jahre alt, ehemaliger Knacki mit klassischer krimineller Karriere, wird nach seiner Entlassung einer der ersten Bewohner der Wohngruppe, die in dem Haus von Karl-Heinz Denzlinger eingerichtet wurde. Mit ihm macht Rainer Z. bereits im Gerichtssaal Bekanntschaft, als dieser ihm "vier Jahre Gefängnis verpaßt". Wie aus der Schilderung von Rainer Z. hervorgeht, ist dies durchaus kein Hindernis für das Zustandekommen eines tiefgreifenden Vertrauensverhältnisses als moralische Voraussetzung für ein Leben ohne Kriminalität. Die Geschichte zeigt auch, daß es nicht ohne einen Riesenkredit an Vertrauen in Rainer Z. seitens Karl-Heinz Denzlinger möglich war. Das Leben von Rainer Z. erinnert manchmal an eine fast unglaubliche Räubergeschichte: Es werden beispielsweise etliche Male mehrere tausend DM investiert, um Rainer Z. den Weg in die ersehnte berufliche Selbständigkeit zu ebnen - und ebenso viele Male geht es daneben. Man kann nur vor Respekt den Hut ziehen angesichts solcher Beharrlichkeit, Geduld, Ausdauer und Zuversicht auf beiden Seiten. Heute lebt Rainer Z. seit einigen Jahren ein Leben ohne Kriminalität.

Marietta Biermann: Wann und wo haben Sie Herrn Denzlinger kennengelernt?

Rainer Z.: Ich kenne ihn von meiner letzten Gerichtsverhandlung. Er hat mir vier Jahre und vier Monate verpaßt! Danach war ich im Knast und habe lange keinen Kontakt zu Herrn Denzlinger gehabt. Irgendwann aber kam mir zu Ohren, daß er im Knast einen philosophischen Kreis leite. Da ich mich für so etwas interessiere, ging ich einfach mal hin. Innerhalb dieses Kreises habe ich ihn dann näher kennengelernt.

M.B.: Was wurde in diesem Kreis besprochen?

Rainer Z.: Hauptsächlich anthroposophische und philosophische Themen. Wir lasen Texte und diskutierten darüber: Indische Religion, Nietzsche, Buddhismus. Am Rande wurde aber auch über die Probleme der Teilnehmer gesprochen, die sie im Zusammenhang mit ihrer Inhaftierung hatten. Wie ich letztlich direkt in Kontakt mit Herrn Denzlinger kam, weiß ich nicht mehr; es ergab sich irgendwie. Ich gab ihm zu verstehen, daß ich Hilfe benötige: meine Entlassung stand nämlich an. Ich beantragte die Entlassung nach zwei Dritteln der Haftzeit und Herr Denzlinger hat dafür massiv interveniert. Einige Male war ich dann bei ihm in der Wohngruppe auf Hafturlaub. Der Kontakt wurde immer besser und schließlich kam es dazu, daß ich nach der Entlassung als einer der ersten überhaupt in der Wohngruppe bei ihm - er wohnte damals fest hier mit - wohnen konnte.

M.B.: Wie viele Leute wohnten hier, als Sie einzogen?

Rainer Z.: Am Anfang war es einer. Das war ja gerade die Anfangszeit. Kurze Zeit später kam noch ein zweiter dazu, so daß wir dann zu dritt wohnten.

M.B.: Wie spielte sich das Leben hier ab?

Rainer Z.: Am Anfang waren - wenn man es vorsichtig ausdrücken soll - ein paar Chaoten dabei, mit denen recht schwierig auszukommen war, aber Herr Denzlinger war natürlich das tragende und harmonisierende Element, denn es gab schon ab und zu Spannungen.

M.B.: Was haben Sie denn in der Wohngruppe gemeinsam gemacht? Gekocht oder eingekauft?

Rainer Z.: Nein, das hat jeder im Prinzip für sich allein gemacht. Manchmal haben wir zwar versucht, gemeinsam einzukaufen oder auch gemeinsam etwas zu kochen - ein Putzplan wurde auch erstellt -, aber das hat eigentlich nie so richtig funktioniert. Vielleicht liegt es daran, daß man vom Knast her diese ganzen Reglementierungen bis zum Geht-nicht-Mehr satt hat und daß man einfach Widerwillen empfindet, wenn einer einem vorschreibt, du hast jetzt dieses oder jenes zu machen.

Die Schwierigkeit, im Arbeitsleben Tritt zu fassen

M.B.: Was haben Sie nach der Entlassung nun den ganzen Tag gemacht?

Rainer Z.: Es war recht schwierig für mich, Arbeit zu finden. Am Anfang hat Herr Denzlinger einen auch mehr oder weniger machen lassen, was man wollte. Ich glaube, daß er weiß, daß man nach der Entlassung eine gewisse Ruhephase braucht, denn es ist nicht möglich, sich sofort auf Kommando eine Arbeit zu suchen. Natürlich war das ein Ziel, eine Arbeit zu finden, wir haben es immer wieder besprochen, aber man wurde nicht zu irgendetwas gedrängt. Ich lebte zunächst von der Sozialhilfe, mit der es nicht immer leicht war auszukommen. Herr Denzlinger gab dann auch schon mal etwas dazu. Man hat eben doch so manche Wünsche im Laufe der Haftzeit angesammelt. Zuschüsse gab es auch für Fortbildungen oder Kurse. Ich habe auch einen Kurs an der Volkshochschule in dieser Zeit besucht.

Durch Vermittlung von Herrn Denzlinger bekam ich dann nach etwa fünf Monaten einen Job bei der Uni. Ich war zuständig für die Ablage in der Bibliothek und machte Botengänge für das Labor, trug Blutproben u.v.m. hin und her. Es war eine Halbtagstätigkeit und letztlich spielte es gar keine Rolle, was für eine Arbeit das war, denn es ging hauptsächlich um die Gewöhnung an das normale Arbeitsleben, an die Einhaltung der Arbeitszeiten und die korrekte Erledigung der Arbeiten.

M.B.: Haben Sie Freude daran gehabt?

Rainer Z.: Doch, der Job war nicht schlecht, und die zwei/drei Leute, mit denen ich zu tun hatte, waren an und für sich recht freundlich.

M.B.: Die wußten auch Bescheid, daß Sie im Knast gewesen sind?

Rainer Z.: Ja ja, das war alles klar. Sie waren sehr hilfsbereit und haben sich bemüht, mir zu sagen, was alles ich da noch werden könnte. Aber ich habe dort wieder aufgehört, weil mir das Geld - 700 DM im Monat - nicht reichte. Dann habe ich angefangen, bei dem Vermieter hier mitzuarbeiten, eine Ganztagsstelle mit einem Verdienst zwischen 2.000

und 3.000 DM. Aber irgendwann hatte der Vermieter nicht mehr so viel für mich zu tun, und so mußte ich mich wieder nach einer neuen Arbeit umsehen.

Herr Denzlinger hatte damals gerade angefangen mit einer Spedition zusammenzuarbeiten, insofern als daß er denen, soviel ich weiß, einen größeren Kredit verschafft hat, mit der Auflage, daß die Stiftung einen Arbeitsplatz bei dieser Spedition zur Verfügung gestellt bekam. Herr Denzlinger hat mir dann über die Stiftung einen Lieferwagen für 11.000 DM finanziert, mit dem ich daraufhin auf eigene Rechnung im Auftrage der Speditionsfirma gefahren bin. Verdienen konnte ich dort allerdings nicht viel.

Um den Verdienst aufzubessern, wollte ich dann mit jemand anderem ein Geschäft - Import/Export mit der Türkei - aufmachen, denn ich habe längere Zeit in der Türkei gelebt und habe dort Verbindungen. Herr Denzlinger hat sich unsere Pläne angehört, war auch ein bißchen skeptisch, aber letztendlich hat er uns unterstützt. Schließlich bin ich in die Türkei gefahren, wieder zurückgekommen und nochmals hingefahren, aber es hat auch nicht so richtig funktioniert.

M.B.: Wieso nicht?

Rainer Z.: Es lag wohl auch daran, daß der andere die Aufträge, die ich ihm aus der Türkei erteilte, nicht richtig ausführte, ferner am zu geringen Kapital. Es hat einfach nicht funktioniert. Danach haben wir uns dann wieder Gedanken gemacht und eine Reinigungsfirma gegründet. Wieder hat Herr Denzlinger mir - auch in bezug auf meine damals ziemlich hohen Schulden - finanziell unter die Arme gegriffen. Für 5.000 DM habe ich dann Reinigungsmaschinen gekauft. Nach einer Weile wurde aber klar, daß dieses Reinigungsgeschäft nichts werden konnte.

M.B.: Sie haben also immer wieder das Scheitern Ihrer Bemühungen in bezug auf den Aufbau einer Existenz erlebt?

Rainer Z.: Ja, aber das habe ich als nicht so niederschmetternd erlebt. Ich habe mir nicht so viele Gedanken darüber gemacht, nahm es eher als gegeben hin und habe es nicht direkt auf mich bezogen.

Na ja, eine Zeitlang danach war ich dann wieder arbeitslos, bis ich eine Umschulung zum Berufskraftfahrer vom Arbeitsamt aus gemacht habe. Seitdem habe ich immer Arbeit.

"Ich habe ihm mein Vertrauen gegeben!"

M.B.: Welche Bedeutung hat es für Sie gehabt, einen Menschen wie Herrn Denzlinger an Ihrer Seite zu haben, der immer wieder Vertrauen in Sie gelegt hat, der Ihnen immer wieder weiterhalf?

Rainer Z.: Ganz viel, sehr viel! Ich habe schätzungsweise insgesamt zehn Jahre im Knast verbracht und auch die klassische Laufbahn gehabt: am Anfang wenig Knast, dann kurz draußen, dann wieder drinnen mit mehr Knast und mit all den Problemen, die dies mit sich bringt. Aber seitdem ich hier wohne, habe ich nicht mehr daran gedacht, wieder etwas Kriminelles zu machen.

Man muß natürlich dazu sagen, daß am Anfang, als die ganze Stiftungsarbeit noch kleiner im Umfang war, alles viel persönlicher war. Ich mußte mich für das, was Herr Denzlinger für mich getan hat, nicht erkenntlich zeigen, aber ich habe mich aufgrund des intensiven persönlichen Kontaktes moralisch verpflichtet gefühlt, keinen Mist mehr zu machen; natürlich im Rahmen meiner Möglichkeiten, denn daß ich ab und zu etwas Mist oder kleinere Eskapaden mache, das ist klar, aber ich versuche immer, damals noch mehr als heute, soweit es geht, die Hoffnungen, die Herr Denzlinger vielleicht hegt, nicht zu enttäuschen. Damals hat er vielmehr Zeit gehabt, da konnte man mal ein philosophisches Gespräch führen oder mal Schach spielen - das geht heute alles nicht mehr. Wenn er heute fünf Minuten hier ist, ist es schon viel. Damals sind die Leute oft extra lange aufgeblieben - bis zwölf -, um noch mit ihm sprechen zu können, wenn er nach Hause kam.

M.B.: Sie haben viel Vertrauen und viel Hilfe auf sehr handfester, finanzieller Basis empfangen. Ist das Bedürfnis bei Ihnen erwacht, anderen etwas geben zu wollen?

Rainer Z.: Im Rahmen meiner Möglichkeiten wollte ich das geben, daß ich von dem Weg, den ich vorher gegangen war, abkomme und nichts Kriminelles mehr mache. Vielleicht ist das Geben? Ich habe ihm auch mein Vertrauen gegeben!

Vor jeder Tat Angst: "Das kannst Du doch nicht machen!"

M.B.: Gab es auch Gespräche über Ihr Leben? Was hat es für Sie bedeutet, im Gefängnis zu sitzen? Haben Sie das als einen tiefen Einschnitt in Ihrem Leben betrachtet?

Rainer Z.: Das erste Mal schon. Aber nachher nicht mehr, denn da empfand ich das Gefängnis eher als etwas, das kommen mußte.

M.B.: Ich arbeite seit fünf Jahren mit einer Gesprächsgruppe im Knast. Dabei ist die Schuld oftmals eine große Diskussionsfrage, und zwar in der Hinsicht, ob man seine Tat als falsch einsehen sollte. Viele wollen es nicht einsehen, daß ein kriminelles Leben falsch ist, und sehen auch gar nicht ein, daß sie ihr Leben ändern sollten - warum auch? Als Argument führen diese Menschen an, daß die "Großen" in der Gesellschaft sich oft sehr viel krimineller verhalten, bis hin zum Mord, und dennoch straffrei oder mit milder Strafe ausgehen, während die "Kleinen" hart bestraft werden. Wie stehen Sie zu dieser Frage?

Rainer Z.: Ich halte nichts von solchen Diskussionen über Täter-Opfer-Beziehungen in der Art, daß man sagt, die Gesellschaft habe einen großen Teil Schuld an der eigenen Kriminalität, weil sie mir die materiellen oder die ideellen Voraussetzungen für ein nicht-kriminelles Verhalten nicht geboten habe, und daß ich mir daher dieses Fehlende nur auf kriminellem Weg holen könne. Davon halte ich nichts. Die Dinge, die ich gemacht habe, waren einfach aus Dummheit getan. Ich habe jahrelang im Knast gesessen für - auf deutsch gesagt: Scheiße, Blödsinn - kleine Einbrüche usw.

Ich habe das Gefühl, daß ich im Prinzip ein ganz gesundes Rechtsempfinden habe. Bei den Dingen, die ich gemacht habe, hatte ich vor jeder Tat Angst, und ich sagte mir jedesmal: Das kannst du doch nicht machen! Das Bewußtsein, daß es falsch war, was ich tat, war immer da. Es kostete mich regelrechte Überwindung, die Tat doch noch zu begehen! Als ich vor zehn Jahren auf einer Weltreise war, gab es unter vielen Studenten Diskussionen, ob es richtig sei, in einem Kaufhaus für 1.000 DM etwas zu klauen, um es dann für 100 DM an die Armen weiterzuverkaufen oder zu verschenken. Letztendlich ist das müßig, man braucht nur von sich auszugehen! Ich mag es auch nicht, wenn einer etwas wegnimmt, was mir gehört. Dann werde ich auch sauer.

M.B.: Aber wenn Sie sich immer bewußt waren, daß Sie falsch handeln würden, warum haben Sie nicht auf ihre innere Stimme, ihr Gewissen, gehört?

Rainer Z.: Das sind wohl die Zwänge, in denen man steckt. Wenn ich Hunger und nichts mehr zu rauchen habe und mit normalen Mitteln nicht mehr weiter kann, dann holt man sich die Dinge, die man braucht, eben auf kriminellem Wege. Natürlich ist das ein bequemer Weg. Gewisse Dinge denkt man nicht konsequent zu Ende, und dann macht man einfach weiter so. Man redet sich auch ein, man könne das Leben auf normale Art gar nicht mehr schaffen, diese langsame Aufbauerei und die Schulden. Bei mir war es außerdem so, daß ich alleine nie etwas Kriminelles unternommen habe. War ich allein, konnte ich mich immer noch zurückhalten. Aber wenn sich eine Situation zusammen mit anderen ergab, dann ließ ich mich mitreißen. Ich war eher ein Mitläufer. Manchmal träumte ich davon, daß so viel da wäre, daß ich davon leben könnte, um mit den kriminellen Sachen aufhören zu können.

M.B.: Was sucht ein Krimineller eigentlich? Wovon träumt er?

Rainer Z.: 90 % der Inhaftierten träumen von einem ganz normalen bürgerlichen Leben.

M.B.: Häuschen, Frau, Kind, Auto?

Rainer Z.: Ich habe mich anfangs auch gewundert, aber es stimmt. Ich habe in der Beziehung jetzt andere Ziele. Am Anfang hatte ich diese Träume auch und habe sie mehr oder weniger realisiert. Ich war vor meiner Inhaftierung in Berlin und hatte alles: Freundin, Wohnung, einen guten Job, einfach alles.

Der Teufelskreis beginnt: Raus aus dem Knast, rein in den Knast

Mein krimineller Weg fing eigentlich - ich kann es nicht anders sagen - durch die Justiz selber an. Als ich 17 Jahre alt war, bekam ich eine Jugendstrafe, die zur Bewährung ausgesetzt wurde. Während dieser Bewährungszeit bin ich von Stuttgart nach Berlin umgesiedelt; ich war gemeldet und hatte Wohnung und Arbeit. Aber bei der Bewährungshelferin habe ich mich nicht mehr gemeldet, obwohl die Bewährungszeit fast abgelaufen war. Später haben sie mir gesagt, ich hätte nur eine Postkarte schreiben müssen! Aber nun, ich hatte also nichts von mir hören lassen ...

M.B.: Man ist verpflichtet, sich während der Bewährungszeit bei seinem Bewährungshelfer regelmäßig zu melden und auch über Umzüge etc. Bescheid zu geben?

Rainer Z.: Nein, es gibt da keine festgelegten Regeln, es kommt auf den Bewährungshelfer an; er sagt: "Komm noch einmal vorbei oder ruf an", oder er kommt oder ruft von sich aus an. Meine Bewährungshelferin war ein sehr nettes älteres Fräulein.

Auf jeden Fall war es dann so, daß zwei Herren am 19. Juni - das weiß ich genau - ins Geschäft kamen. Ich hatte damals in eigener Verantwortung eine kleine Filiale, in der ich Stereoanlagen und Fotoapparate verkaufte. Also sie kamen rein und sagten: "Sie sind verhaftet". Ich sagte: "Das kann wohl nicht ganz stimmen, es muß eine Verwechslung vorliegen." "Nein nein, Sie sind verhaftet. Kommen Sie mit." Es war morgens um 09.30 Uhr, ich hatte gerade den Laden aufgemacht und fragte nach dem Grund. "Ihre Bewährung aus Stuttgart ist widerrufen worden", hieß es dann. Dabei war zu diesem Zeitpunkt die Dreijahres-Bewährungsfrist schon seit vier Wochen abgelaufen, und in den drei Jahren habe ich nichts angestellt!

Ich kam ins Untersuchungsgefängnis Moabit und habe die Welt und gar nichts mehr verstanden. Was hatte ich getan? Ich bin dann im Knast von Pontius zu Pilatus gerannt, zu den Sozialarbeitern und so und habe denen meine ganze Story erzählt. Sie sagten zwar, daß alles gar nicht sein könne, ich hätte ja alles richtig gemacht, mich gemeldet und so, und morgen käme ich wieder raus.

Aber nichts dergleichen geschah! Ich habe dann ein Schreiben von der Bewährungshilfe bekommen, es würde ihr furchtbar leid tun, daß es nun so gekommen sei, aber die Paragraphen wären nun mal so, ich solle den Kopf nicht hängen lassen ... Ich habe das Ganze nicht verstanden, und da reifte die Ansicht: die können mich mal alle!

M.B.: Wie lange haben Sie dann gesessen?

Rainer Z.: Sieben Monate.

M.B.: Was geschah mit Ihrer Wohnung und der Arbeit?

Rainer Z.: Ich hatte einen Kredit aufgenommen und eine neue Wohnungseinrichtung gekauft, nun war alles nicht mehr zu bezahlen, ich bekam massige Schulden und meine Freundin trennte sich auch von mir.

M.B.: Wie ging es nun nach Ihrer Entlassung aus dem Berliner Gefängnis weiter?

Rainer Z.: Am Tag nach der Entlassung habe ich gleich ein Ding gedreht!

M.B.: Sie waren so wütend?

Rainer Z.: Ich hatte ein regelrechtes Haßgefühl! Meine ganzen Träume von einem guten bürgerlichen Leben waren verflogen und ich hatte nur noch den einen Wunsch: Bloß weg von hier! Wie gesagt, am Tag nach der Entlassung habe ich mir genug Geld besorgt, um mir eine entsprechende Ausrüstung zu kaufen und bin dann 1.1/2 Jahre durch die Welt gereist.

Als ich zurückkam, hatte ich kein Geld mehr, habe wieder ein Ding gedreht, wurde geschnappt, kam wieder in den Knast, dann wieder raus, habe wieder ein bißchen Geld 'besorgt', bin weggefahren, bin wiedergekommen, hatte wieder kein Geld, habe wieder etwas gemacht, wurde geschnappt und kam wieder in den Knast usw. So war der Kreislauf, bis ich dann den Einstieg hier geschafft habe.

M.B.: Wie lange leben Sie jetzt hier?

Rainer Z.: Fünf Jahre schon.

M.B.: Möchten Sie hier bleiben?

Rainer Z.: Ja, eigentlich schon. Ich könnte mir natürlich jetzt, wo ich Arbeit habe, eine Wohnung suchen und ein selbständiges Leben führen, aber es ist nun doch noch so bei mir, daß ab und zu - trotz aller Vernunft - Dinge vorgefallen sind, die mich ein bis zwei Jahre in meiner Entwicklung zurückgeschmissen haben. Zwar ist es nichts Kriminelles, aber ich habe nun so gewisse Leidenschaften: Ich fahre ab und zu nach Baden-Baden, und dann gibt es wieder ein Loch und Schwierigkeiten finanzieller Art. Das geht natürlich auch an die Nerven. Das ist auch der Grund, warum ich noch hier bin, sonst hätte man sagen können: "Komm, suche Dir eine Wohnung, es gibt andere Leute, die gerade entlassen werden, die haben es nötiger als Du."

M.B.: Haben Sie Interesse daran, anderen, die in einer ähnlichen Situation sind, wie Sie es waren, zu helfen und sie zu unterstützen?

Rainer Z.: Wissen Sie, unterstützen schon - das tut man ja automatisch, indem man aus seinen Erfahrungen erzählt. Es gibt da natürlich Unterschiede, bei manchen geht es, bei manchen nicht.

M.B.: Wie sieht es mit Ihrem sozialen Leben hier aus?

Rainer Z.: Ich bin ein ziemlich introvertierter Mensch und lebe ziemlich zurückgezogen. Mein kleiner Sohn hier ist meine große Freude. Er kommt öfter zu Besuch. Kontakt habe ich auch zu meinem Schwiegervater von früher, aber sonst ist da nicht viel. Das ist manchmal ein Manko. Am Anfang hat Herr Denzlinger gereicht, wir haben öfter schon mal etwas unternommen. Ich habe schon Probleme, soziale Kontakte aufzubauen.

M.B.: Finden Sie nicht die richtigen Menschen oder ...?

Rainer Z.: Um etwas zu finden, muß man ja erst suchen.

M.B.: Suchen Sie denn?

Rainer Z.: Nee, ich glaube nicht.

M.B.: Aber Sie würden gerne Kontakte sozialer Art zu anderen Menschen finden?

Rainer Z.: Wenn ich ein, zwei richtige Freunde habe, dann reicht es aus.

M.B.: Haben Sie die?

Rainer Z.: Ich glaube schon. Aber das mit den Kontakten, das liegt wirklich nur an mir. Herr Denzlinger vermittelt schon viele Möglichkeiten zu Vorträgen, Veranstaltungen usw. Da kann man immer hingehen.

Zur richtigen Zeit am richtigen Ort

INTERVIEW MIT PETER HAHL, MATTHIAS REMKY UND HERMANN WEISCHE, MITARBEITER DES "MAßSTAB E.V."

von Marietta Biermann

"Maßstab - Verein für eine soziale Zukunft e.V.", ein Verein für Straffälligenhilfe, ist ein Zusammenschluß von Menschen unterschiedlichen Alters und Berufes, bei dem auch ehemalige Inhaftierte mitarbeiten. Sie wollen einen Maßstab für eine soziale Zukunft setzen, indem sie schon heute in der Gegenwart ein neues, tragfähiges soziales Gefüge - "eine helfende Gemeinschaft von Helfern und Hilfsbedürftigen" - herstellen. Die Grundkonzeption des Kölner Vereins erinnert an die sogenannte Stadtteilarbeit seit den frühen siebziger Jahren in den Großstädten Berlin, Frankfurt und Hamburg (freilich ohne deren politischen Anspruch): Schaffung neuer stadtteilbezogener Arbeitsplätze und Freizeit-Aktivitäten, gegenseitige Nachbarschaftshilfe, Schaffung von menschenwürdigen, umweltfreundlichen Wohnbedingungen im Kiez (= Wohnviertel), Aufhebung von Isolation durch so entstehende menschliche Nähe.

Daß dabei an einer der schwächsten, unsozialsten Ecken der Gesellschaft, nämlich bei den Straffälligen angesetzt wird, liegt so gesehen auf der Hand. Denn hier wird seitens der Gesellschaft und seiner BürgerInnen immer noch am radikalsten ausgegrenzt, isoliert und abgeschoben. In kaum einer Lebenssituation ist der Mensch so allein, so einsam, so mut- und mittellos und so sehr auf unterstützende Begleitung und Hilfe anderer angewiesen, wie nach seiner Entlassung aus dem Gefängnis. Vor allem brauchen Entlassene eine tragfähige Alternative zum früheren kriminogenen Milieu.

Viele Mitglieder im Verein wohnen und/oder arbeiten in dem Viertel, in welchem der Verein seinen Sitz hat. So ist von vornherein die Anonymität aufgehoben. - Wir sprachen mit: Peter Hahl, Sozialarbeiter, der schwerpunktmäßig die soziale Beratung der Entlassenen durchführt, inklusive der Erstellung von Entschuldungsplänen, Anträgen usw.; Matthias Remky, von Beruf Jurist, der Sozialarbeit studiert und mit Gesprächsgruppen im Knast arbeitet; Hermann Weische, der Rechtsanwalt mit eigener Kanzlei in der Nachbarschaft ist. Er berät in allgemeinen Rechtsfragen, besonders in Ehe- und Scheidungsfragen. Darüber hinaus betreut er auch die Schreinerei, die zum Verein gehört und Arbeits- und Ausbildungsplätze für Strafentlassene anbietet. Alle drei arbeiten mit einigen anderen Vereinsmitgliedern an der konkreten Gestaltung der Vereinsarbeit, an der Konzeptionsentwicklung und Finanzsicherung sowie der Planung zukünftiger Projekte.

Marietta Biermann: Aus welchen Impulsen heraus wurde der Verein "Maßstab" gegründet? Wie kam es dazu? Wer wirkte dabei mit?

Hermann Weische: Wie es häufig bei solchen Initiativen ist: es war eine sehr persönliche Angelegenheit. Stefan Corbach, ein Freund meines Schwagers Bertram Alexa, der jetzt auch mit mir zusammen im Vorstand des Vereins arbeitet, war bei uns zu

Besuch. Er erzählte uns, daß er hauptamtlicher Mitarbeiter des "Vereins zur Förderung von Arbeitsinitiativen und Firmenprojekten im Straffälligenbereich" (FAF) geworden sei. Das war ein Verein, der von der Bewährungshilfe gegründet worden war, um für straffällig gewordene Menschen Arbeitsplätze zu schaffen. Das war für mich interessant, denn ich hatte mich schon länger mit dem Gedanken getragen, einen Schreinereibetrieb für solche Menschen aufzubauen.

"Wir schaffen uns unsere Arbeitsplätze selbst"

M.B.: Wieso denn das? Wie kommt man als Rechtsanwalt dazu, einen Schreinereibetrieb für straffällige Menschen aufbauen zu wollen?

H. Weische: Als Rechtsanwalt bin ich auch in der Strafverteidigung tätig und habe dabei festgestellt, daß ich den Mandanten nur bis zu einem gewissen Punkt helfen konnte. Ich war nicht in der Lage, ihnen konkrete Perspektiven zu bieten, etwas Handfestes, worauf sie sich verlassen konnten.

Ausschlaggebend war ein Fall, den ich hatte: Der Mann wurde zu fünf Jahren Gefängnis verurteilt, und mit ihm habe ich intensiveren Kontakt gehabt als mit anderen. Es hing damit zusammen, daß er mir auftrug, seinen Vater zu informieren, daß er vorerst nicht mehr nach Hause käme, denn er wurde direkt im Gerichtssaal verhaftet und hatte nicht in U-Haft gesessen. Als der Vater dies hörte, wollte er mit seinem Sohn nichts mehr zu tun haben, da er ja nun straffällig geworden sei.

Daraufhin habe ich dem Mandaten gesagt, wenn er später Anspruch auf Hafturlaub hätte, könne er sich an mich wenden und bei mir diesen Hafturlaub verbringen. Auf diese Weise ist dieser Verurteilte dann auch zu mir gekommen. Der Vater wiederum hat auch kurze Zeit danach seine Haltung revidiert und seinen Sohn erneut angenommen, wohl weil er gesehen hat, daß sogar ein Rechtsanwalt sich nicht zu schade war, sich mit einem Verurteilten abzugeben und diesen sogar zu sich nach Hause einzuladen.

Dieser Mandant hatte im Knast eine Schreinerlehre angefangen. In Gesprächen zwischen uns beiden entstand die Idee, eine Schreinerei aufzubauen, in der er dann auch anschließend tätig werden könnte. Das war meinerseits schon halb versprochen, was ihm wiederum die Motivation gab, seine Ausbildung im Knast besonders gut zu machen, weil er eine konkrete Perspektive und einen Halt hatte, wenn er aus dem Gefängnis entlassen würde.

Es wurde mir klar: Wenn ich generell eine Arbeitsstelle für straffällig Gewordene anbieten könnte, dann könnte ich auch viel eher und öfter erreichen, daß die Leute Strafe mit Bewährung bekommen, d.h. nicht gleich in den Knast müssen. Bei Jugendlichen kann man durch Bewährung oft erreichen, daß sogar die U-Haft entfällt, wenn sie eine Arbeitsstelle nachweisen können, die ansonsten wegen der U-Haft verlorengehen würde.

Im Mittelpunkt unserer Vereinsarbeit stand also von Anfang an das Bestreben, Arbeitsplätze zur Verfügung zu stellen. Dazu sind die meisten anderen Helfer und Institutionen in diesem Bereich nicht in der Lage. Zusätzlich hatte der Aufbau eines handwerklichen Betriebes für mich auch einen gewissen persönlichen Reiz, weil ich auch selbst gerne mit Holz arbeite.

Der Prozeß der tatsächlichen Realisierung meiner Vorstellungen ging nun folgendermaßen weiter: Manfred Hoffmann, auch ein Jurist und heute Geschäftsführer der Waldorfschule Schloß Hamborn, half mir in der Kanzlei aus. Als ich ihm dann von meinen Ideen erzählte, war er sofort Feuer und Flamme. Er war sehr viel stärker anthroposophisch orientiert als ich, denn ich war lediglich Vater eines Kindes im Waldorfkindergarten. Mein Schwager wiederum brachte aus England anthroposophische Grundlagen durch seine Ausbildung am Emmerson College mit. In den Kreis einbezogen habe ich aus der Mandantschaft auch einen älteren ehemaligen Schreinermeister, der in einer chemischen Reinigung einen schweren Arbeitsunfall erlitten hatte. Ebenso einen kniekranken Schlosser, dem von seinem Arbeitgeber unter dem unberechtigten Vorwurf des Diebstahls gekündigt worden war.

Als dann noch der damals arbeitslose Sozialarbeiter Rudolf Nolden, auch ein Vater aus dem Waldorfkindergarten, hinzukam, war es soweit: Nun waren die richtigen Menschen zur richtigen Zeit am rechten Ort zusammen und es konnte losgehen.

Peter Hahl: Für mich ist es ein geheimnisvoller Prozeß. Wieso kamen alle diese Menschen zusammen und brachten ähnliche Impulse mit?

Matthias Remky: Das ist eine Frage der Wahrnehmung und Sensibilität.

H. Weische: Hinzukommt natürlich noch das Willenselement: daß man es wirklich will und es dann auch tut. Fast alle, die damals den Verein mitbegründet haben, waren ohne festen Arbeitsplatz und hatten daher eine hohe persönliche Motivation, daran mitzuwirken, eine Arbeit zu finden. Über die gemeinsame Auseinandersetzung um die Idee des Vereins wurde nach und nach realisiert, daß jeder, der arbeitslos war, eine Arbeit finden konnte.

Es ist schon etwas Schicksalhaftes, und es ist nicht zufällig, daß alle auf diese Weise zusammenkommen. Das spürt man deutlich.

M.B.: Sie schreiben in Ihrem Vereinskonzept, Sie wollen "eine helfende Gemeinschaft von Helfern und Hilfsbedürftigen" bilden. Was ist damit gemeint?

H. Weische: Das gemeinsame Problem derjenigen, die sich zu dieser Zeit zusammengefunden hatten, war die Berufsfindung. Die Gemeinschaft dieser Menschen hat sich einfach gegenseitig geholfen, gestützt und es geschafft, einen Betrieb ins Leben zu rufen, in dem Menschen Arbeit gefunden haben, oder sie konnten woanders eine Tätigkeit aufnehmen. Alle haben einen Beruf gefunden, der sie wirklich innerlich ausfüllt. Das ist ein Punkt der Gegenseitigkeit des Helfens. Es waren sogenannte Hilfsbedürftige - im Sinne des Gesetzes - dabei, sie haben den Verein mitbegründet und ihren eigenen Arbeitsplatz geschaffen. So etwas konnten sie sich vorher nie vorstellen.

M.B.: Waren denn auch Strafentlassene dabei?

H. Weische: Bei der Vereinsgründung selbst nicht. Der Mandant, von dem ich vorher gesprochen habe, ist erst in der Vorbereitungsphase für den Aufbau der Schreinerei dazugekommen. Später ist er dann weggegangen, weil er eine andere geeignetere berufliche Tätigkeit gefunden hat.

M.B.: Wie ist es aber heute? Der Verein besteht, hat einen Vorstand, Mitglieder und unterhält eine Beratungsstelle. Die Schreinerei ist ausgebaut und arbeitet schon. Wie ist es jetzt mit der "helfenden Gemeinschaft", wer hilft da wem in welcher Weise?

P. Hahl: Ich gehe davon aus, daß eine Gleichberechtigung zwischen Helfern und Hilfsbedürftigen vorhanden ist. Deshalb spreche ich nicht gerne von "Klienten", weil dieser Begriff eine Über- und Unterordnung ausdrückt: hier der Sozialarbeiter, der alles weiß und alles kann, und dort der arme Klient, der hilfsbedürftig ist. Es kann natürlich so sein, daß ein Mensch in einer Lebenssituation ist, in der er Hilfe benötigt - andererseits erfahre ich mich als Sozialarbeiter oder als Mitglied im Verein jederzeit selbst in anderen Situationen als hilfsbedürftig, auch im privaten Bereich.

Von daher weiß ich, wie es bei dem Klienten zeitweise sein kann, und insofern gehe ich aus der Haltung der Gleichberechtigung auf ihn zu, versuche zu verstehen, wo er jetzt steht und wie ich ihm helfen kann. Ich weiß aber, in absehbarer Zeit gehört er vielleicht auch zu uns, zu unserem Verein, und hilft mir dann auf andere Weise, indem er zum Beispiel mein Auto repariert, oder dort, wo er eben helfen kann. Ich denke, wir haben alle unterschiedliche Fähigkeiten; als Sozialarbeiter beispielsweise habe ich gelernt zuzuhören, mit Behörden umzugehen, und kenne die Gesetze der sozialen Sicherung und kann sie auch anwenden. Auf Dauer, glaube ich, werden wir, ob Klient, Berater oder Vereinsmitglied, ein Netz von Personen hier in der Stadt aufgebaut haben, in dem wir untereinander auch private Beziehungen nachbarschaftlicher oder freundschaftlicher Art haben. Das stützt uns alle ab, besonders hier in der Großstadt Köln.

In der Stadt muß - im Gegensatz zum Dorf - ein solches Netz erst aufgebaut werden, weil alles in der Stadt eher anonym ist; die Beziehungen unter den Menschen müssen erst geschaffen werden, und das tun wir.

M. Remky: Diese helfende Gemeinschaft von Helfern und Hilfsbedürftigen ist der Grund, weshalb ich mich hier so wohl fühle. Auch ich bin Jurist und bilde mich jetzt weiter zum Sozialarbeiter. Die Vorstellungen, die ich mir über eine vernünftige Sozialarbeit gemacht habe, zum Beispiel Verzicht auf Kontrollfunktion und Einordnung des Sozialarbeiters in eine hierarchische Struktur, kann ich in dem Verein "Maßstab" verwirklichen. Ich arbeite hier gleichberechtigt und gleichwertig mit. Im Knast habe ich auch eine Gesprächsgruppe initiiert und vergesse dabei oft, daß ich nicht als Inhaftierter "dazugehöre"; ich fühle mich dort als Mensch unter Menschen.

H. Weische: Ein konkretes Beispiel war doch das mit dem Uli.

M. Remky: Ja, der Uli war ein Freigänger: Tagsüber arbeitete er in der Schreinerei bei uns und ging abends wieder in den Knast. Nach seiner Entlassung hat er hier im Haus eine Wohnung bezogen nimmt regelmäßig an unserer Mitgliederversammlung teil und will im Verein Mitglied werden. Jetzt kümmert er sich um Inhaftierte.

P. Hahl: Er hat für unser nächstes Projekt - eine Vollwert-Kantine - schon einen Koch, der jetzt noch im Knast ist, gewonnen. Dieser Koch ist auch ein Freigänger und wird dann bei uns mitarbeiten.

M. Remky: Der Wert und die Wichtigkeit einer helfenden Gemeinschaft liegt darin, daß diese eine Alternative zu dem Milieu bieten kann, aus dem der Inhaftierte kommt. Das Zurückkehren des Haftentlassenen in das alte Milieu birgt ein hohes Risiko für das Zurückfallen in erneute kriminogene Verhaltensweisen. Die Schwelle, das vertraute Milieu zu verlassen, ist sehr schwer zu überwinden, wenn keine Alternativen konkreter Art sichtbar sind. Eine helfende Gemeinschaft ist daher von unschätzbarem Wert und unbedingt notwendig.

M.B.: Wenn es so wichtig ist, daß der Strafentlassene sein altes Milieu verläßt, wäre es dann nicht besser, eine solche helfende Gemeinschaft auf dem Lande zu bilden? Da wäre man weitab von allen schädlichen und kriminogenen Einflüssen der Großstadt.

H. Weische: Nein, das wollen wir gerade nicht. Die meisten Menschen leben nun einmal in der Stadt. Es muß Menschen geben, die dazu beitragen, daß andere Menschen in der Stadt vernünftig leben können. Wir wollen mitten im Geschehen der Großstadt bleiben und hier Impulse setzen. Der Unwirtlichkeit der Städte versuchen wir eben durch die Geborgenheit einer helfenden Gemeinschaft, durch die Schaffung lebendiger Strukturen, in der Stadt entgegenzuwirken.

Anthroposophie offen und verständlich

Die geistige Geschlossenheit eines Camphill-Dorfes haben wir natürlich nicht. Ich denke, wir sind ein Stück offener, wir befruchten sozusagen die Umwelt und nehmen auch viele Impulse aus dieser Umwelt auf. Der Austausch ist sehr lebendig und vielgestaltig. Von der geistigen Grundlage her verstehen wir uns schon als eine anthroposophische Vereinigung, aber bei uns wird das offen gehandhabt, wir werfen nicht ständig mit anthroposophischen Begriffen durch die Gegend! Wir wollen die Anthroposophie und die dazugehörigen Gedanken so formulieren, daß es jeder verstehen kann. Wer hier mitarbeitet, muß keine anthroposophische Vorbildung haben oder sich für Anthroposophie interessieren. Einer unserer Mitglieder ist zum Beispiel der derzeitige Vorsitzende des SPD-Ortsvereins! Mit Anthroposophie hat er nicht viel am Hut, ihn interessiert nur am Rande, woher die geistigen Impulse kommen, aber ihn interessiert das, was wir tun.

M.B.: Spielt dann die Anthroposophie in Ihrer Vereinsarbeit keine große Rolle? Einen Text von Rudolf Steiner gemeinsam zu lesen, kommt bei Ihnen nicht vor?

H. Weische: Doch.

P. Hahl: Es ist jedem selbst überlassen, inwiefern er sich mit Anthroposophie befassen will. Wir wollen aber auch Erkenntnisarbeit leisten. Oft fahren wir nach Witten und Dornach zu Seminaren oder veranstalten auch selbst eine Tagung.

M. Remky: Das Angenehme hier ist, daß einem nichts aufgedrängt wird. Die Auseinandersetzung und die Verbindung zur Anthroposophie ergeben sich meistens aus den Fragen heraus, die das konkrete Tun hervorbringt.

P. Hahl: Ich stelle zum Beispiel immer fest, daß viele Menschen heute etwas Anthroposophisches in sich haben, aber es fehlt ihnen an den Begrifflichkeiten. Mir ist es wichtig, daß ich die verschiedenen Welten - zum Beispiel die Welt eines solchen SPD-Mitgliedes - verstehen lerne und daß er andererseits meine Welt verstehen lernt.

H. Weische: Wir haben schon eine intensive anthroposophische Arbeit gemacht: In jeder Mitgliederversammlung behandeln wir verschiedene Themen und lesen Texte, zum Beispiel über die Jahreszeit, die Jahresfeste oder über die Templer.

P. Hahl: Wenn wir Anträge auf Finanzierungshilfe stellen, müssen wir eine Konzeption entwerfen. Im Laufe der Erstellung dieser Konzeption muß man immer wieder seine Vorstellungen vom Menschen und sein Menschenbild überprüfen und darstellen. Das beinhaltet eben eine gemeinsame Auseinandersetzung, also auch eine Art praktischer Erkenntnisarbeit, die außerdem in einer gewissen Konsensbildung gipfeln muß.

Die Bedeutung einer wirklich befriedigenden Arbeit

M.B.: Zu der konkreten Arbeit: Sie bieten Beratungen an; gilt dies nur für Straffällige oder auch für andere Menschen?

P. Hahl: Für andere Hilfsbedürftige bieten wir natürlich auch Beratungen an, obwohl wir in dieser Richtung eher passiv sind und abwarten, bis sie auf uns zukommen. Bei den Straffälligen sind wir dagegen aktiv und gehen auf sie zu. Wir haben selbstverständlich den Kontakt zu dem hiesigen Knast in Köln hergestellt.

M. Remky: Das war nicht ganz einfach! Köln-Ossendorf ist ein riesiger Knast, sozusagen eine Knast-Fabrik mit 1.200 Insassen, mit einem gewaltigen, für den von außen Kommenden besonders undurchdringlichen bürokratischen Verwaltungsapparat. Die Kontaktknüpfung läuft am besten über das Anbieten von Kursen. Dadurch kommt man mit dem Gefängnispfarrer und den dort arbeitenden Sozialarbeitern ins Gespräch.

M.B.: Wie sieht Ihre Beratungsarbeit nun konkret aus?

P. Hahl: Der erste Schritt ist eigentlich immer, daß man im Gespräch herausfindet, welche Probleme der Gefangene hat und welche Vorstellungen er sich über sein Leben nach der Entlassung macht. Wir helfen bei der Beantragung von Sozialhilfe, bei der Arbeits- und Wohnungsuche. Letztere ist ein besonders schwieriges Problem im Kölner Raum.

M.B.: Meistens sind ja die menschlichen Beziehungen eines Gefangenen während seines Gefängnisaufenthaltes kaputtgegangen, Ehen sind zerbrochen, Freundschaften sind aufgelöst und die Vereinsamung ist groß. Können Sie auch helfen, menschliche Kontakte und Beziehungen herzustellen?

P. Hahl: Wir sind natürlich kein Beziehungs-Vermittlungsbüro! Insofern geht dies nicht, aber wir stellen uns schon für die Anfangszeit in der Form zur Verfügung, daß jeder erst einmal hier im Verein mitmachen kann.

H. Weische: Oder wir bieten auch ganz konkrete schnelle Hilfe an, wenn einer zum Beispiel nach der Entlassung keine Wohnung hat und daher nicht weiß, wohin er sich wenden soll. Dann können wir für den Übergang einen solchen Menschen bei einem Vereinsmitglied unterbringen.

M.B.: Ein zentraler Punkt in der sogenannten Entkriminalisierung ist die Arbeitstätigkeit. Sie zitieren über die Bedeutung der Arbeit in Ihrem Konzept:

"Arbeit verleiht Perspektive, Identität als Mitglied der Gemeinschaft und gibt damit Sinn und Lebensinhalt. Dies umfaßt den einzelnen in seinem Selbstbild, in seinen Zielen und Wünschen, und bestimmt seinen ganzen Alltag. Arbeit als Lebensachse verleiht den inneren wie den äußeren Halt, auf den gerade gesellschaftliche Randgruppen in besonderer Weise angewiesen sind. Denn als - unbeabsichtigtes - Nebenprodukt vermittelt Arbeit indirekt auch die zentralen Lebensnotwendigkeiten ...: Sie gibt Anlaß aufzustehen, mit anderen in Kontakt zu treten; sie schützt vor Verwahrlosung; sie gibt dem Tag eine Struktur und der Woche einen Rhythmus; sie bewahrt davor, nur in den Tag hineinzuleben; sie gibt auch der Freizeit ihren eigentlichen Inhalt, nämlich nicht als nutz- und sinnlos vertane, sondern als frei erlebte Zeit." (Erich Mall/Erwin Seifried: Soziale Arbeit und alternative Ökonomie, in: Bewährungshilfe, Jg. 32, Nr. 3/85, S.252-266, S.230).

Gilt diese Beschreibung für jede Arbeit?

P. Hahl: Da kann man sich ja erst einmal selbst fragen!

M.B.: Ja, aber wir, die wir hier sitzen, haben keine kriminelle Karriere hinter uns! Viele sind durch Kriminalität, also ohne arbeiten zu müssen, ganz gut durchs Leben gekommen, manche haben auf großem Fuß gelebt und hohe materielle Ansprüche befriedigen können. Wie machen Sie nun so einem Menschen den Wert und die Bedeutung der geregelten Arbeitstätigkeit klar?

P. Hahl: Hat jemand hohe Schulden, wird sein Einkommen aus einer geregelten Arbeit sofort gepfändet. Er kommt nie wieder auf den grünen Zweig! In diesem Fall hat derjenige keinerlei Motivation zu arbeiten. Die Bemühung muß sich dann darauf richten, eine Entschuldung zu bewerkstelligen. Erst dann kann man darüber sprechen, welche Arbeit für den Betreffenden interessant ist.

H. Weische: Wir können nicht Arbeitsplätze für alle zur Verfügung stellen. Durch eine geregelte Tätigkeit sollen sie erst einmal ihren Lebensunterhalt ausreichend befriedigen können. Bald aber kommt der Punkt, an dem unmißverständlich deutlich wird, daß es nicht eine beliebige Arbeit sein kann, sondern eine Arbeit, die auch wirklich befriedigt. Das versuche ich in Gesprächen herauszuarbeiten, in denen wir über die Lebensperspektive sprechen. Dann wird die Frage nach der Arbeit nicht isoliert betrachtet, sondern auf das Lebensziel und den Lebenssinn ausgerichtet.

M.B.: Welche Lebensziele sind es? Häuschen, Auto und Fernseher? Bürgerliche Idylle oder um die Welt segeln?

M. Remky: Es gibt viele bürgerliche Lebensziele.

H. Weische: Die sind ja nicht unbedingt schlecht. Es hat eine hohe Bedeutung für einen Entlassenen, eine eigene Wohnung zu besitzen, eigenständig und unabhängig sein zu können, Sicherheit und auch Geborgenheit mit Frau und Familie zu besitzen. Am wichtigsten aber ist, daß überhaupt darüber gesprochen wird, daß grundsätzlich überlegt wird, worauf der jeweilige im Leben hinaus will - das allein ist meistens etwas völlig Neues und Ungewohntes. In einem ernsthaften Gespräch darüber kommt etwas heraus, was sie vielleicht selbst noch gar nicht wissen! Die realistische Konkretisierung und Kanalisierung dieser Lebensperspektiven ist in einer helfenden Gemeinschaft, wie wir es sein wollen, in der auch einige Arbeitsplätze zur Verfügung gestellt oder neu geschaffen werden können, sehr gut möglich.

Vor allem die selbsttätige Mitarbeit an neu zu schaffenden Arbeitsplätzen ist ein sehr wichtiges Erlebnis: Ich kann selbst mit Hilfe der anderen etwas anpacken und mit ihnen gemeinsam etwas schaffen, was vorher nicht da war! So entsteht in den Köpfen der Leute eine ganz neue Gedankenwelt! Das Verschüttete kommt ans Tageslicht, und wenn es gelingt, daß sich dieses Verschüttete als Potenz bis in den Willen, bis zur Tat entwickelt, dann ist bereits der erste Schritt im Bruch mit dem kriminellen Verhalten vollzogen. Wir verhelfen dem Willen zum Durchbruch!

Man kann es auch so sagen: Wir arbeiten mit der Biographie des einzelnen und helfen ihm, die eigene Biographie zu durchleuchten, zu finden und zu leben.

P. Hahl: In diesem Punkt haben wir sogar große Gemeinsamkeiten mit den sogenannten Kriminellen, denn auch wir suchen unseren Lebenssinn und unsere Biographie.

Der mühsame Versuch, neue Betriebsstrukturen zu entwickeln

M.B.: Wie unterscheidet sich Ihre Schreinerei von anderen Betrieben? Wie viele Leute werden bei Ihnen beschäftigt?

H. Weische: Im Moment sind es fünf Beschäftigte. Wir befinden uns in der ersten Phase und stehen im Moment davor, die Werkstatt zu erweitern, d.h. wir werden mehr Maschinen und auch mehr Leute einstellen. Für die Einrichtung der Werkstatt haben wir damals einen Zuschuß des Bundesarbeitsministeriums erhalten, und auch jetzt gibt es die Möglichkeit, für die Erweiterung einen derartigen Zuschuß zu bekommen. Die Arbeit in der Werkstatt ist nicht ganz einfach gewesen, weil eben alle Menschen, die dort gearbeitet haben, ihre besonderen Probleme mitgebracht haben. Der Meister hat eine ausgezeichnete Aufbauarbeit geleistet, aber zwischen ihm und den Mitarbeitern sind Probleme spezifischer Art entstanden, dadurch daß der Meister eben doch traditionellere Arbeitsstrukturen im Sinne der alten Arbeitsordnung wollte: hier der Meister, da der Geselle, dort der Lehrling, und alle hätten sich dem Meister unterzuordnen.

M.B.: Wie sollte es denn Ihrer Meinung nach sein?

P. Hahl: In letzter Zeit haben wir einmal in der Woche Arbeitsbesprechungen durchgeführt, in denen wir alle gemeinsam überlegt haben, was in der letzten Woche vorgefallen ist, was in der nächsten Woche ansteht und welche allgemeinen Probleme bestehen. In diesen Besprechungen haben wir dann die Probleme gemeinsam beraten und auch gemeinsam Entscheidungen gefällt. Die andere Frage ist, auf welche Weise qualitativ hochwertige Arbeit geleistet werden kann. In diesem Bereich gibt es natürlich Unterschiede, aber nur in dem Sinne, daß hier der Sachverstand und nicht die Stellung oder Funktion entscheidet. Das kann dann auch jeder annehmen.

H. Weische: Es ist einfach notwendig, daß die Mitarbeiter selbständig arbeiten können und nicht andauernd gegängelt werden. Seitdem die Mitarbeiter selbständiger und freier arbeiten und mitentscheiden konnten, zeigte sich, daß die Arbeit viel schwungvoller wurde, die Rückstände verschwanden, und im Nu war alles aufgearbeitet.

M.B.: Ist die Entlohnung für alle gleich oder nach Qualifikation, nach individuellem Bedarf oder nach sonstigen Kriterien festgelegt?

P. Hahl: Wir zahlen nach dem allgemeinen Tarifniveau, wie es überall ist. Auch müssen wir uns nach den Förderungsmitteln - und Richtlinien - des Arbeitsamtes richten. Es ist einmal vorgekommen, daß einer aufgrund seiner sozialen Situation etwas mehr bekommen hat als nach dem Tarif vorgesehen. Aber im Grunde genommen sind wir da von anthroposophischen Grundsätzen recht weit entfernt. Es ist total schwierig, den Egoismus des einzelnen zu verändern.

H. Weische: Auf einem Seminar über Arbeit und Einkommen haben wir uns schon darüber auseinandergesetzt. In der Zwischenzeit ist allerdings eine Menge passiert. Der eben erwähnte Fall sah so aus, daß ein Vereinsmitglied von seinem Lohn dem anderen 150 DM im Monat abgegeben hat, und zwar ohne daß es im Arbeitsvertrag stand! Der neue Meister hat auch schon vier Wochen ohne Gehalt mitgearbeitet. Da die Arbeitsstellen vom Arbeitsamt in Form der sogenannten Eingliederungshilfe finanziert werden, sind wir nun doch sehr abhängig vom Arbeitsamt, unser Ziel aber ist es, vom Arbeitsamt unabhängig zu werden. Dazu ist eine Umstrukturierung der Werkstatt nötig, und zwar in der Art, daß wir die Werkstattarbeit teilen wollen: in einen Teil, der wirklich produktiv und wettbewerbsfähig arbeitet und sich selbst trägt, und in einen Teil, in dem wir nur mit Eingliederungshilfen arbeiten, in dem dann auch eine intensive Eingliederungshilfe beruflicher Art mit problematischeren Menschen geleistet werden kann.

Kaum Ausbildungsmöglichkeiten für Frauen im Gefängnis – ein neuer Betrieb in Planung

M.B.: Sie planen jetzt auch einen weiteren Betrieb?

H. Weische: In der Nähe unserer Beratungsstelle gibt es ein größeres Ladenlokal, welches wir gegen Ende des Jahres übernehmen können. Ursprünglich wollten wir dort einen Vollwertimbiß einrichten. Jetzt haben wir uns entschlossen, diese Räumlichkeiten für unsere Beratungsstelle, für Büros und anderweitig zu nutzen. Grundidee für den Imbiß war jedoch, Arbeitsplätze für straffällige Frauen zur Verfügung zu stellen, denn die Ausbildungsmöglichkeiten für Frauen sind im Gefängnis sehr eingeschränkt. Sie können nur Schneiderin lernen oder Volkshochschulkurse in Sprachen besuchen und Schulabschlüsse machen. Sie haben es also schwerer als die Männer, einen Beruf im Knast zu lernen. Wir denken daran, einen Betrieb aufzubauen, in dem Frauen nach der Entlassung ohne Ausbildung tätig sein oder auch eine Ausbildung absolvieren können. Das wäre der Bereich Kochen und Küchenarbeit; zwar traditionelle Frauenbereiche, aber es ist besser als gar nichts. Zwischenzeitlich sieht es so aus, daß wir einen Kantinenbetrieb übernehmen können, und zwar dort, wo auch die Kölner Waldorfschule ihren neuen Standort finden soll. Wir haben den Vollwertkoch Roger Groß für dieses Vorhaben gewinnen können, und gemeinsam haben wir das Betriebskonzept "Zentrum für Haushalts- und Ernährungsberatung mit Kantinenbetrieb" entwickelt. Das Arbeitsamt und das Bundesministerium für Arbeit sind daran interessiert, dieses Projekt mit 15 bis 20 Arbeitsplätzen zu fördern. Langfristig kann ein wirtschaftlich arbeitender Restaurations- und Veranstaltungsbetrieb entstehen. Die Versorgung der Waldorfschüler könnte sichergestellt werden, ohne daß das übliche Defizit wegen der Küche im Schulhaushalt entsteht.

Zusammenarbeit mit den Justizbehörden – Aufbau eines Werkhofes für Jugendliche

M.B.: Sie bieten außer Arbeitsplätzen auch Bildungs- und Freizeitaktivitäten an. Welche sind das?

H. Weische: Diese Angebote sollen für Mitglieder des Vereins und Strafentlassene gleichermaßen gelten. Bisher haben wir da keine Unterschiede gemacht. Wir fahren gemeinsam zu Seminaren und Fortbildungen oder besuchen gemeinsam Theateraufführungen. Eine Tagung haben wir auch letztes Jahr im März selbst organisiert, und zwar zum Thema "Wege aus der Kriminalität". Dort kamen Menschen aus dem ganzen Bundesgebiet zusammen, zum Beispiel Gefängnisdirektoren, Sozialarbeiter, Psychologen, sogar ein Kriminalbeamter war hier, natürlich nahmen auch straffällig Gewesene daran teil.

P. Hahl: Zu einer Aufführung von Jugendlichen im Knast von Düsseldorf sind wir neulich alle hingefahren.

H. Weische: Ausgelöst durch diese Aufführung, die das Thema "Strafe und Gerechtigkeit" zum Inhalt hatte, entstand auch eine Diskussion über dieses Thema.

M. Remky: Auch die Richter waren zu dieser Aufführung eingeladen!

H. Weische: Überhaupt ist die Zusammenarbeit mit der JVA Düsseldorf eine hervorragende Sache. Zwei Frauen unseres Vereins arbeiten dort im Freizeit- und Betreuungsbereich, und ein weiterer Mitarbeiter nimmt an einer Arbeitsgemeinschaft teil, die sich mit der Vermeidung von Knast für Jugendliche beschäftigt.

M. Remky: Ein solches Projekt ist zum Beispiel der Aufbau eines Werkhofes für Jugendliche. Wenn die Jugendlichen also etwas ausgefressen haben und vor das Gericht kommen, können wir durch die Existenz einer Alternative zur U-Haft den Richtern eine zusätzliche Entscheidungsmöglichkeit in die Hand geben. Er kann also anordnen, daß ein jugendlicher Straftäter statt ins Gefängnis auf den Jugendwerkhof kommen kann. In Düsseldorf wird schon mit betroffenen Jugendlichen gemeinsam an der Konzeption gearbeitet, und zwar daran, wie ein solcher Werkhof aussehen und funktionieren kann, und wie viele bzw. welche Betreuer nötig sind. Wir wollen von unserem Verein aus möglichst wenig Betreuer, so daß die Jugendlichen möglichst viel Verantwortung selbst übernehmen müssen.

H. Weische: Ein solches Projekt ist sehr wichtig, weil es bis ins Justizpolitische hineinragt und somit nicht nur im Sozialarbeiterischen hängenbleibt. Die Jugendlichen müssen natürlich diese Alternative zur Haft wollen, denn es wird nicht so sein können, daß ein Richter sie gegen ihren Willen auf dem Hof unterbringen kann. Die Jugendlichen müssen auch selbst dem Richter sagen, daß sie dort hinwollen.

M. Remky: Auch haben wir daran gedacht, einen Schwesterverein für dieses Projekt zu gründen, damit sich die Jugendlichen darin organisieren können.

P. Hahl: Ein konkretes Anwesen, welches dafür in Frage kommt, haben wir uns auch schon ausgeguckt. Es ist ein wenig alt und renovierungsbedürftig, aber das halten wir gerade für richtig. Es darf dem Jugendlichen nichts Fertiges und Tolles hingestellt werden, sie müssen selbst mit anpacken, selbst ihre Lebensbedingungen und Lebens- und Arbeitsgrundlagen schaffen.

M. Remky: Die Freizeit- und Bildungsangebote, die wir vorhin erwähnten, dienen auch dazu, daß die Menschen erst einmal eine konzentrierte Tätigkeit für ein paar Stunden durchzuhalten lernen; sie sollen gleichzeitig auch Spaß und Freunde vermitteln. Es ist ja so, daß die meisten von morgens um 07.00 Uhr bis abends um 17.00 Uhr nicht durcharbeiten können. Das ist eine Tatsache. Sie müssen Stück für Stück an Arbeitskontinuität, Ausdauer usw. über mehrere Stunden erst herangeführt werden.

P. Hahl: Ich sehe diese Freizeit- und Bildungsangebote noch in einem weiteren Sinn: Wenn wir in der Stadt eine helfende Gemeinschaft bilden wollen, dann bedeutet das eben auch, daß man gemeinsam etwas in der freien Zeit unternimmt, das kann auch ein Kinobesuch sein, ein Ausflug oder ein gemeinsames Essen.

Wir wollen auch vom Verein aus Künstler - Maler, Eurythmisten, Bildhauer - für Kurse im Knast engagieren. Bisher fehlt uns ein wenig die Nachfrage seitens der Gefängnisse. Aber eine ABM-Stelle für diese Aufgabe haben wir bereits bewilligt bekommen.

M. Remky: Es gibt eine Menge anstaltsinterne Hindernisse für die Einrichtung von Kursen. Die Räumlichkeiten fehlen; in Köln-Ossendorf zum Beispiel gibt es einen Raum für Gruppenaktivitäten, in dem sind die Anonymen Alkoholiker drin, die Bewährungshelfergespräche, Kontakt- oder Gesprächsgruppen usw. Dadurch gibt es häufig Kooperationsschwierigkeiten mit den Bediensteten, weil sie bei Kurstätigkeiten öfter als sonst durch die Anstalt laufen und aufschließen müssen.

Zusammenarbeit mit anderen anthroposophischen Einrichtungen

M.B.: Mit welchen anthroposophischen Institutionen arbeiten Sie sonst noch zusammen?

P. Hahl: Wie gesagt, wir befinden uns noch in der Aufbauphase. Im Bereich der Entschuldung arbeiten wir schon mit der GLS-Bank in Bochum zusammen. Die Entschuldung muß schon während der Haftzeit angegangen werden und nicht erst, wenn der Inhaftierte entlassen wird. Wir sind dabei, einen Entschuldungsfond aufzubauen.

H. Weische: Eine Entschuldungsmaßnahme haben wir bereits mit der GLS-Bank durchgeführt, aber der Fond bei der GLS-Bank ist nicht sehr stark. In ihn könnte noch viel mehr Geld fließen. Vielleicht ist es auch nicht genügend bekannt, daß ein entsprechender Entschuldungsfond existiert. Die Einnahmen aus dem Verkauf der Bilder von Karin

Bergmann, die auf unserer Tagung, "Wege aus der Kriminalität", zu sehen waren, fließen in diesen Fond.

Eine andere Idee ist, daß wir selbst einen "Entschuldungs- und Befähigungsfond" aufbauen wollen. Diese Idee kam von einem Finanzmenschen aus Aachen, der an der Börse arbeitet und der anthroposophischen Bewegung nahesteht. Er hat überlegt, wie man Gelder in einen solchen Fond umleiten kann, und versucht, die Menschen, die er betreut, davon zu überzeugen, daß sie einen Teil ihrer Gewinne in den gemeinnützigen Bereich einfließen lassen sollten, zum Beispiel in einen solchen Fond. Noch sind wir nicht personell und kräftemäßig dazu in der Lage, aber die Idee für einen solchen Fond ist schon geboren.

M.B.: Wie sieht es zum Beispiel mit anthroposophischen Schulen, Heimen und Kindergärten aus; bekommen Sie von denen Arbeitsaufträge oder Ausbildungs- und Arbeitsplätze angeboten, werden Sie zu Vorträgen über Kriminalität eingeladen? Oder ist das ein Bereich, mit dem viele Anthroposophen nichts zu tun haben wollen?

H. Weische: Aufträge sind schon gekommen, aber wir waren zunächst weder personell noch von der Arbeitsqualität her in der Lage, größere Aufträge anzunehmen. Auch vom Design her haben wir unsere eigene Linie noch nicht gefunden. Unterstützung in diesem "Design-Findungsprozeß" bekommen wir auch von Herrn Pütz vom Lehrerseminar in Witten-Annen. Außerdem suchen wir die Zusammenarbeit mit der anthroposophisch orientierten Schreinerei "Selket", die im Kölner Raum für ihre künstlerisch und handwerklich ausgezeichnete Arbeit bekannt ist. Gerade dies war übrigens auch ein Problem für unseren früheren Meister. Er wollte seinen eigenen Stil machen. Das haut natürlich nicht hin. Wir brauchen die Offenheit und die Zusammenarbeit. Kleinere Aufträge für anthroposophische Arztpraxen und Kindergärten in Form von Spielständern haben wir auch früher bereits ausgeführt. Kürzlich haben wir aber auch die Küche für einen Waldorfkindergarten und die gesamte Einrichtung für einen anderen Kindergarten gebaut. Mit unserem neuen Meister, Michael Kohnen, können wir wirklich zu neuen Ufern vorstoßen.

Aber das Feld ist noch riesig! Die Waldorfschule baut jetzt zum Beispiel ein neues Gebäude. Mehrere Vereinsmitglieder, auch ich, haben Kinder auf dieser Waldorfschule, und so ergibt sich von daher eine natürliche Zusammenarbeit. Ein Vereinsmitglied ist in der heilpädagogischen Initiative tätig, denn eine heilpädagogische Schule soll aufgebaut werden. Über unseren Verein "Maßstab" können wir eine/n Mitarbeiter/in einstellen, der/die diese ganzen Bauvorhaben koordiniert: den Schulbereich, den heilpädagogischen Zug im zweiten Bauabschnitt, einen Kindergarten mit einer heilpädagogisch integrierten Gruppe. Langfristig könnte im Gewerbebereich dieses Geländes auch die Schreinerei untergebracht werden.

Im übrigen beabsichten Elke Peterhardt, eine Waldorfkindergärtnerin aus Köln, und ihr Freund, Martin Petschulat, der als gelernter Schreiner zur Zeit bei uns seinen Zivildienst absolviert, gemeinsam mit dem Verein einen Versandhandel für den gesamten Einrichtungsbedarf von Waldorfkindergärten aufzubauen. Das Kind hat auch schon einen Namen: Artus!

M.B.: Das ist ja sagenhaft, wie auf diese Weise schöpferische Prozesse in Gang kommen und realisiert werden!

P. Hahl: Ja, es ist total viel Kraft darinnen!

H. Weische: Es geht darum, Träume zu haben und dafür zu sorgen, daß sie realisiert werden, vor allem daß sie nicht ausufern und verpuffen. Dabei spielt immer wieder eine große Rolle, wie sich die Menschen, die diese Träume haben und realisieren wollen, zusammenfinden. Bisher war es im Kölner Raum nicht der Fall, da haben sich eher die Kräfte paralysiert.

Bei der GLS-Bank haben wir uns schon vor 1.1/2 Jahren als Projekt vorgestellt. Sie haben dann gefragt: "Wieviel Geld wollt Ihr nun haben?" Damals haben wir mitgeteilt, daß wir im Moment noch kein Geld bräuchten. Bisher haben wir auch kein Geld geholt, sondern von den Geldern des Arbeitsministeriums und vom Arbeitsamt sowie aus privaten Darlehen von Vereinsmitgliedern gelebt. Inzwischen sind wir aber soweit, daß wir jetzt einen Antrag bei der GLS-Bank stellen.

Wir müssen aber auch auf ganz neue Finanzierungsideen kommen. Es wird auf Dauer nicht nur auf diese Weise gehen, sondern es müssen neue, wirtschaftlich tragfähige Wege gefunden werden. Die Leute glauben ja meistens nicht, daß das möglich ist. Es heißt dann meist, warum - wenn es so einfach möglich wäre - es denn nicht schon längst andere gemacht hätten? Sie denken dann, daß ein Pferdefuß dabei sein muß, denken dann nur über die Pferdefüße nach und machen es schließlich so, wie sie es schon immer gemacht haben. Die naheliegendsten Möglichkeiten werden einfach nicht gesehen, weil die Leute sie nicht sehen wollen, damit man auf altem Pfade weitertrotten kann. Aber man muß offen sein für neue Wege!

Der Wille zur sozialen Tat – es geht um die Sache, nicht um Machtinteressen

M.B.: Was macht eigentlich den Unterschied zwischen Ihrer anthroposophisch ausgerichteten Initiative und anderen ähnlichen nicht-anthroposophischen Initiativen aus? Landläufig hört man die Meinung, wenn die Anthroposophen etwas anpacken, dann werde es etwas, da sei etwas dran. Woran liegt es, daß eine solche starke Initiativkraft und Impulskraft sich in dieser Art bündeln kann?

H. Weische: Ich glaube, es liegt hauptsächlich daran, daß mit anthroposophischen Initiativen keine Machtinteressen wahrgenommen werden oder durchgesetzt werden sollen. Es geht allen darum, die Sache zu realisieren, nicht darum, Macht zu gewinnen.

Ferner kommt die geistige Grundlage der Anthroposophie und eine bestimmte Art des Miteinander-Umgehens hinzu, die zumindest idealerweise damit verbunden sein sollte: das Diskutieren und das Sich-Zurücknehmen um der Sache willen, das Zurückstellen persönlicher Eitelkeiten. Es gelingt natürlich nicht immer, es gibt Schwierigkeiten, aber dort, wo es gelingt, funktioniert es auch hervorragend.

P. Hahl: Es ist auch die Bereitschaft, Aufnahmegefäß sein zu wollen für das, was auf einen zukommt - eine gewisse Selbstlosigkeit.

H. Weische: Die Bereitschaft, an der Sache auch wirklich in aller Offenheit mitwirken zu wollen, ohne bürokratische Strukturen auszukommen, ist ebenfalls maßgeblich. Ich komme selbst aus der katholischen Ecke und bin sogar noch in der katholischen Kirche, und werde da auch nicht ohne weiteres austreten. Früher habe ich auch katholische Jugendarbeit gemacht und dort erfahren, wie die bürokratischen Strukturen, wie die Machtstrukturen die schöpferischen Kräfte ungeheuer lähmen und hemmen können. Dort habe ich erfahren, wie die nicht vorhandene geistige Offenheit bewirkt, daß man zwar bis zu einem gewissen Punkt tätig werden und etwas initiieren kann, aber dann ist an diesem Punkt Schluß. Darüber hinaus wird man abgeblockt oder abgeschoben, wenn es über die reine Lehre hinausgeht. Für mich persönlich habe ich festgestellt, daß man eine Veränderung der Gesellschaft nicht über die Kirche machen kann.

Ich bin auch in der SPD, in der ich ebenfalls bleiben werde. Aber die Parteimitglieder sitzen in ihren Gremien und ihren Versammlungen, reden sich die Köpfe heiß und verschleißen sich - wie in allen Parteien - im Machtkampf. Sie haben kaum die Möglichkeit, sachbezogen und konkret an einer Sache zu arbeiten. Denn immer ist die Sache, um die es geht, eingebettet in Machtinteressen: gewinnen wir dadurch Wähler oder verlieren wir welche; bin ich für diese oder jene Funktion mit dieser Position zu dieser Sache wählbar? Das steht im Mittelpunkt der Arbeit. Als anthroposophisch-sachlich Arbeitender kann man viel freier und offener vorhandene Strukturen nutzbar machen, zwar nicht für sich, aber für die Sache. Man braucht keine taktischen Rücksichten zu nehmen. Wir wollen uns auch nicht als Anthroposophen-Verein verstehen, der ganz eng und dogmatisch nur Anthroposophen mit Mitgliedsausweis aufnimmt. Wir wollen eine große Offenheit bewahren. Das mag manchem Bilderbuch-Anthroposophen nicht passen, aber das ist heute notwendig! Sonst kommt die Sache, um die es geht, nicht voran.

M. Remky: Ich kann das bestätigen. Ich hatte von Anthroposophie überhaupt keine Ahnung, als ich hier zu dem Verein stieß. Aber ich konnte frei meine Fragen stellen und das tun, was ich für richtig hielt.

H. Weische: Rudolf Steiner hat ja einmal gesagt, daß die heutige Einweihung in der Ergreifung des Willens liegt. Das kann man - etwas verkürzt - auch so auslegen, daß dieser Einweihungsweg durch die Tat im Sozialen führt. Dazu *kann* dann, muß aber nicht, die Anthroposophie kommen. Das ist für mich eine ganz beruhigende Erkenntnis, denn nicht jeder will sich zum Anthroposophen "ausbilden" lassen - und das muß er auch gar nicht. Hauptsache, er will im Sozialen zukunftsorientiert und ohne egoistisches Machtinteresse tatkräftig wirken.

Das Soziale Gemeinschaftswerk e.V. (SGW)

Das SGW hatte im Verlauf seiner Vereinsgeschichte verschiedene Bezeichnungen, stets mit gleicher Zielsetzung: 1959 begann es als "Soziales Hilfswerk e.V." mit Sitz in Hamburg; 1965 "Vereinigung für Kriminalpädagogik und -Therapie e.V." mit Sitz in Bremen und seit 1977 "Soziales Gemeinschaftswerk e.V." mit jetzigem Sitz in Düsseldorf. Das SGW ist als gemeinnützig anerkannt und Mitglied im DPWV.

Das SGW bemüht sich um Mitarbeit an der Entwicklung von Arbeitsgrundlagen im Strafvollzug, Strafrecht und Sozialwesen und hat sich zu diesem Zweck die Aufgabe gestellt, durch Begegnen, Beraten, Befähigen, Behandeln und Begleiten für Menschen bereit zu sein, die zur Lebensgestaltung besonderer Hilfen bedürfen.

Die Mitglieder und Freunde des Vereins sind in diesem Sinne im Bereich des Strafvollzuges aktiv in Form von Briefkontakten zu Gefangenen, Besuchen und Betreuungen. Sie gaben Mitteilungsblätter heraus und führten Arbeitstagungen zum Thema Stafvollzug durch. Auch wurde an einer anthroposophischen Alternative zum Strafvollzug gearbeitet.

Neu in der Vereinsgeschichte ist die Errichtung von Zweckbetrieben und anderen Einrichtungen. Bereits 1985 begann die Entwicklung des heutigen Zweckbetriebes "SGW Gartengestaltung" in Düsseldorf. Bei der Gründung war das Hauptanliegen, Arbeitsplätze auf therapeutischer Grundlage einigen straffällig gewesenen Menschen zu bieten, damit sie Gelegenheit haben, sich ein sinnerfülltes Leben aufzubauen. Es zeigte sich, daß nicht nur Straffällige um Arbeit nachsuchten, sondern auch Anfragen für Menschen aus psychiatrischen Zusammenhängen kamen. Auch diesen Menschen soll künftig die Mitarbeit im Gartengestaltungsbetrieb ermöglicht werden. Das Leistungsangebot umfaßt die Neuanlage und Umgestaltung von Gärten aller Art sowie deren Pflege. Auszuführende Arbeiten sind in der Regel Pflasterungen und Plattierungen in Natur- und Betonstein, Pflanzungen, Teichbau, Zaun- und Holzbau u.v.m.

Es ist beabsichtigt, neben dem gestalterischen Bereich, der fachlich höhere Anforderungen an die Mitarbeiter stellt, in Zusammenarbeit mit gemeinnützigen Wohnungsbaugesellschaften, der Stadt Düsseldorf etc. den Gartenpflegebereich so auszubauen, daß hier vier bis fünf psychisch labile Menschen unter sozialtherapeutischer Begleitung Arbeit finden. Die Mitarbeiter sollen tariflich entlohnt werden und der Betriebsablauf dem eines Handwerkbetriebes gleicher Größenordnung entsprechen, damit der gegebenenfalls gewünschte Wechsel hin zu einer anderen Stelle auf dem allgemeinen Arbeitsmarkt erleichtert wird.

1986 entwickelte sich in Berlin das Projekt "Knackpunkt", dessen Träger das "SGW Berlin e.V." ist. "Knackpunkt" hat sich zur Aufgabe gemacht, "ein ambulantes Angebot für haftentlassene Männer und Frauen zu entwickeln und anzubieten": persönliche Beratung, aktive Einzelfallhilfe, Unterstützung und Regelung von Arbeitsplätzen (BSHG § 19, 1 und 2 - Entgeltvariante). Ein weiteres Angebot ist die gemeinsame Teilnahme von Betreuern und Betreuten an künstlerischen Kursen. Als Zweckbetrieb wird zur Zeit der

"Bio-Express" entwickelt, ein Lebensmittelversand und "Essen auf Rädern" für Bedürftige und Kindertagesstätten.

Etwa zur gleichen Zeit entstand - durch die Fragestellung und Einladung des SGW und des "Verbandes anthroposophischer Einrichtungen für Heilpädagogik und Sozial-Therapie e.V.": "Wo finden kleine Einrichtungen und neue Initiativen der sozialen Arbeit auf anthroposophischer Grundlage ein Zuhause, einen gemeinsamen Träger?" - das "FORUM für anthroposophische Sozialarbeit". Das FORUM ist ein freier Zusammenschluß von Menschen, Vereinen und Institutionen, besteht als nicht-rechtsfähiger Verein und gibt eine Zeitschrift heraus mit dem Titel: "Anthropo-Sozial".

Das SGW versteht sich als Möglichkeit, Impulse aus der anthroposophischen Sozialarbeit in die Wirklichkeit zu bringen. Die einzelnen selbstverantworteten und sich selbst tragenden Projekte als Umkreis bilden eine Mitte: den Verein SGW.

Kontaktaufnahme über: *Soziales Gemeinschaftswerk e.V., Hagener Straße 60, D-4000 Düsseldorf 12, Telefon: 0211/29 44 17*

Das Projekt "Knackpunkt" im Sozialen Gemeinschaftswerk Berlin e.V.
(siehe die Werkstattgespräche auf den folgenden Seiten)
benötigt für seine Arbeit Unterstützung jeglicher Art,
insbesondere Sachspenden.
Interessenten wenden sich zur Kontaktaufnahme bitte an:

Soziales Gemeinschaftswerk Berlin e.V.
Projekt "Knackpunkt"
Bornstraße 11
D-1000 Berlin 41
Telefon: 030/ 851 13 68

Sparkasse der Stadt Berlin West (BLZ 100 500 00)
Kto.-Nr. 121 0018 574

Projekt "Knackpunkt", Berlin

WERKSTATTGESPRÄCHE

Die derzeitige Situation haftentlassener Personen beschränkt sich auf eine mehr oder weniger gewollte Zufälligkeit bestehender Beratungs- bzw. Hilfsangebote, die dieser Personenkreis in Anspruch nehmen kann, wenn er davon erfährt resp. ihm der persönliche Zugang ermöglicht wird.

Die in der Praxis vorhandenen und in der Fachliteratur beschriebenen Einrichtungen für Haftentlassene lassen sich nach drei Schwerpuntken einteilen:

- Beratungsstellen - zum Beispiel Bewährungshilfe,
- Beratungsstellen mit speziellen Angeboten - Gruppenarbeit usw.,
- Übergangsstellen - nur Wohnraumangebot.

Es gibt *kein* Angebot für Personen, die eine sehr lange Haftstrafe hinter sich gebracht haben und die die "totale Institution" durch den sogenannten Freigang verlassen können. Die vorhandenen Angebote werden der besonderen Lebenssituation dieser Gruppe nicht gerecht!

Mit dem Projekt "Knackpunkt" im Sozialen Gemeinschaftswerk Berlin e.V. soll versucht werden, in eine ganzheitliche Betreuung einzusteigen. Dieser Ansatz kann als der Anfang einer ambulanten Beratung als durchgehende Betreuung aus biographischen Gesichtspunkten heraus verstanden werden.

Das Projekt "Knackpunkt" versteht sich als ein ambulantes, agogisch (Erwachsenenbildung) begründetes Angebot, welches den entlassenen Menschen nicht zum Objekt der Behandlung oder Gegenstand von Betreuung macht, sondern ihn selbst bei der Verwirklichung seiner Bedürfnisse und Anliegen behilflich ist (Hilfe zur Selbsthilfe!).

Entgegen der allgemeinen Auffassung ist Straffälligkeit keine "Krankheit", die - wie auch immer - "behandelt" werden muß! Der Gefangene soll - so die gängige Ansicht - durch den Vollzug "geheilt" werden, um als "mündiger" Bürger die Strafanstalt zu verlassen. Soll er dort wieder anfangen, wo er möglicherweise vor Jahren begonnen hatte?

Wir gehen von der Erkennntis aus, daß bei der Entstehung von Straffälligkeit vielschichtige Ursachen zu berücksichtigen sind, die vorwiegend in der Wechselwirkung zwischen der sich entwickelnden Individualität und seiner sozialen Umwelt entstanden sind und entstehen. Straffälligkeit erscheint somit nicht nur als Ergebnis eines bestimmten einmaligen Vorganges, sondern ist Ausdruck einer besonderen biographischen Situation (Biographik) in einem (Selbst-)Erziehungs- und Entwicklungsprozeß.

Basierend auf einem Verstehen der individuellen Lebensumstände und der sozialen Verhältnisse des betreffenden Haftentlassenen und seiner Taten begründet sich das sozialpädagogisch orientierte Angebot.

(*Auszug aus der Einleitung des Projekt-Konzeptes "Knackpunkt";* Red.)

Mit den folgenden, spontan geführten Interviews möchten wir einen aktuellen Einblick in die derzeitige Arbeit des Projektes "Knackpunkt" geben.

"Wie Beton im Körper!"

GESPRÄCH MIT W.A.

am 06.09.1989 in der JVA Tegel, Haus IV, Sozialtherapeutische Abteilung

von Friedmut Dreher

W.A. stand unter der seelischen Belastung seines erneuten Aufenthalts in der Haftanstalt.

Friedmut Dreher: Wie hast Du vom Projekt "Knackpunkt" erfahren?

W.A.: Dazu muß ich etwas länger ausholen. Der Anfang war, daß ich zum Freigang zugelassen wurde, d.h. ich mußte mir eine Arbeitstelle außerhalb der Anstalt suchen. *(Anm: W.A. hatte bisher innerhalb der Sozialtherapeutischen Abteilung in der Glaswerkstatt gearbeitet)* . Da habe ich mir sozusagen wochenlang die Hacken abgelaufen, um einen Job zu finden.

F.D.: Wie viele Bewerbungen bzw. wie viele Telefonate hast Du durchgeführt?

W.A.: Von den etwa 20 Bewerbungen konnte ich mich bei 15 persönlich vorstellen, die anderen erledigten sich bereits während des Telefonats.

F.D.: Warum?

W.A.: Nun, ich habe erzählt, daß ich aus dem Knast komme, und da war das Gespräch meist schon beendet. Ich mußte dies wegen der sogenannten Nebenabrede erzählen.

Arbeitssuche und Nebenabrede

F.D.: Was ist diese "Nebenabrede"?

W.A.: Die Nebenabrede muß der Arbeitgeber mit dem Arbeitsvertrag unterschreiben und anschließend der Anstalt vorlegen. Dies ist eine Bedingung für den Freigang. Der Arbeitgeber geht damit die Verpflichtung ein, jeden Monat 500 Mark von dem Lohn an die Anstalt für Haftkosten zu überweisen; desweiteren muß er der Anstalt melden, wenn ich nicht zur Arbeit erscheine, also kurz gesagt, er muß alle außergewöhnlichen Vorkommnisse auf der Arbeit in der Anstalt melden!

F.D.: Du finanzierst also nicht nur die Anstalt mit, sondern der Arbeitgeber hat auch noch eine Kontrollfunktion übernommen! Außerdem trug diese Regelung nicht zur Förderung der Arbeitsaufnahme bei?!

W.A.: Ja, richtig. An der Nebenabrede sind die Arbeitsverträge gescheitert! Es hat sich das Bewußtsein in der Bevölkerung zurückentwickelt. Ich war ja in den siebziger Jahren schon einmal in Haft, und damals hat es keine derartigen Probleme mit der Arbeit gegeben wie dieses Mal im Sommer 1988.

F.D.: Und wie ging es dann für Dich weiter?

W.A.: Rein zufällig kaufte ich mir über eine Anzeige ein Rennrad. Ich stellte jedoch nach kurzer Zeit fest, daß das Rennrad nicht das Richtige für mich war, und bot es über eine Anzeige wieder zum Verkauf an. Es meldete sich ein junger Mann, mit dem ich ins Gespräch kam. Ich erzählte ihm, daß ich Arbeit suchte, und es stellte sich heraus, daß dieser junge Mann Hausmeister in einer therapeutischen Einrichtung war. Er vermittelte mir die Telefonnummer von "Knackpunkt". Ich nahm dieses Angebot gar nicht recht ernst, zumal ich mir auch noch Hoffnungen auf andere Arbeitsstellen machte. Nachdem jedoch die Zeit, die mir zur Arbeitssuche zur Verfügung stand, immer kürzer wurde, bin ich zum Projekt "Knackpunkt" gegangen und habe dort mit Dir über meine Situation gesprochen!

Ich hatte sofort das Gefühl, daß ich an der richtigen Stelle war. Hier hatte ich jemanden gefunden, der etwas für mich tun will, und das sprach ich damals ja auch aus. Wir haben dann relativ schnell einen Termin mit dem Sozialamt vereinbaren können, um über ein Beschäftigungsverhältnis Auskunft zu bekommen. Das Ergebnis war sofort positiv.

F.D.: Wir haben außerdem mit dem Geschäftsführer des zukünftigen Arbeitsplatzes ein gemeinsames Gespräch in der Vollzugsanstalt geführt. Der Arbeitgeber war nach dem Gespräch bereit, Dich zuerst auf Probe als Hausmeister zu beschäftigen. Wie erging es Dir nach der langen Arbeitssuche mit der Arbeitsaufnahme?

W.A.: Zunächst war ich froh, daß ich eine Arbeit und ein relativ gutes Einkommen hatte *(Anm.: Tariflohn, sozialversicherungspflichtiges Einkommen für 12 Monate, nach § 19, 2 BSHG);* abgesehen davon, daß ich nach acht Jahren Haft zu den Haftkosten beitragen mußte - entsprechend der Nebenabrede -, denn diese Summe hat mir gefehlt!

Es war ein vollkommen selbständiges, freies Arbeiten. Es wurde mir sehr großes Vertrauen entgegengebracht. Nach 14 Tagen kam ich mir allerdings sehr verloren vor! Ich arbeitete ganz allein im Garten, und das damals anstehende Fensterstreichen war eine Arbeit, die mir gar nicht liegt, die ich gar nicht machen wollte. Dann kam es zum Gespräch mit dem Geschäftsführer und wir haben uns ausgesprochen. Von diesem Augenblick an ging es prächtig - das Eis war sozusagen gebrochen!

F.D.: Hattest Du Kontakt zu den behinderten Kindern, die zur Therapie in die Einrichtung kamen?

W.A.: Eigentlich nicht. Ich muß aber sagen, daß ich anfangs auch Probleme damit hatte, mit den sowohl physisch als auch psychisch Schwerbehinderten umzugehen. Ich hatte in meinem Leben noch nie solch nahen Kontakt zu extrem Schwerstbehinderten, die kaum allein ein paar Schritte machen können, nicht richtig hören und überhaupt nicht sprechen können. Es waren einige darunter, die auf einer Entwicklungsstufe stehengeblieben sind. Da kam einer zur Therapie, den ich auf 15 Jahre geschätzt habe. Dann stellte sich aber heraus, daß er 33 Jahre alt war. Außerdem war er vollkommen unberechenbar in seinem Verhalten. Er schlug manchmal wild um sich, riß zum Beispiel Blumentöpfe runter, und sobald er einen Spiegel sah, hat er ihn runtergerissen oder hineingeschlagen. Dieser Behinderte mußte immer an der Hand geführt werden. Im Laufe der Zeit hat es sich dann schon mal ergeben, daß ich auf ihn aufgepaßt habe, als der Fahrer kam und ihn brachte und der Therapeut noch nicht da war. Da der Fahrer wieder weg mußte, habe ich gesagt: "Okay, ich passe solange auf ihn auf." Ich habe dann so allmählich meine Scheu und meine Angst überwunden. Also, ich hatte sie nicht wegen der Behinderung, sondern weil die Verhaltensweisen so unberechenbar waren. Nach und nach habe ich Vertrauen zu den Behinderten bekommen.

Therapie als Konditionierung für das Rattenrennen

F.D.: Du kommst aus einer sozialtherapeutischen Abteilung im Knast. Kannst Du etwas zu der Therapie sagen, die dort gemacht wird? Siehst Du diese Therapie im Knast als einen Widerspruch, oder ist sie etwas ganz Wichtiges für Dich gewesen?

W.A.: *Sie wäre* etwas ganz Wichtiges, wenn man davon ausgeht, daß Menschen, die - aus welchen Gründen auch immer - wiederholt straffällig werden, sich also immer wieder im Knast wiederfinden, daß diese die entsprechende Hilfeleistung bekommen, so daß sie selbst dahintersteigen, weshalb sie straffällig geworden sind. Denn keiner will in den Knast, und sie landen dort doch immer wieder. - Ich kann hier nur von mir persönlich sprechen. Wir haben sehr intensiv in meiner Vergangenheit, in meiner Kindheit herumgestochert nach dem Prinzip: Ursache und Wirkung.

F.D.: War dieses Herumstochern fruchtbar?

W.A.: Teils, teils. Ich habe schon während meiner ersten Inhaftierung an mir gearbeitet, und es sind keine wesentlichen neuen Bilder und Erkenntnisse in mir entstanden.

F.D.: Welche Bedeutung hat denn die Therapie für Dich gehabt?

W.A.: Vielleicht kann ich dazu sagen, daß ich mich mit meinem Therapeuten auch anfangs gleich über den Begriff der Therapie verständigt habe. Ich habe auch meine eigenen Vorstellungen davon. Ich habe mich mit verschiedenen Therapieformen beschäftigt, und es war eigentlich klar, daß in der Anstalt keine richtige Therapie stattfinden kann, sondern nur eine Gesprächstherapie, die eigentlich immer nur an der Peripherie hängenbleibt und nie irgendwo ins Zentrum geht, wo sie eigentlich hin sollte, und daß sich so nichts wirklich verändert. Hier tritt man unter den Gesichtspunkten an: Draußen die Gesellschaft ist wie ein Rattenrennen, und ihr seid aus dem Rattenrennen rausgefallen. Wir Therapeuten sind dazu da, um euch zu konditionieren, damit ihr wieder an dem Rattenrennen teilnehmen könnt.

F.D.: Kurz gesagt ...

W.A.: ... kurz gesagt, auf einen Nenner gebracht. Das Aus-der-Rolle-Fallen wird so gut wie möglich transparent gemacht. Das Ziel soll ja sein, daß man draußen dann in Zukunft straffrei lebt.

F.D.: Man kommt sich dann irgendwie wie eine Ratte vor, die durch Strafe und Belohnung konditioniert und schließlich wieder rausgelassen wird?

W.A.: Ja, mir sind schon oft die Pawlowschen Experimente dazu eingefallen. Wenn du hier im Knast Wohlverhalten an den Tag legst, dann kriegste deine Bonbons, deine Belohnung, deinen Urlaub, deine Tagesausgänge. Und wenn du irgendwo daneben trittst, dann wirste mit Entzug bestraft. Du kommst dann nicht in den Genuß von irgendwelchen Lockerungen oder halt erst später.

F.D.: Du bist regelmäßig Deiner Hausmeistertätigkeit nachgegangen. Außerdem hast Du in Deiner Freizeit an einer Projektidee gearbeitet, einer Glas-Kunstwerkstatt. Du hast einmal in der Woche mit anderen Haftentlassenen an der Arbeitsgruppe "Künstlerisches Zeichnen/Malen" teilgenommen. "Knackpunkt" hat Dir also nicht nur eine Arbeit vermittelt, sondern auch noch Einzelgespräche angeboten und durchgeführt bezüglich der Arbeitsplatzgestaltung und spezieller Probleme, die gelöst werden mußten. Also ein umfassendes Angebot. Vielleicht kannst Du eine kurze Einschätzung dieses umfassenden Angebots geben. War es eine Überforderung?

Endlich raus aus der Reglementierung!

W.A.: Rückblickend muß ich sagen, daß es doch vielleicht etwas zu viel war. Nur, auf der anderen Seite war es auch wiederum notwendig, weil es ja darum ging, daß ich meine Existenz für die Zukunft aufbaue, damit ich wirklich draußen auf eigenen Beinen stehen kann. Ich sage deshalb "Überforderung" in Anführungszeichen, weil der Freigang als solcher schon eine ziemliche Belastung darstellt. Das heißt mit anderen Worten: man kommt morgens um 07.00 Uhr raus und geht zu seiner Arbeit und muß abends wieder rein, also gegen 22.00 Uhr.

Ich kenne Leute, für die dieses Angebot noch wesentlich wichtiger wäre, die lange Haftzeiten hinter sich haben, die draußen einer intensiven Nachbetreuung bedürfen.

F.D.: In bezug auf die Arbeit oder ganz generell?

W.A.: Generell, bei allen Schwierigkeiten, die auftauchen können, zum Beispiel bei der Wohnungssuche, Arbeitssuche usw. Mir fällt hier ganz besonders X ein, der während seines Urlaubs nachts in den Knast zurückging, weil er außerhalb keine Wohnung gefunden hatte.

F.D.: Kannst Du etwas zur künstlerischen Gruppenarbeit sagen, zu dem Malen und Zeichnen?

W.A.: Ich kann das wieder nur für mich ganz persönlich beantworten. Wenn ich rauskomme, möchte ich endlich mal meine Zeit ganz für mich selbst einteilen können. Also bedingt vor allem durch die lange Haftzeit. Da kann man sich natürlich hinstellen und sagen, daß der Mensch, der aus der Haft kommt, eine jeweils regelmäßige Arbeitszeit, Freizeit und Schlafenszeit haben muß. Wenn aber 17 Jahre lang regelmäßig um 11.00 Uhr das Licht ausgeknipst wird, man regelmäßig um 12.00 Uhr Mittag und um 03.00 Uhr sein Abendbrot bekommt, will man seine Zeiteinteilung endlich selbst bestimmen. Wenn man dann eine Möglichkeit hat, seinen Lebensunterhalt in Zukunft zu verdienen - bei mir persönlich mit Glaskunst, Glaskunstobjekten, Lampenbau etc. -, dann will man vielleicht auch mal zwei Tage lang durcharbeiten und dabei nicht auf die Uhr schauen. Und wenn die Sonne scheint, will man vielleicht zwei oder drei Tage die Sonne genießen.

F.D.: Das heißt, die Arbeitsgruppe "Künstlerisches Gestalten" müßte noch stärker mit den individuellen Bedürfnissen abgestimmt werden? Also in Deinem Falle Entwürfe zum Beispiel von Glasfenstern etc. mit einbeziehen, was ja zum Teil auch passierte. Die künstlerische Arbeit dient zur beruflichen und persönlichen Eingliederung, soll also ein Prozeß sein, in dem anhand von künstlerischen Übungen selbständiges Handeln gelernt wird. Wie siehst Du das?

W.A.: Das ist genau der Punkt, daß ich mich in ein Objekt so hineinvertiefen kann, daß ich Raum und Zeit vergesse, daß ich so intensiv daran arbeite, daß ich dann bis um 01.00

Uhr oder unter Umständen auch bis um 02.00 Uhr nachts arbeite. Ich habe ja im Knast auch gearbeitet und Entwürfe selbst gestalten können. Dann habe ich eine schöpferische, kreative Phase, die ich auch ausnutzen möchte. - Und so möchte ich auch für mich in Zukunft arbeiten.

F.D.: Also keine Trennung von Arbeits- und Freizeit?

W.A.: Genau. Auch wenn dies alles Herkömmliche hier sprengt! Da fühle ich mich endlich als Künstler und kann meine Kreativität zum Ausdruck bringen und außerdem noch meine Brötchen damit verdienen. Ich denke, das ist für mich - also nur für mich - optimal. Und ich sehe nicht ein, daß ich da in Zukunft irgendwelche Abstriche machen soll.

F.D.: Nach dieser Zeit der 17jährigen Reglementierung!?

W.A.: Ja, richtig! Vielleicht ist es mir auch durch diese lange Haftzeit erst richtig bewußt geworden! Vielleicht wollte ich es schon immer so. Ich denke, daß eigentlich jeder Mensch so mit sich und mit seiner kreativen Phase umgehen will. Denn kein Mensch hat von morgens um 08.00 Uhr bis nachmittags um 16.00 Uhr seine kreative, schöpferische Phase.

"Immer wieder durch Fremdscheiße heruntergezogen"

F.D.: Wir haben jetzt über Deine Arbeit, über künstlerische Arbeit, gesprochen. Wie ist es nun mit den sozialen Kontakten? Du kommst zum Freigang raus und hast in der künstlerischen Arbeitsgruppe wiederum Kontakt zu Kollegen, die Du seit vielen Jahren kennst. Du hast persönliche Freundschaften geschlossen, andererseits verläßt Du den Knast eigentlich nie, da Du immer mit den gleichen Leuten zusammen bist. Kannst Du dazu, also vor allem zu "Knackpunkt", etwas sagen? Du hast jetzt ein Jahr lang die Anfänge des Projektes erfahren. In einer Drogeneinrichtung zum Beispiel ist es auch so, daß man immer mit Drogenleuten zusammen ist. Ist das Entsprechende für ein Knastprojekt sinnvoll?

W.A.: Ich denke, daß es sinnvoll sein *kann,* wenn Freigänger, Haftentlassene, wer auch immer, Leute, die aus dem Knast kommen, wenn die gleichgelagerte Probleme haben und sich da austauschen können, womöglich auch gemeinsam eine Wohnung suchen usw. Aber für mich muß ich rückblickend sagen: Ich möchte *nicht* mehr!

Meine Interessen sind anders gelagert. Ich fand es nicht mehr gut. Also immer immer wieder dieser Rattenschwanz. Jetzt ist Ende. Jetzt ist es aus, so egoistisch oder unsozial das auch klingen mag. Nach einer so langen Haftzeit bin ich dabei, mein Leben jetzt in den Griff zu bekommen. Und ich habe mit mir selber noch eine Menge zu tun, weil ich immer wieder durch Fremdscheiße heruntergezogen werde.

Ich habe mich auch eine Zeitlang selber überfordert, habe mich da auch selber belogen und betrogen. Und erst nachdem ich mit Freunden darüber gesprochen habe, war mir klar: Jetzt finde du dich erst einmal! Wenn da permanent einer rumrennt, dem es noch schlechter geht als dir, und du selber kaum Kraft hast, dann tankst du erstmal. Und wenn du dann in zwei, drei Jahren der Meinung bist: Jetzt habe ich etwas Energie übrig für andere, dann kannst du dich umdrehen und sagen: Paß auf, ich helfe Dir! Alles andere wäre auch Betrug. Wenn ich selber kaum stehen kann und reiche noch jemandem die Hand, fallen wir beide auf die Fresse, und dann ist der noch mehr bedient!

F.D.: Dazu kann ich nur vermuten, daß dies vielleicht auch ein Ergebnis der sozialtherapeutischen Abteilung ist, wenn Leute wie Ratten behandelt werden und ihnen nicht so zum solidarischen Handeln verholfen wird, daß man gegenseitig auch Kraft bekommt und nicht nur weiterhin kraftlos ist, wenn man die Anstalt verläßt. Es ist eine Überforderung, anderen helfen zu wollen, wenn man selber noch mit einem Rucksack voller Probleme belastet ist! Ich frage mich, was in dieser sozialtherapeutischen Abteilung eigentlich geschieht, was mit den Menschen dort gemacht wird.

Wegen 0,4 Promille ohne Rücksicht wieder inhaftiert!

Aktuell ist es ja so, daß Du ein Jahr lang keinerlei ernsthafte Probleme mit dem Alkohol hattest, das heißt, Du bist nie betrunken zur Arbeit gekommen. Es gab in dieser Hinsicht keinerlei Probleme. Und Du bist im Sommer 1989 vorzeitig beurlaubt worden, d.h. bis zu Deiner vorzeitigen Entlassung konntest Du draußen wie jeder andere leben. Die einzige Auflage war, einmal in der Woche zur Therapie zu kommen. Wie war das?

W.A.: Ja, ich mußte nachts nicht mehr in die Anstalt kommen. Ich habe gelebt wie jeder andere, hatte meinen Ausweis. Die einzige Auflage war - wie gesagt -, die Therapie hier weiterzumachen.

F.D.: Hier ist anzumerken, daß der Arbeitsvertrag des Sozialamts durch eine Sondergenehmigung für weitere sechs Monate verlängert wurde, auch aufgrund Deiner guten Arbeitsleistung, die auch zu Überlegungen führte, Dich ganz als Hausmeister dort einzustellen. Wie kam es nun zu der Streichung der Beurlaubung?

W.A.: Ich hatte einen Tag vorher mit Freunden gefeiert und wurde vom Therapeuten(!) wie von der Polizei zur Kontrolle geführt, mußte pusten. Also ich betone: nicht von den Beamten, sondern von dem Therapeuten! Daraufhin wurde alles gestrichen, mein Freigang bzw. die Beurlaubung auf unbestimmte Zeit!

F.D.: Was hat das alles mit Therapie zu tun?

W.A.: Es geht um das Vollzugsziel. Die Therapie dient ja dazu, oder soll dazu dienen, daß irgendetwas erreicht wird. Wenn man jetzt von außen sieht, was ich erreicht habe, so habe ich mir in den letzten drei Jahren eine sehr stabile persönliche Beziehung aufgebaut, die aufgrund der Knastsituation immer wieder extrem belastet war - ich kann vor meiner Freundin nur den Hut ziehen, daß sie die ganze Zeit diese Schwierigkeiten mitgemacht hat! Dazu muß ich fairerweise sagen, daß gerade dadurch die Beziehung besonders stark geworden ist. Die Beziehung ist also nicht an den Schwierigkeiten zerbrochen, sondern noch stärker geworden.

Nur, jetzt kommt es mir manchmal so vor, als wenn man sagen will: Moment mal, wie stark ist die Beziehung wirklich? Jetzt hauen wir erst einmal alles kaputt und schauen, ob die Beziehung immer noch besteht. Und wenn nicht, na dann war sie sowieso nichts wert!

Ohne Rücksicht auf Verluste bin ich von heute auf morgen wegen 0,4 Promille wieder inhaftiert worden! Ohne Rücksicht auf meine Arbeit, ohne Rücksicht auf meine Beziehung. Und wenn ich jetzt draußen eine Wohnung gehabt hätte, die ich allein bezahlen müßte, hätte ich die Miete nicht weiter bezahlen können!

Und hier stellt sich mir die Frage nach dem Anspruch der Resozialisierung und der Therapie! Was nützt es, daß ich Früchte vorzuweisen habe, wenn die mir aus der Hand geschlagen werden und ich dann kurz vor der Entlassung mit leeren Händen dastehe ...?!

F.D.: Hier hat man von außen den Eindruck, daß die Therapie in der sogenannten therapeutischen Abteilung beinahe zum Selbstzweck geworden ist.

Das Projekt "Knackpunkt" hat den Anspruch, sowohl in bezug auf die Arbeit als auch ganzheitlich zu helfen. Hieltest Du es für sinnvoll, wenn auch therapeutische Angebote durchgeführt würden, grundsätzlich natürlich freiwillig und ohne irgendwelchen Straf- oder sonstigen Sanktionscharakter?

W.A.: Natürlich, auf alle Fälle. Ich halte Therapie grundsätzlich für sinnvoll. Wenn Leute aus dem Knast kommen oder Leute, die mit sich selber nicht zu Potte kommen, und einen Ansprechpartner finden, zu dem sie Vertrauen haben können, zu dem sie hingehen können mit allen Problemen, reden können, ohne Angst vor irgendwelchen Sanktionen haben zu müssen, dann ist das eine gute Sache.

Bei mir war es schon seit meiner Kindheit so, daß ich immer Angst vor Strafe hatte! Das Vertrauen ist im Knast, in der sozialtherapeutischen Abteilung nicht da. Es kann sich überhaupt nicht entwickeln. Ich bin jetzt viereinhalb Jahre im Haus 4, und ich habe noch keinen Gefangenen getroffen, der mir glaubhaft versichern konnte, er habe Vertrauen zu seinem Therapeuten.

"Der Knast ist mein Problem"

F.D.: Heißt das, daß im Knast eigentlich gar keine Therapie stattfinden kann?

W.A.: Der zuständige Therapeut entscheidet über die Vollzugsplanung, d.h. jeder Gefangene ist bemüht, Wohlverhalten an den Tag zu legen! Und je mehr Wohlverhalten und Angepaßtheit er an den Tag legt, umso schneller tritt die Vollzugslockerung in Kraft! Die wirklichen Probleme werden unter den Teppich gekehrt, da es nur um Wohlverhalten geht! Die Probleme kommen erst bei der Entlassung richtig zum Vorschein.

F.D.: Wie kann man diese Probleme charakterisieren?

W.A.: Das ist nicht so einfach zu beantworten. Die meisten der Entlassenen sind unselbständig und unmündig, und der Freigang soll dazu dienen, draußen mit dem Leben zurechtzukommen, mit Arbeit, Wohnung und mit den finanziellen Mitteln. Manch einem wird der Urlaub abgelehnt, weil er keine eigene Wohnung finden kann.

Für mich persönlich kann ich nur sagen, daß ich keine Probleme mehr habe, d.h. der Knast ist mein momentanes Problem!

F.D.: Meinst Du den Apparat, die ganze Organisation und das ganze Drumherum?

W.A.: Das alles hängt mir wie Scheiße am Körper, wie Beton. Ich will das endlich alles loswerden! Es ist wie Beton im Körper!

F.D.: Ist es richtig, daß Dir von außen Probleme aufgedrückt werden, die Du gar nicht einmal hast, und als therapeutisch verkauft werden?

W.A.: Ja.

F.D.: Kannst Du zum Schluß noch etwas zu Deinen Plänen für die Zukunft sagen?

W.A.: Ich werde jetzt nächstes Jahr 40 Jahre alt und habe fast die Hälfte meines Lebens hier in Tegel in Haft gesessen. Ich will nun endlich für allemal einen Schlußstrich ziehen und die letzten Jahre, die ich noch zu leben habe, mit meiner Freundin zusammen in Freiheit verbringen. Und ich will erst einmal zu mir selber kommen. Ich muß erst einmal wieder Kraft tanken und zu mir selber kommen. Ich kenne in dieser Stadt nichts anderes außer Knast und Vollzugsbedienstete, und an jeder Ecke treffe ich Leute, die mit dem Knast etwas zu tun hatten; ständig kommt mir der Knast ins Bewußtsein. Ich will nicht mehr! Ich kann nicht mehr! Ich will jetzt endlich meine Ruhe haben!

Gemeinsame Lernprozesse durch Erfahrung

GESPRÄCH MIT DEM ARBEITGEBER VON W.A. AM 11.09.1989

von Friedmut Dreher

F.D.: Wie ist die Beschäftigung von Haftentlassenen/Freigängern aus der Sicht Eurer Einrichtung zu beurteilen?

Arbeitgeber: Ich kann natürlich nur von den Erfahrungen sprechen, die ich mit Herrn W.A. gemacht habe. Aber generell ist zu sagen, daß sie durchaus positiv zu beurteilen waren. Ich selbst kam nicht auf die löbliche Idee, einen haftentlassenen ehemaligen Strafgefangenen hier zu beschäftigen. Die Angelegenheit ist von außen, vom Projekt "Knackpunkt" an mich herangetragen worden. Diese Frage kam auf uns zu, ohne daß wir uns mit diesem Problem in irgendeiner Weise beschäftigt hatten oder überlegt hatten, so etwas zu tun.

Ich war von dieser Idee sofort angetan, jedoch unter einigen Voraussetzungen. Ich konnte natürlich nicht nur für mich zusagen, sondern mußte diese Angelegenheit auch mit den verantwortlichen Personen besprechen und die Entscheidung auch von deren Stellungnahme abhängig machen. Diese Entscheidung ist schnell und unkompliziert zustande gekommen, weil wir uns nicht abstrakt-theoretisch für entscheiden mußten, sondern ganz konkret, da ja schon ein Mensch für eine solche Aufgabe da war.

Ich habe diesen Menschen, Herrn W.A., über das Projekt "Knackpunkt" in der Anstalt kennenlernen können, was für die ganze Entscheidung außerordentlich wichtig war. Es geht eben um einen Menschen, der in der und der Lage so und so ist, der dieses oder jenes Schicksal hat. Und da ist es ganz anders, als wenn man sich nur losgelöst theoretisch-abstrakt entscheiden müßte.

Wir hatten eben die Hausmeisterstelle offen, die mußte besetzt werden. Sie wurde von uns zum Teil mit Hilfskräften oder von Handwerkern ausgeführt. Also von daher gesehen war dieses Angebot für unsere Einrichtung sehr willkommen; auch finanziell, da sich unsere Einrichtung nur schwer selber finanziell tragen kann und das Sozialamt hier die Kosten voll übernommen hat. - Zusammenfassend möchte ich sagen, daß die Beschäftigung von Herrn W.A. sehr positiv verlaufen ist.

Bedenken wegen der Rückfallquote

F.D.: Da waren doch enorme Bedenken am Anfang?

AG.: Ja, genau. Ich hatte den Menschen kennengelernt und mußte nun meinen Eindruck von ihm übermitteln, und natürlich kamen so die Fragen auf: Was hängt damit zusammen? Wie läuft das? Es war auch bekannt, daß eine relativ hohe Rückfallquote für haftentlassene Freigänger besteht. Von daher waren eine Reihe Bedenken, ob man sich auf so etwas einlassen sollte, weil es, wenn es schiefgehen würde, doch einiges nach sich ziehen könnte.

F.D.: Welcher Art waren denn die Bedenken?

AG.: Nun, die wurden nicht so deutlich artikuliert. Ob im Haus selber ein Delikt passieren, etwas geklaut würde, das war das Wenigste. Man wußte, daß die Rückfallquote sehr hoch ist. Kann man das Risiko für den Betroffenen und für die Einrichtung eingehen?

F.D.: Die Rückfallquote ist tatsächlich sehr hoch. Sie ist gerade deshalb so hoch, weil der Start für viele Menschen an diesem Punkt sehr erschwert wird, nämlich entsprechende Arbeit zu finden. Und wenn sie dann Arbeitsstellen finden, dann sind es solche, die ihrer individuellen Situation meist nicht entsprechen, sowohl von den Fähigkeiten als auch von der psychischen und der physischen Belastung her. Hinzu kommt das Sozialverhalten der Kolleginnen und Kollegen, der Vorgesetzten, vor allem, wenn bekannt ist, daß sie aus dem Vollzug kommen. So war in der Einrichtung am Anfang eine gewisse Reserviertheit Herrn W.A. gegenüber. Nicht nur, weil er aus der Haft kam, sondern auch der gesamten Situation gegenüber. Wie geht man mit einem solchen Menschen um?

AG.: Ich muß vielleicht die Entscheidungssituation noch etwas präzisieren. Die Entscheidung mußte der Kreis der für die Einrichtung verantwortlichen Menschen treffen und nicht alle beteiligten Mitarbeiter. Es sind also nur die gemeint, die die Verantwortung für die Einrichtung tragen.

Und ich muß auch dazu sagen: Es waren keine ernsten Bedenken. Ich war selbst erstaunt darüber und überrascht, wie schnell es dann ging, eine positive Entscheidung zu finden und Herrn W.A. hier zu beschäftigen, und auch, wie mir gegenüber das Vertrauen ausgesprochen wurde. Die Reserviertheit ihm gegenüber war nicht da. Er hat es möglicherweise so empfunden, und das kommt vielleicht daher, weil wir überlegt haben: Wie gehen wir menschlich mit ihm um? Wie bieten wir ihm die bestmögliche Chance, möglichst schnell und reibungslos nach insgesamt 17 Jahren Knast ins Arbeitsleben hineinzufinden?

Da haben wir die Vereinbarung getroffen - das ging auch von mir aus -, daß wir ihn während der Arbeit nicht ständig ansprechen, weil - wenn ich mich hineinfühle - es für ihn sehr schwer sein würde, in einen Arbeitsrhythmus hineinzukommen. Es ist nicht einfach, bei uns in ein konzentriertes Arbeiten zu kommen. Es ist wie ein Bahnhof. Und wenn jeder der ein- und ausgehenden Therapeuten meinen würde, er müßte sich jetzt um ihn kümmern, was ja eine Stärke und auch eine Schwäche sein kann, wenn das von allen Seiten passieren würde, dann könnte das für ihn auch hinderlich sein. So war die Vorstellung am Anfang.

Wir hatten in der Konferenz vereinbart, daß ich als Geschäftsführer der Ansprechpartner für ihn und auch Weisungsgeber bezüglich der Arbeit bin. Bei uns ist das eine gewisse Schwierigkeit. Da sieht man, daß der Stuhl kaputt ist, rennt zum Hausmeister und sagt ihm, er solle das doch sofort erledigen. Und fünf Minuten später kommt der Nächste und sagt, die Klospülung sei kaputt und müsse sofort repariert werden. So hatten wir es eben früher erlebt, und ich hatte das jetzt so geregelt, daß das alles über mich lief. Ich hatte dann regelmäßig mit ihm Besprechungen und war der Auffassung, daß ihm diese Form am besten helfen würde, ins Arbeitsleben hineinzukommen. Ich habe in meinem Bekanntenkreis auch Freunde, die mit Strafgefangenen gearbeitet haben, und ich weiß, daß ein großes Kontaktbedürfnis besteht und daß an dieser Stelle Probleme entstehen können, weil dann private Kontakte geknüpft und Telefonnummern ausgetauscht werden. Das wollten wir zunächst einmal unterbinden.

Vom Phantombild zur Unvoreingenommenheit

F.D.: Es ist ja so, daß die Mitarbeiter der Einrichtung ein Bild, ein Phantombild, im Kopf haben, und wir deswegen vereinbart hatten, daß aus datenschutzrechtlichen Gründen keine weiteren Mitteilungen - auch bezüglich der Straftat - an die Mitarbeiter gemacht würden.

AG.: Ja, nur ich wußte um seine Straftat. Ich habe nur gesagt, wie lange er im Knast war. Selbstverständlich habe ich dies alles mit ihm selber abgesprochen. Das hat sich voll bewährt, auch für die Unvoreingenommenheit der Umgebung. Mit der Zeit hat sich dann ganz natürlich entwickelt, daß er die entsprechenden Kontakte zu den Mitarbeitern gefunden hat. Die Gespräche sind auf eine natürliche Weise entstanden. Man hat dann auch gesehen, wie er arbeitet und daß er seine Arbeit gut macht. Die Kontakte haben sich dann sehr ungekünstelt entwickelt, eben aus der Arbeitssituation heraus.

Ich bin der Meinung, daß es nicht so gelaufen wäre, wenn es am Anfang nicht so strukturiert worden wäre. Die Arbeitsorganisation, die genaue Einteilung der entsprechenden Aufgaben, klare Weisungsbefugnis und ein klarer Ansprechpartner - das waren zunächst die Voraussetzungen für den Arbeitsbeginn. Ich halte es für entscheidend, daß er sich auch persönlich mit der Arbeit verbindet und nicht nur unter dem Gesichtspunkt arbeitet, daß man schnell wieder funktionieren lernt. Es sollte auch das Anliegen des Arbeitgebers sein, einen inneren Bezug zu dem, was der andere tut, zu bekommen.

F.D.: Diese Haltung des Arbeitgebers ist außergewöhnlich, da meist das Arbeitsverhältnis anonym ist. Es geht in der Regel ums Geldverdienen, die Erledigung der Aufgaben und nicht um die Fürsorgepflicht, die der Arbeitgeber in der Regel auch noch hat. Und hier ist die besondere Aufgabe, jemanden zu integrieren, der eine Isolation, meist mehrere Jahre, durchlebt hat.

AG.: Ja, es war klar, daß er nicht für ewig zu uns kommt, sondern nur eine befristete Zeit - in diesem Fall ein Jahr. Es ist eine Anfangszeit, und diese Regelung ist von großer Bedeutung!

Das Ziel der Selbständigkeit

F.D.: Bei eventuellen Schwierigkeiten wäre es möglich gewesen - aufgrund des Arbeitsverhältnisses, das Herr W.A. mit dem Sozialamt eingegangen war, und er insofern an die Einrichtung ausgeliehen wurde -, einen Wechsel ohne große Komplikationen für beide Seiten zu vollziehen.

AG.: Diese Offenheit war auch für uns eine gute Voraussetzung. Dazu muß man auch sagen, daß ich ein Interesse hatte, daß er eine Beziehung aufbaut zu dem, was er hier tut, und auch eine Verantwortlichkeit sich selbst gegenüber. Er sollte keine billige Arbeitskraft sein, die absolut weisungsgebunden nur ihre Aufgaben erfüllt.

Für die erste Phase schien mir allerdings dieses klare Weisungsverhältnis, auch der Arbeitseinsatzplan notwendig. Das ist aber nur die erste Phase. Es war dann möglich, daß er mit der Zeit zu eigenverantwortlichem Handeln angeleitet wurde und er den Blick schulte: Wo ist etwas zu tun, wo muß ich zupacken? Und das ist bei W.A. gut gelungen. Er hat dann auch Einkäufe gemacht und die erforderlichen Finanzen ausgehändigt bekommen. Er hat eigene Vorschläge gemacht, die so oder so gemacht werden konnten. Und ich habe dann entsprechend von der anderen Seite her Stellung genommen. Es hat sich dann herauskristallisiert, daß er möglichst selbständig arbeiten wollte und konnte. Er hat dann auch selbständig Ideen entwickelt und sah, was zu tun ist. Dieses Ziel der Selbständigkeit ist nach meiner Einschätzung ganz gut erreicht worden.

F.D.: Ihr habt ihn in seiner Selbständigkeit nicht nur angesprochen, sondern auch noch gefördert, zum Beispiel in der Art der Arbeitsanweisung?

AG.: Ja, das stimmt, aber es liegt auch in ihm selber, in seiner Art, selbständig arbeiten zu können.

Vom Umgang mit den Schattenseiten

F.D.: Es gibt ja auch Schattenseiten bei Herrn W.A. in bezug auf seine Alkoholproblematik. Er ist ja jetzt vor kurzem wieder rückfällig geworden. Sind während der Arbeit irgendwelche Auffälligkeiten wahrnehmbar gewesen?

AG.: Diese Problematik ist zwischen uns des öfteren angesprochen worden. Und ich habe ihm auch des öfteren gesagt: Das Ziel bei ihm - soweit ich das beurteilen kann - sollte sein, überhaupt nichts mehr zu trinken. Das habe ich aus einer bestimmten Empfindung heraus zu ihm gesagt, daß der Alkohol bei ihm immer eine Gefahr bedeute. Ich kann das nicht so genau rational begründen. Ich wußte natürlich, daß seine Straftat damit zusammenhing. Aber aus seiner ganzen Veranlagung, aus seiner Seelenkonfiguration heraus - so habe ich den Eindruck -, droht ihm dann, sich selbst zu verlieren und schnell in Situationen zu kommen, wo er sich selbst nicht mehr in der Hand hat.

In bezug auf den Arbeitseinsatz konnte ich schon Beobachtungen machen, wie labil er eigentlich ist. Er hat zum Beispiel einen kleinen Koller bekommen, als er Fenster streichen sollte. Nach einer gewissen Zeit, nachdem er ständig Fenster gestrichen hatte, wollte er sogar weggehen. Er sagte, er würde die Arbeit noch fertigmachen, aber er wolle sehr gerne etwas machen, wo er mit jemand anderem zusammenarbeiten könne - also ein großes Bedürfnis nach Kontakt, nach Sprechen-Können mit anderen.

Um auf den Alkohol zurückzukommen: Es besteht bei ihm die Gefahr, daß er sich verliert und sich seines Handelns nicht mehr bewußt ist, was ich mir eben gut vorstellen kann.

F.D.: Gab es in bezug auf die Arbeit eine konkrete Auffälligkeit? Kam er betrunken zur Arbeit?

AG.: Nein nein. Er kam nie betrunken zur Arbeit. Er hat mal ein Bier getrunken. Er hat selber gesagt, daß er zum Essen ein Bierchen getrunken habe. Ich habe es dann gerochen, habe ihn auch direkt darauf angesprochen, und er hat es immer ganz offen gesagt. Ich hatte nie den Eindruck, daß er irgendetwas verschleiert, lügt oder mir etwas vormacht. Diese Problematik war für uns nie akut oder relevant.

Ich muß dazu bemerken, daß ich auch den Mitarbeitern gesagt habe, daß sie, wenn sie da Wahrnehmungen haben, sehr aufmerksam werden sollten, daß dann die "Rote Lampe" aufleuchtet. Und das habe ich ihm auch gesagt. Das ist aber nie geschehen.

F.D.: Kann das so beurteilt werden, daß Herr W.A. mit dem Problem Alkohol umgehen konnte, so daß es auf der Arbeitsstelle keine negativen Auswirkungen hatte?

AG.: Das kann ich so bejahen. Aber natürlich könnte ich nicht garantieren, daß das nicht schlagartig akut werden könnte, wenn er in einer schlechten Lage oder in einer ausweglosen Situation ist.

F.D.: Wenn sich mehrere Probleme wieder häufen?

AG.: Ja, da hat man den Eindruck, daß es das Ziel für ihn sein sollte, ganz vom Alkohol wegzukommen. Das wäre die Frage des Weges, wie er dahin kommt. Wir wissen ja, wie es weitergegangen ist. Und ich war überaus erschüttert, wie der Therapeut auf dieses Problem reagiert hat. Ich sehe diese Reaktion des Therapeuten als nicht dem jetzigen Entwicklungspunkt dieses Menschen angemessen an. Ich empfinde es als eine reine Bestrafung. Ich glaube, so ein Alarmsignal wie diese Maßnahme, ihn wieder in Haft zu nehmen, muß auch von ihm verarbeitet werden können! Auch wenn es eine sogenannte Schocktherapie sein sollte. Es müßte auch von dem Betroffenen fruchtbar umgesetzt, verarbeitet und verkraftet werden können. Das ist hier überhaupt nicht der Fall. Es kommt bei ihm nur als reine Strafe, als Sanktion an.

Wenn man in Betracht zieht, daß es in der Therapie ja das Prinzip gibt, daß man dort ansetzt, wo jemand steht, so ist dem eigentlich zuwider gehandelt worden! Und zwar besonders, weil Herr W.A. nach 17 Jahren keinen Freundes- und Bekanntenkreis mehr hat. Er hat zwar das große Glück, daß er eine Freundin hat, die ihn stützt. Das ist sehr wesentlich. Aber davon abgesehen muß er seinen ganzen Bekanntenkreis neu aufbauen. Und wenn man sieht und weiß, welche Rolle der Alkohol auf diesem Gebiet, also im Aufbau der Kommunikation spielt - bei jedem gesellschaftlichen Anlaß, bis zu den höchsten Politikern, überall - und dann so scharf darauf reagiert, daß einer mit nur wenigen Promille zur Therapie kommt, dann finde ich es doch sehr krass und unverhältnismäßig!

Man müßte andere Schritte gehen. Man müßte ihn ermuntern, daß er - vielleicht mit seiner Freundin zusammen - in eine Selbsthilfegruppe geht und dort dieses Problem weiterbearbeitet. Man sollte nicht meinen, daß man dieses Problem im Knast therapeutisch oder sonstwie lösen könnte. Das ist eine absolute Illusion, und das hat sich auch herausgestellt!

Das soziale Umfeld einbeziehen

F.D.: Es ist ja allgemein bekannt, daß Therapie nur freiwillig stattfinden kann.

AG.: Man muß auch die Rolle der Therapeuten im Vollzug sehen und berücksichtigen, was für eine Stimmung in der Gesellschaft in bezug auf Strafgefangene herrscht, und daß die Reformen, die teilweise durchgeführt worden sind, in großen Kreisen der Bevölkerung leider nur mit Unmut registriert werden. In diesem Spannungsverhältnis kann natürlich von den Therapeuten nicht zuviel riskiert werden. Diesen Aspekt sehe ich auch bei einer solchen Entscheidung. Da muß der Therapeut im konkreten Einzelfall entscheiden. Nur müßte man das Umfeld des Betroffenen viel stärker mit einbeziehen, und es wäre unerläßlich, daß der Therapeut zum Beispiel auch die Arbeitsstelle und die Freundin anspricht. In dieser Richtung ist aber überhaupt nichts gemacht und keine Unterstützung gesucht worden. Ich empfinde es als großes Manko, daß keine Kommunikation stattfindet. Es gibt natürlich auch Vorurteile, aber wenigstens ein freilassendes, offenes Gespräch wäre doch sinnvoll gewesen, gerade wenn solche Probleme auftreten. Bevor man eine solche gravierende Entscheidung trifft, sollte man auch mit dem Arbeitgeber Rücksprache nehmen.

Sonst ist es selbstverständlich gut, wenn von seiten der Anstalt nichts an Kontrolle in bezug auf die Arbeitsstelle ausgeübt wird und hier auch ein Persönlichkeitsschutz gewährleistet ist. Von daher fand ich es sehr gut, daß das Projekt "Knackpunkt" vermittelnd dazwischen stand und die entsprechenden Verbindungen hatte. Es sind ja auch hier genaue Absprachen getroffen worden.

F.D.: Ja, wir hatten genau an diesem Punkt Vereinbarungen getroffen, daß eben von seiten der Arbeitsstelle kein Kontakt mit der Vollzugsanstalt stattfinden soll, genau aus diesem Grunde. Aber von seiten der Anstalt ist auch gegenüber dem Projekt "Knackpunkt" der Kontakt außerordentlich dünn gewesen.

Wir können jetzt in bezug auf den Arbeitsplatz von Herrn W.A. die Sache zusammenfassend so schildern, daß das Ziel doch erreicht wurde. Er ist der Arbeit selbständig nachgegangen und hat die Aufgaben als Hausmeister erfüllt. Mit Blick auf die Zukunft sollen Überlegungen einer Festanstellung gemacht worden sein?

AG.: Ja, diese Frage ist vom Therapeuten gestellt worden. Es gibt hier zwei Seiten: zum einen die finanzielle und zum anderen, ob wir Herrn W.A. bei uns als Mitarbeiter weiter beschäftigen möchten. Und das Letztere ist absolut der Fall. Wir würden Herrn W.A. gern weiterbeschäftigen. Natürlich nur, wenn er das selbst auch will.

Anzumerken ist noch, daß er absolut vertrauenswürdig ist. Ich war eine Zeitlang verreist. Er hat dann vollkommen selbständig und allein Reparatur- und Renovierungsarbeiten durchgeführt. Wir haben ihm selbstverständlich den Schlüssel geben können. Er hat alles bestens gemacht. Er hat auch Geldaufträge ausgeführt, Geld abholen, Geld hinbringen, Postgänge. In einem Fall habe ich ihm auch Geld geliehen. Und das ist tadellos zurückgezahlt worden. Ich habe da nicht das geringste Mißtrauen ihm gegenüber gehabt. Wir haben die besten Erfahrungen gemacht. Das fand ich das Allerschönste. Er hat sich auch persönlich mit der Arbeit verbunden, obwohl es nicht sein Lebensziel ist, Hausmeister zu sein.

F.D.: Ganz im Gegenteil. Er hat ja andere Pläne, und es ist ja bekannt, wie schwer es ihm gefallen ist.

AG.: Ja, aber er ist absolut ein Partner gewesen, trotz der bekannten Schwierigkeiten.

F.D.: Ich denke, daß gerade das Vertrauen, das ihm entgegengebracht wurde, die Vorurteilslosigkeit, ihm ermöglicht hat, so zu reagieren. Damit war ein Mißbrauch ausgeschlossen. Das ist ja eine beidseitige Haltung, die er natürlich auch nicht enttäuschen wollte. Ich kenne das aus anderen Verhältnissen, von anderen Strafgefangenen, die Geld geliehen bekamen und denen trotzdem mißtraut wurde. Dort ging es dann auch schief, weil es kein ehrliches partnerschaftliches Verhältnis war.

Natürliche Lebensverhältnisse schaffen

AG.: Wichtig ist auch, daß man auf gar keinen Fall pädagogisiert! Er hat gesehen, daß ich oft überarbeitet bin und ihm aus einer Not heraus Dinge übergeben habe. Ich glaube, es ist ganz wichtig, daß die Lebensrealität erlebbar wird. Und erst daran kann er sich eigentlich entwickeln.

F.D.: Also keine künstliche Therapie?

AG.: Ja, genau. Was ich als Selbstkritik äußern kann, ist, daß ich zu wenig Zeit für ihn hatte, um mit ihm zu sprechen. Wobei das allerdings auch nicht zuviel sein darf, denn die ganzen Therapien, die die Menschen durchmachen, reißen einiges auf, und man kommt da ins Psychologisieren und endlose Reden hinein. Das kann die Entwicklung auch behindern. Da muß man ein gesundes Gleichgewicht finden. Ich habe immer wieder versucht, regelmäßige Gespräche zu führen, vielleicht haben sie manchmal auch zu wenig stattgefunden.

F.D.: Es ging hier ja um Arbeit und nicht um Therapie; es ging darum, daß bestimmte Arbeiten getan werden müssen. Gab es denn von den Nutzern, von seiten der behinderten Kinder oder Erwachsenen, Eltern, irgendwelche Rückmeldungen?

AG.: Unsere Betreuten und die Eltern wußten nichts davon, daß er im Freigang ist.

F.D.: Ist das ein Problem? Wäre ein Gespräch, eine Öffnung wünschenswert?

AG.: Ich weiß nicht, ob das im Sinne des Betroffenen wäre. Ich habe es natürlich erwogen, aber ich kann es nicht abschätzen, wie man das aufnehmen würde. Das weiß ich nicht. Also von ihm aus würde ich es nicht tun, damit ein unbefangenes Verhältnis bestehen bleibt. Ich glaube, diese Unbefangenheit ist mit das Wichtigste.

Ein Risiko habe ich bei ihm nicht gesehen, so daß man das hätte sagen müssen. Vielleicht ist es auch ganz lehrreich, wenn es erst im Nachhinein bekannt wird.

F.D.: Das kann ich nur bestätigen. Das trifft genau die Schwierigkeit, mit dem ganzen Phänomen Straffälligkeit in einer vernünftigen Weise umzugehen, die immer wieder zu zwei Extremen führt: zum Rückzug, zur völligen Distanz oder zum übermäßigen Betreuen- und Helfen-Wollen. Und die Mitte scheint in diesem Arbeitsverhältnis doch gehalten worden zu sein.

Was wäre noch abschließend zu bemerken?

AG.: Man muß wirklich eine klare, unbefangene Siutation schaffen, in dem wirklich nur diejenigen ins Vertrauen gezogen werden, die es wissen müssen. Er muß einbezogen sein, kein Über-ihn-Reden, keine Gerüchte, sondern *mit* ihm reden. Das ist sehr entscheidend, auch für die Vertrauensbildung. Also auch möglichst wenig Aufhebens von der gesamten Situation machen, auch nicht aus Angst, daß da irgendetwas passieren könnte. Soweit es möglich ist, sollte man natürliche Lebensverhältnisse schaffen.

F.D.: Vielen Dank für die aktive Unterstützung unserer Arbeit mit Haftentlassenen.

Zu wenig Luft, zu viele Schlösser

WERKSTATTGESPRÄCH ZUR KÜNSTLERISCHEN ARBEITSGRUPPE in der Teilanstalt 3 E, Tegel, am 06.09.1989

Teilnehmer: Detlef Mommert, Bildhauer, Friedmut Dreher, Sozialarbeiter, "Knackpunkt", und zwei von sieben Gefangenen: Friedhelm und Rolf.

Friedmut Dreher: Wie seid Ihr zu diesem Kurs hinzugestoßen? Wie hat das hier angefangen und wie gefällt es Euch?

Rolf: Fürs erste war es schon mal gut, daß überhaupt ein Angebot vorhanden war und die Leute gefragt wurden, ob sie mitmachen wollten.

F.D.: Wie lange seid Ihr denn schon dabei?

Detlef Mommert: Die Gruppe läuft seit September 1988.

Rolf: Wir haben gleich angefangen, aus Ton Köpfe zu bilden. Einige haben auch andere Sachen gemacht, zum Beispiel Reliefs nach Vorlagen. Einiges davon steht hier. Diejenigen, die nicht so viel aus der Phantasie gestalten können, haben nach Vorlagen gebaut. Die Nofretete zum Beispiel ist nach einer Vorlage entstanden. Wir haben begonnen, frei zu plastizieren, aber immer dann eine Vorlage genommen, wenn es uns eine Hilfe war. Es kann eine gewisse Anregung für unsere Arbeit bedeuten, wenn wir, um einmal in eine solche Form hineinzukommen, uns eines griechischen oder ägyptischen Kopfes bedienen. Dann hat man eine gewisse Perfektion. Wir haben einfach angeschaut: Was könnte wen interessieren?

F.D.: Habt Ihr früher schon mal plastiziert?

Rolf: Eigentlich nicht. Aber ich war schon vorher in der Malgruppe "Künstlerisches Gestalten mit Malen"; daraus wurde eine Marionettengruppe, an der ich immer noch teilnehme und innerhalb der ich schon Köpfe gestaltet habe. Jetzt bemerke ich den Unterschied, ob ich etwas im Kleinen mache oder ob ich jetzt im Großen Köpfe plastiziere. Um meine Fertigkeit zu perfektionieren, bin ich in diese Gruppe eingestiegen.

F.D.: Welche Gruppenangebote gibt es denn noch?

Friedhelm: Es gibt zum Beispiel die Rechtsmittelgruppe, an der ich auch teilnehme. Wir besprechen in ihr das Mietrecht, Arbeitsrecht, Vertragsrecht und alles, was wir für später brauchen. Zur Zeit haben wir uns das Arbeitsrecht vorgenommen. Wenn wir damit fertig sind, werden wir uns etwas Neues heraussuchen.

Rolf: Dann gibt es zum Beispiel noch die Partnerschaftsgruppe, in der Probleme von Partnerschaften durchgenommen werden. Ich nehme daran aber nicht teil.

Friedhelm: Außerdem gibt es noch eine Textwerkstatt; dort werden Texte vorgelesen und anschließend analysiert. Ferner haben wir noch die Anonymen Alkoholiker. Aber das bringt ja nichts!

D. Mommert: Warum nicht?

Friedhelm: Weil im Knast niemand anonym ist. Die Gruppe kann hier nicht anonym sein. Wenn ich etwas erzähle, dann weiß es bald die ganze Station, also kann ich mich auch nicht offen aussprechen. Ich war in dieser Gruppe, bin aber wieder hinausgegangen.

Sehr wichtig ist die Selbsterfahrungsgruppe. In dieser Gruppe haben sich die Gruppenmitglieder verpflichtet, nichts aus der Gruppe hinauszutragen. Soweit ich die Leute einschätzen kann, die da mitmachen, wird das auch praktiziert und eingehalten.

F.D.: Das sind alles Lern- und Gesprächsgruppen?

Friedhelm: Man kann in ihnen Probleme durchdiskutieren und besprechen. Das sind alles Gruppen, die nachmittags nach der normalen Arbeitszeit laufen, mit Ausnahme der Selbsterfahrungsgruppe, die montags von 12.00 bis 14.00 Uhr läuft. Sonst finden alle Gruppen nach der Arbeit statt.

D. Mommert: Wie lange arbeitet Ihr? Acht Stunden?

Friedhelm: Nicht ganz. Von morgens 07.00 Uhr bis 15.15 Uhr.

D. Mommert: Was machst Du da?

Friedhelm: Ich arbeite als Drucker.

D. Mommert: Und Du?

Rolf: Ich arbeite als Blechschlosser.

Friedhelm: Ich habe die Lehre als Drucker ein Jahr durchgehalten, kam aber mit der Theorie nicht zurecht. Wenn ich rauskomme, möchte ich eine Umschulung machen und dies nachholen.

"Man kommt ohne Alkohol aus!"

D. Mommert: Was hattest Du vorher gelernt?

Friedhelm: Ich war gelernter Tierpfleger. Wenn ich rauskomme, möchte ich ein Tierhotel aufmachen. Allerdings bin ich jetzt schon das fünfte Mal im Knast. Ich hoffe, daß es jetzt das letzte Mal ist. Theoretisch müßte es klappen. Vom Stoff bin ich jetzt weg. Nur wegen Alkohols bin ich in den Knast gekommen. Ich habe damals Fehler gemacht, weil ich - kaum aus dem Knast gekommen - weitergesoffen habe. Und dann habe ich im Knast weitergesoffen. Jetzt habe ich mir gesagt: Ich höre ganz auf! Dann habe ich dieses Problem, wenn ich rauskomme, auch nicht mehr. Zwar haben sie mir einiges schon im Knast angeboten, aber ich habe nein gesagt. Dann guckten sie mich mit großen Augen an. Man kommt hier genauso leicht an die Sachen ran wie draußen. - Wenn ich draußen dann wirklich einmal Probleme haben sollte, kann ich mich an meinen Bewährungshelfer wenden. Hier habe ich meinen Vollzugshelfer, der mich regelmäßig besuchen kommt.

Rolf: Ich glaube, wichtig ist vor allem die Zeit, die Du ohne Alkohol durchgehalten hast und klargekommen bist; daß man weiß: es geht, man kommt ohne Alkohol aus!

Friedhelm: Ja, vor allem, daß ich gelernt habe, *nein* zu sagen! Früher, wenn mir jemand etwas angeboten hat, tja, da habe ich gesoffen!

F.D.: Nun ist es ja hier so, daß man tagsüber arbeitet und abends in eine Freizeitgruppe geht. Das ist wohl nur im Knast üblich. Vielleicht geht man draußen in einen Volkshochschulkurs, wenn man ein bestimmtes Anliegen hat. Aber hier ist es fast schon Pflicht, gehört es beinahe zum Programm, oder?

Friedhelm: Ja, wir sind hier in einem besonderen Bereich im Haus 3 E. Wir haben gewisse Vorzüge gegenüber anderen Häusern. Hier sind diese Gruppenaktivitäten erwünscht. Da steckt mehr oder weniger ein freiwilliger Zwang dahinter. Wenn ich also beschließen sollte, bei keiner Gruppe mitzumachen, dann *kann* es sein, daß die Sozialarbeiter mich auffordern, wieder aus diesem Bereich in ein anderes Haus überzuwechseln. Das kann sein, das muß nicht sein.

F.D.: In anderen Häusern laufen solche Gruppen nicht?

Friedhelm: Doch schon, aber man ist nicht dazu verpflichtet, an ihnen teilzunehmen. Ich habe im Haus 3 eine Englischgruppe mitgemacht, aber ich war nicht dazu verpflichtet. Also mir ist es schon beim Aufnahmegespräch gesagt worden: Wenn ich nicht als Kalfaktor (Hausreiniger) arbeiten wolle, dann müsse ich an zwei Gruppen teilnehmen.

D. Mommert: An welchen Gruppen?

Friedhelm: Das kann ich mir selbst aussuchen.

D. Mommert: Und der Vorteil, der sich daraus für Euch in Haus 3 E ergibt, ist doch der Wohngruppenvollzug?

Rolf: Ja, der Unterschied zum Regelvollzug ist der, daß wir unsere Zellen im Wohngruppenvollzug selbst gestalten können. Haus 4 (Sozialtherapeutische Abteilung) und Haus 3 E sind zellenmäßig identisch. Im Haus 6 (Drogenabteilung) gibt es Standardinventar, dort darf man nichts selbst gestalten. Wir dagegen dürfen uns hier Teppiche reinlegen und tapezieren, was in anderen Häusern nicht möglich ist. - Wir sind eine

Langstrafenabteilung. Schließlich sind wir auch schon ein paar Jährchen hier drin. Ich habe noch 279 Tage von sieben Jahren abzusitzen.

Rolf: Ich habe lebenslänglich bekommen und bisher acht Jahre davon runter. Die Endstrafe ist noch offen! Nach zehn Jahren etwa wird entschieden, ob ich rauskomme. Zwischen zehn und fünfzehn Jahren werde ich hier wohl absitzen müssen.

F.D.: Vielleicht könnt Ihr etwas davon erzählen, was Ihr von den Gruppen erwartet, welche Perspektiven Ihr damit verbindet?

Rolf: Eine Abwechslung in der Freizeit. Die Gruppen, an denen ich teilnehme, machen mir Spaß. Ich plastiziere ja gerne und mache auch überwiegend gern in der Marionettengruppe mit. Die Textwerkstatt besuche ich, um mich sprachlich etwas zu verbessern.

"Da haben sie einen mit dem Messer abgepiekt"

D. Mommert: Inwieweit ist es denn wichtig für Euch, daß hier Leute hereinkommen, die erst einmal mit dem Knast gar nichts zu tun haben?

Rolf: Wir sind zunächst neugierig, was die Leute für einen Eindruck vom Knast haben. Ich glaube nicht, daß ich als freier Mitarbeiter freiwillig in den Knast kommen würde. Ich hätte zu viele Vorurteile. Jetzt bin ich allerdings hier und weiß nun auch, daß man diese Vorurteile gar nicht zu haben braucht. Da muß man erst einmal herangeführt werden.

D. Mommert: Das stimmt.

Rolf: Deshalb frage ich jeden, der hier reinkommt, warum er kommt. Was interessiert ihn hier? Das ist für mich sehr wichtig zu erfahren.

D. Mommert: Mir stelltest Du damals die Frage, was denn meine Frau dazu sage, wenn ich in den Knast gehe.

Rolf: Das ist ja kein Mädchenpensionat hier! Bis zu dem Zeitpunkt als das passiert ist, was ich getan habe, habe ich es mir aber noch wesentlich anders vorgestellt, auch von seiten der Mitinhaftierten, daß es nämlich gröber zugeht. Dazu muß ich allerdings sagen, daß ich das erste Mal drin bin.

Friedhelm: Ja, der Knast hat sich sehr verbessert. Wenn Du den früher kennengelernt hättest, bis zum Anfang der achtziger Jahre, da war der letzte Mord drüben in Haus 1, da haben sie einen auf dem Flur mit dem Messer abgepiekt. Das gibt es heute gar nicht mehr. Früher gab es noch keine Vollzugspläne. Die Vollzugspläne sind erst seit ca. 1982 offiziell in Kraft. Früher, da wußtest du, du hast deinen Knast und du kommst nicht früher raus.

"Obwohl man im Recht ist, bekommt man keines"

D. Mommert: Was bedeutet der Vollzugsplan?

Friedhelm: Damit wird praktisch dein Aufenthalt hier im voraus geplant.

D. Mommert: Das heißt, du setzt dich mit dem Sozialarbeiter zusammen und besprichst alles, was passiert ist und was beabsichtigt wird?

Friedhelm: Ja, so sollte es sein. Normalerweise müßte der Vollzugsplan alle drei Monate überarbeitet werden. Das gibt es aber erst seit den achtziger Jahren, seit sie auch angefangen haben, das Vollzugsgesetz, das ja für den Knast sein soll, gegen den Knast auszulegen. Das ganze Strafvollzugsgesetz ist ein Kann-Paragraph. Und alleine schon, weil es ein Kann-Paragraph ist, haben sie eine Reihe von AVs und VVs (Verwaltungsvorschriften) erlassen. Diese Verwaltungsvorschriften - praktisch gesagt - haben das Strafvollzugsgesetz aufgehoben. Du hast zwar durch das Strafvollzugsgesetz Rechte, aber du kannst sie nicht wahrnehmen, weil jede Anstalt für sich selber entscheidet. Und wenn du hier etwas durchklagen willst - das dauert!

F.D.: Und dann kann es noch vorkommen, daß man sowieso kein Recht bekommt!

Friedhelm: Ja, so sieht es aus. Obwohl man im Recht ist, bekommt man keines.

1976/77 soll der Vollzug einmal optimal gewesen sein. Die Zellen waren offen und man konnte in die anderen Häuser rübergehen. Das haben sich die Knackis selbst versaut, weil sie sich nicht an die Bestimmungen gehalten haben.

Wenn man früher in ein anderes Haus gehen wollte, hat kein Beamter etwas dagegen gehabt. Man brauchte nur dem Beamten Bescheid sagen, denn wenn die Zählung ist, muß er ja wissen, wo man ist. Nun ja, da haben sich einige Gefangene einfach auf dem Gelände in die Sonne gelegt und keiner wußte, wo sie sind. Es wurde Alarm geschlagen, und sie mußten erst einmal gesucht werden.

Durch das Drogenproblem ist die Situation noch verschärft worden. Daraufhin wurden die Zäune aufgerichtet und Sicherheit und Ordnung wurden wieder ganz groß geschrieben.

F.D.: Allerdings scheint doch jetzt durch die neue Regierung Bewegung in die Angelegenheit gekommen zu sein.

Friedhelm: Es sieht so aus, aber bis jetzt haben wir noch nichts Konkretes davon erfahren. Das wird sich ändern, aber es geht natürlich nicht so schnell, nur peu-à-peu.

F.D.: Was wäre denn das Wichtigste, was sich ändern müßte?

Friedhelm: Die Besuchsregelung müßte einfach lockerer gehandhabt werden.

F.D.: Wie sieht die Besuchsregelung jetzt aus?

Friedhelm: Also, du willst jemanden von uns besuchen und hast dazu nur hin und wieder Zeit. Der Besuch muß von hier drinnen beantragt werden, man verabredet einen Termin, aber plötzlich heißt es, dieser Termin sei nicht frei, obwohl die Absprache sechs oder sieben Wochen im voraus erfolgte. Du kriegst einfach nicht den Termin, den du haben willst.

F.D.: Es sind also bestimmte Zeiten und Tage vorgegeben.

Friedhelm: Ja, du darfst jeden Tag kommen - außer dienstags - und alle 14 Tage sonnabends.

D. Mommert: Wie oft dürft Ihr denn Besuch haben?

Friedhelm: Alle 14 Tage Regelsprechstunde, ferner kann man alle 14 Tage Sondersprechstunde zusätzlich beantragen, allerdings nicht an den Wochenenden. Und dann haben wir noch in unserem Bereich die Meetings, die Gemeinschaftssprechstunde, die einmal im Monat stattfindet, aber nur auf 3 E.

"Ich würde gerne einen Tag draußen lustwandeln!"

D. Mommert: Das Wichtigste wäre also für Euch, daß die Sprechzeiten geändert werden und daß sie großzügiger gehandhabt werden. Siehst Du das auch so, Rolf, oder sollten eher andere Dinge verändert werden?

Rolf: Also ich bin nicht besonders auf die Kontakte angewiesen. Ich bin etwas selbständiger. Für mich ist es wichtiger, daß ich etwas mehr konkrete Sachen habe, daß ich in meiner Situation weiterkomme. Ich habe eine lebenslängliche Freiheitsstrafe, da weiß man nicht, wann man rauskommt bzw. ob man überhaupt rauskommt. Das ist für mich das Hauptproblem. Ähnlich ist es mit der Urlaubsregelung. Ich würde schon gerne mal für einen Tag rauskommen, an einem Tag draußen lustwandeln. Maximal 15 Jahre ist eine ganz schöne Zeit hinter Gittern, und sie geht auch ganz schön ans Gemüt, an die Substanz. Eine relativ kurze Strafe kann man dagegen im Knast problemlos überbrücken.

F.D.: Du siehst das anders mit den Kurzstrafen, Friedhelm?

Friedhelm: Man ist bei Kurzstrafen genauso mies dran, selbst mit Vollzugslockerungen. Die ganzen Vollzugslockerungen sind ohnehin nur Kann-Paragraphen.

Rolf: Ohne Aussicht, wie es in der Zukunft eigentlich weitergeht, ist die Zeit im Knast ganz schwierig zu ertragen.

Friedhelm: Was mache ich, wenn ich draußen bin? Ich kämpfe seit 1987 um einen einzigen Tagesausgang. Der wurde abgelehnt. Das brauchen sie nicht einmal zu begründen. In dem Moment, wo sie dir das dann persönlich eröffnen, ist die Sache erledigt.

F.D.: Was ist Deine persönliche Einschätzung, warum Dein Tagesausgang bisher abgelehnt wurde?

Friedhelm: Weil sie nach der Akte gehen. Laut Aktenlage bin ich ein grober Verbrecher: seit meinem 15. Lebensjahr im Heim, dann abwechselnd im Knast und im Heim und so weiter. Die kurzen Strafen, die ich damals bekommen habe, waren nicht weiter schlimm, aber dann mußte ich raus auf die Straße. Was machst du nun als Vorbestrafter? Wohnung ist schwer zu finden, Arbeit ist schwer zu finden, also gehste, wie ick damals, in die Kneipen und fängst dort an. Das ist das ganze Handicap. Egal ob ich da eine kurze oder eine lange Strafe habe. Die meisten kommen doch nur rein, weil sie draußen wirklich groß saufen und dann ihre Dinger drehen. Kommen sie raus, hängen sie genauso wieder auf der Straße.

"Knackpunkt" hilft bei den Knackpunkten

F.D.: An dieser Stelle setzen wir vom Projekt "Knackpunkt" genau an. Zwar ist es etwas improvisiert, daß wir sowohl innerhalb des Knastes als auch außerhalb die künstlerische Arbeitsgruppe anbieten, aber wir denken trotzdem, daß es sinnvoll ist. Ihr habt jetzt hier daran teilgenommen, und das könnte ja zum Beispiel draußen fortgesetzt werden. Natürlich freiwillig! Es gibt keinerlei Zwang. - Das andere ist die Arbeit: Es gibt nach dem Bundessozialhilfegesetz die Möglichkeit, sofort in eine sozialversicherungspflichtige Beschäftigung zu kommen. Also wenn jetzt jemand von Euch diese oder jene Arbeit tun möchte, dann kann er mir das sagen. Dann gehen wir zum Sozialamt - oder er selber -, und das Sozialamt kann ein sozialversicherungspflichtiges Beschäftigungsverhältnis abschließen und euch dann an die entsprechenden Arbeitsorte ausleihen. Das wird in Berlin jetzt immer häufiger durchgeführt. Wir haben mit diesen Arbeitsverhältnissen schon sehr positive Erfahrungen gemacht. Also, wir vom Projekt "Knackpunkt" würden dann diese Arbeit begleiten - soweit es notwendig ist -, zum Beispiel bei Konflikten oder bei einem möglichen Arbeitswechsel.

Das ist die Kurzfassung des Projektangebotes von "Knackpunkt". Es ist auch eine Antwort auf die Frage nach den Ursachen des Rückfalls, daß in der Biographie immer bestimmte Brüche eintreten, im wahrsten Sinne des Wortes, die dann mit Saufen oder ähnlichem verdrängt werden. Und hier wollen wir aus dem Hintergrund der Biographie Hilfe anbieten, so daß jeder seine Biographie verwirklichen kann!

Friedhelm: Früher, als ich aus dem Knast rausgekommen bin, war mein erster Weg der zum Sozialamt. Die haben mir so einen Maklerschein in die Hand gedrückt, mit dem ich losziehen sollte, um mir eine Wohnung zu suchen. Na, die Makler haben mich doch ausgelacht: "Was soll ich denn damit? Gehen Sie mal und suchen Sie sich eine anständige Arbeit, dann bekommen Sie auch eine Wohnung."

D. Mommert: Das gegenseitige Abhängigkeitsverhältnis von Wohnung und Arbeit ist wohl das größte Problem, wenn man aus dem Knast entlassen wird, vor allem bei der heutigen Situation des Wohnungsmarktes.

Friedhelm: Genau. Deswegen wollen wir mit den Knastkollegen versuchen, eine Wohngemeinschaft zu gründen. Mal sehen, ob wir das irgendwie auf die Reihe kriegen. Wir suchen uns eine alte Fabriketage, die wir ausbauen können. Einer von uns ist schon draußen und hat versucht, etwas zu finden. Das ist allerdings sehr schwer.

F.D.: Also wenn Ihr vom Projekt "Knackpunkt" Unterstützung braucht, dann sagt uns Bescheid. Wir überlegen, ob wir hier ein Angebot schaffen können, aber wir haben uns noch nicht entschieden, im Rahmen des Projektes mit Wohngemeinschaften etwas zu machen. Ich denke auch, daß es sinnvoll ist, wenn Ihr es selber macht. Wir würden das unterstützen.

"Um die Häuser zu ziehen, muß nicht immer negativ sein"

Vielleicht noch die Bemerkung: Wir versuchen, aus der Biographie des einzelnen heraus zu arbeiten, und das hat ja im weitesten Sinne auch etwas mit der Kunst zu tun, um wieder darauf zurückzukommen. Allerdings weiß ich nicht, wie Ihr das erlebt, denn es ist ja hier in der Arbeitsgruppe etwas ganz Exklusives. Wenn Ihr rauskommt, weiß ich nicht, ob Ihr dann künstlerisch arbeiten wollt.

Friedhelm: Ja, das ist die Frage. Dann hat man ja ganz andere Abwechslungen: das Fernsehen, das Um-die-Häuser-Gehen. Um die Häuser zu ziehen, muß ja nicht immer negativ sein. Nun ja, es wird erst einmal der Punkt sein, Geld zu verdienen, damit man wieder auf einen gewissen Lebensstandard kommt, den man zwar gewohnt war, auf illegalem Weg zu erreichen, aber jetzt auf legalem Weg schaffen muß. Im Prinzip hat der, der hier drin sitzt, draußen nichts mehr, auch wenn es möglicherweise Ausnahmen gibt.

F.D.: Arbeiten zu gehen, ist das eine Ziel. Das andere ist, seine Freizeit zu verbringen. Ihr macht Eure Kurse mehr oder weniger aus einem freiwilligen Zwang heraus. Das mag ja auch sinnvoll sein, vielleicht. Das lassen wir mal dahingestellt. Wenn Ihr jetzt rauskommt, dann sieht die Freizeit allerdings ganz anders aus.

Rolf: Ich glaube kaum, daß ich dann in dieser Richtung noch weitermachen werde. Ich kann mir das überhaupt nicht vorstellen. Ich brauche immer jemanden, der mich dazu anleitet. Das kann ich nicht alleine bewerkstelligen. Beim Modellbau wäre ich dazu in der Lage, nicht aber als Künstler, denn dazu benötigt man seine eigene Phantasie und Kreativität. Wahrscheinlich bin ich dazu draußen nicht motiviert genug.

F.D.: Hier im Knast macht man in der Freizeit schöne Sachen, wie die Köpfe zum Beispiel, die wirklich sehr schön sind. Ihr arbeitet an Sachen, die ungewöhnlich sind, und es ist hier eine künstliche Situation. Ihr findet es vielleicht interessant und anregend, aber es hat *eigentlich* mit Eurer Situation draußen nichts zu tun.

Rolf: ... eigentlich nicht.

F.D.: Aber die Arbeitsgruppen sollen doch etwas mit dem Leben draußen zu tun haben!

Rolf: Von Deiner Warte aus vielleicht, aber nicht von seiten der Anstalt. Die Anstalt sieht diese Gruppen - zumindest scheint es mir so - eher als Beschäftigungstherapie, so daß sie nicht groß aufzupassen brauchen, weil man sich jetzt in der und der Arbeitsgruppe befindet.

D. Mommert: Das mag ja für die Anstalt so sein, daß die froh sind, wenn die Gefangenen irgendwo beschäftigt sind. Aber für Euch, die Ihr an den Gruppen teilnehmt, ist das ja nicht so. Dich interessiert die Rechtsgruppe, deswegen gehst Du doch hin, Du hast doch bestimmte Fragen im Hinblick darauf, wie Du Dich verhältst, wenn Du aus dem Knast kommst. Welche Fragen kommen da auf Dich zu? Welche Rechtsprobleme können da kommen? Welche Schwierigkeiten mit der Wohnung und so? Deswegen machst Du doch diese Gruppe, mit Hinblick darauf, daß Du irgendetwas lernen willst.

Friedhelm: Die Rechtsgruppe habe ich belegt, weil ich mir gedacht habe, daß ich mich gesetzlich weiterbilden muß. Das BGB ist nun mal wichtig, auch für draußen. Und damit werde ich mich auch draußen weiterbeschäftigen, denn dann brauche ich nicht immer gleich zum Anwalt rennen. Mit ein bißchen Durchblick kann ich einige Sachen alleine erledigen und spare auch eine Menge Geld.

So etwas wie die Kunst hier, ist für die Finger und den Kopf. Wenn man hier drinnen keine Gruppen hat, wenn man 23 Stunden - wie damals in Moabit - unter Verschluß ist, wird man mit der Zeit dumm im Kopf. Ich habe zum Beispiel nach der Zeit in Moabit (Untersuchungshaft, Einzelzelle) Sprachschwierigkeiten bekommen. Als ich dann nach Tegel kam und etwas intensiveren Kontakt mit Menschen hatte, mußte ich wirklich neu lernen, meine Worte zu gebrauchen.

"Ich suche Menschen"

VOLLZUGSHELFERGESPRÄCH MIT JÜRGEN AM 06.09.1989

von Friedmut Dreher

Jürgen I. kenne ich seit ca. anderthalb Jahren und bin in der Eigenschaft als Vollzugshelfer in Abständen von zwei bis drei Wochen zu Besuchen bei ihm. Er wurde von der Einzelzelle als Lebenslänglicher in die PN (Psychiatrische Neurologische Abteilung) verlegt, und das Gespräch fand auch in dieser Abteilung statt. Jürgen ist sei 15 Jahren als Lebenslänglicher inhaftiert und hat sich zu der Weltanschauung des Islam - er ist Moslem - bekannt. Er führt regelmäßig seine Gebete durch. - Aus dem Gespräch, geben wir nur einige Ausschnitte wieder, um auch hier einen kleinen Einblick in die Arbeit als Vollzugshelfer zu vermitteln. Für uns war es eine Art Zwischenbilanz der Arbeit.

Jürgen: Guten Tag. Kommunisten, Faschisten: Wie schätzt Du mich denn ein?

Friedmut Dreher: Als Mensch.

Jürgen: Ahe. Das Ding mit dem Hoppelchen *(Anm.: gemeint ist der Hase als Aufkleber von Joseph Beuys)* ist ja schon ganz schön.

F.D.: Ja, der Hase war auf dem letzten Brief drauf.

Jürgen: Ich muß an mich denken. Ich habe 15 Jahre hinter mir. Ich habe Härtevollzug hinter mir. Ich wurde an den lautstärksten Stellen im Haus 3 gehalten. Seit dem letzten halben Jahr bin ich hier, freiwillig, in der PN. Pflicht und Anspruch. Ich habe zu büßen und Strafe zu erleiden und habe trotzdem entdeckt, daß der Mensch gut druff sein kann. Menschen schlafen, sie sind Leuchttürme. Ich bin Moslem. Ich will etwas ganz anderes machen. Ich will von meinem Koran nicht ablassen. Mein Fall ist ein Präzedenzfall. Das soll an die Öffentlichkeit kommen. Die Besserung meiner Situation ist die Verbesserung der Lebenslangen. Verstehst du?

F.D.: Ja.

Jürgen: Der Anspruch auf Leben eines Moslems vor der sichtbaren Dummheit. Dummheit ist gefährlich. Ein Faschist ist dumm. Kommunisten sind meistens intelligent. Der Faschist ist seiner Gier erlegen, körperlich. Egoismus ist ein großer Teufel auf Erden, der Egoismus, den wir ja nur in negativen Gefühlen feststellen können. Als gläubiger Moslem sage ich mir: Vielleicht ist der Egoismus als solcher der Luzifer, der Satan. (...)

F.D.: Kannst Du etwas über Dich sagen?

Jürgen: Wir reden nicht über meine Schmerzen. Ich bete jeden Tag fünfmal. Ich mache Yoga, Tiefenatmung. Auf die Atmung kommt es an. Ich bin Optimist. (...)

F.D.: Du hast jetzt anderthalb Jahre einen Vollzugshelfer gehabt. Hat es Dir etwas gebracht?

Jürgen: Hat es Dir etwas gebracht?

F.D.: Ja, sehr viel. Und Dir?

Jürgen: Ich freue mich, einen zuverlässigen Vollzugshelfer zu haben. Die Pfleger und Dr. X freuen sich auch, den Vollzugshelfer zu kennen.

F.D.: Jürgen, Du arbeitest als Hofarbeiter.

Jürgen: Ja, im Hof von Haus 3.

F.D.: Kannst Du etwas zur PN, zu der Station hier sagen, auch vielleicht, was Du an Kritik hast, was Du für veränderungswürdig hältst?

Jürgen: Ich habe an Kritik nur konstruktive Kritik. Vor allem an die kontrollierenden Behörden, an den Justizsenat. Ja, das kann nur heißen: Schweden hinterher ... Also vor allem, daß wir so dümmlich, so falsch ernährt werden. Es fehlt Salat. Man sollte seine Arbeitskräfte hier wenigstens anständig füttern. Wir leiden an falschen Ernährungsgewohnheiten. Zu wenig Vitamine. Als Moslem lebe ich ja ganz als Vegetarier. Ich bin überzeugter Moslem. Dadurch kommst du zum Wissen, im Koranlesen; es ist eine Geisteshaltung.

F.D.: Seit wann beschäftigst Du Dich mit dem Koran? Seit wann bist Du Moslem?

Jürgen: Seit 1980 versuche ich, die Regeln des Moslems zu befolgen. Morgens und abends befolge ich den Ramadan. Das bringt dem Körper eine ganze Menge. Das bringt Durchhaltekraft, Selbstdisziplin. Ich beschäftigte mich seit 1980 mit Zen-Wissenschaften und dem Islam. Ich bin ein Koran-Schüler; ich versuche, ein anständiger Moslem zu werden. Es gibt genug Lippen-Buddhisten, -Christen und -Moslems. Ich bin Moslem, der fünfmal am Tage seine Tiefenatmungsübungen macht, um sein Selbst mit dem All, seine Seele klarzukriegen, denn wir bewohnen doch unseren Körper. Diese Welt ist eine Trainingswelt, und wir wissen, daß wir eine Chance haben in diesem Leben. Wer hinüberkommt, wer sich zum Islam bekehrt, der hat die Wahrheit erfahren. Jesus war ein Moslem, das ist eine uralte Sache. Das ist natürlich für die christliche Kirche unverdaulich, wenn da im Koran steht, in der 6. oder 7. Sure, daß Christus nicht hingerichtet wurde, sondern ein ähnlich aussehender Mensch. Das hat die Weisheit Allahs nicht zugelassen. So steht es im Koran.

F.D.: Naja, die Tatsachen sind ja anders.

Jürgen: Du warst nicht dabei, ich war nicht dabei. Da steht es so, da steht es so. Du weiß, ich weiß, daß die Bibel von überwiegend königstreuen Menschen übersetzt wurde. Wahrlich, wahrlich, sie befinden sich in einem tiefen Irrtum. Kommt 'rüber zu uns und beschäftigt euch mit dem Koran oder mit den Sufis.

F.D.: Kannst Du etwas zu der Kraft sagen, die Dir der Koran gibt?

Jürgen: Ja ja, sage ich Dir. Wo bist du, Allah? Ich habe mehrere Antworten. Wir wohnen im Herzen. Ich wohne in der Ruhe. Wir waren nicht Zeugen vor 2.000 Jahren. Allein, es gibt mehr, als wir sind. An der Krankheit, an der wir leiden ...

Kannst Du dafür sorgen, daß eine Anzeige erscheint, daß eine Gitarre besorgt wird, damit wir hier in der Gruppenarbeit kreativ für eine eventuelle Musikgruppe tätig werden können? Wir haben hier eine kleine Gesprächsgruppe, eine Autogen-Gruppe.

Hier ist meine Null-Situation. Die Leute haben Fernsehen, einmal Abteilung 1, einmal Abteilung 2. Sonst sitzen sie unter Verschluß. Einzelzelle, Freistunde, sonst nur unter Verschluß. Das sind immunschwache, willensschwache Leute, Drogenabhängige. Die Phantasie und der Wille sind ziemlich blass. Ich bin Euphorist, auch Optimist. Hier ist dreimal am Tag Visite. Die Pfleger verteilen die Medikamente. PN heißt Psychoneurotische Anstalt, Psychiatrie. Die Psyche, die Seele des Menschen ist nicht auslotbar. Die kannste nicht ausloten. Träume, Wunschvorstellungen. Was ist hier machbar? Machbares hast Du heute zum ersten Mal gezeigt, indem wir das Gespräch aufnehmen. Wir haben ja viele positive Gespräche geführt, wir beide!

F.D.: Du bist seit 15 Jahren hier im Vollzug.

Jürgen: Ja, im November 15 Jahre.

F.D.: Wir haben jetzt ein Jahr lang alle 14 Tage bis drei Wochen Vollzugshelferarbeit gemacht. Wie hast Du es empfunden?

Jürgen: Die Abstände waren in Ordnung.

F.D.: Du hast Dich ja damals über eine Anzeige nach einem Vollzugshelfer erkundigt. Wir kamen über die Zeitung in Kontakt. Was würdest Du Dir heute wünschen? Was soll in Zukunft anders werden?

Jürgen: Ja, die Ernährung. Das ganz schlicht Materielle, das Müsli. - Ich eine Entwicklung durchgemacht, die ich mir selber auferlegt habe. Ich habe zum ersten Mal den Ramadan geschafft. Ich befolge den Teppichweg. Das läuft alles vorschriftsmäßig, weiß Du? Und ich spüre irgendwo noch einen gewissen körperlichen Widerwillen, Widerstände. Ich muß mich noch einmal neu erreichen, noch einmal neu entschließen. Das geschieht über den Teppichweg.

Ich habe noch nicht diesen Wissens- und Gefühlszustand erreicht, den ich brauche. Wir wissen und wir glauben. Und ich kann mit meinen beiden unsichtbaren Begleitern reden. Die Engel sind es ausschließlich nicht. Die dienen nur dem Weisen, dem Allah. Also kann ich nur mit meinen Prüfern sprechen. Das ist moslemische Logistik. Als ich von Moabit nach Haus 3 zurückkam, sind merkwürdige Sachen passiert, sind die Fenster aufgeflogen, da sind Kobolde und Wesen am Fenster hoch- und runtergesprungen. Ich habe auch hier drinnen meine Erfahrungen gemacht. Hier sind besessene Leute. Was das ist, brauche ich Dir nicht zu erklären. Hier sind Leute stark besessen, die ganz vertrauensvoll zu mir kommen. Wir sprechen dann zusammen.

Ich bin oftmals gar nicht da. Ich bin ganz oft zu. Das hängt mit der Gesamtsituation hier zusammen. Hier darf man sein gutes Gefühl nicht immer zeigen, seine innere Freude. Das ist eine andere Welt da draußen und sie könnte größer gestaltet sein. Ja, die geistige Welt und auch das Hier, die Koordinate. Ich habe oft genug in Träumen meinen Körper verlassen. Zum ersten Mal sogar als kleiner Junge. Da bin ich ertrunken und ein Russe hat mich rausgeholt. Und ich sah, wie er mich rettete, und ich dachte: Moment mal! Und als mir das Wasser aus der Lunge herausgeflossen ist, war ich wieder in meinem Körper drin. Blitzschnell war ich vorher aus meinem Körper raus - kein Schmerz. Ich habe als Kind oft solche Sachen erlebt. Aber das ist eine andere Sache. Gewisse Wege sind vorgezeichnet, sind geebnet. Wir Moslems, wir sehen die Zeichen. Wir achten auf die Sonne. Dies ist eine uralte Yoga-Meditation. Ich tendiere zu den indischen Moslems. Die sind weicher, aber trotzdem ist Disziplin zu trainieren. Die Menschen sündigen nur gegen sich selbst.

F.D.: Würdest Du auch zu Deiner Biographie sagen, daß sie vorbestimmt war?

Jürgen: So wie ich das heute weiß und denke, war das so, daß ich diese brutalen Aktionen damals begangen habe, wofür ich heute auf dem Teppich für die Seelen der drei

Toten bete, die ich verursacht habe. Um meine Waage im Jenseits etwas schwerer zu machen für den Punkt, wo ich meinen Körper dann verlassen muß, wenn es soweit ist. Wir sind alle auf demselben Wege gekommen und gehen auf demselben Wege dorthin: in den Tod und ins Leben. So ist das. Ansonsten bin ich mutig genug zu sagen, daß ich versuche, meine Situation als Lebenslanger zu genießen. Ja, meine Situation auch hier zu genießen. Ja, das ist so.

1977 war meine politische Zeit, da war ich reichlich manipulierbar. Ich wurde regelrecht aufs Dach geschickt, wo wir protestiert haben. Wir haben den Abgrund nicht gesehen. Es war wie eine Mausefalle. Es war herrlich, dieses Gefühl. Du kannst was machen, du kannst dich einsetzen - du kannst dein Leben wegschmeißen.

F.D.: Hattest Du vor, Dich umzubringen?

Jürgen: Ja, so war mein Feeling. Wir haben die Mißstände zu Papier gebracht, wir haben den "Durchblick" illegal gedruckt. Das war eine Gesamtaktion. Das ist lange Zeit her. Das ist alles im Drogennebel untergegangen. Im Frust ist das alles erstarrt, in Müdigkeit.

F.D.: Jürgen, vielleicht kannst Du noch etwas zu Deiner Biographie sagen?

Jürgen: Weißt Du, ich komme aus einer CDU-Familie. Ich war bei der Fremdenlegion. Vater Säufer, aber dennoch eine sogannte gute Familie. Stiefbruder, leibliche Schwester aus erster Ehe, die wurde vorgezogen. Nestwärme hat gefehlt. Ich bin ausgebrochen, bin von Zuhause abgehauen, Abenteuerlust, die Weite. Es war mir alles zu eng zu Hause in Kladow. Ich habe 500 Mark geklaut und bin nach Westdeutschland abgehauen. Merkwürdigerweise habe ich nur die Schuhe und einen Anzug eingepackt. Ich habe mich damals bei der Fremdenlegion in Straßburg eintragen lassen, bin zweimal desertiert, habe zwölf Monate Strafkompagnie bekommen. Dann habe ich einen Schrecken bekommen. Ich war dann an der Afrikaküste in Algerien.

Mein Gefühl und mein Feeling heute und meine Blindheit damals. Meine Reaktion heute und mein Reagieren damals, das sind zwei verschiedene Menschen. Der Mensch kann sich wandeln, wenn er das Wissen an sich selber anwendet. Dem Pfarrer in der Kirche kann ich jahrelang zuhören, ich erfahre nichts. Ich habe auch den Bhagwan erfahren, die Meditationen sind praktikabel, haben mir viel gegeben - das große Schlitzohr, der große Gauner.

F.D.: Du träumst viel. Erzähle ruhig von Deinen Träumen.

Jürgen: Ich bin mitternachts aufgewacht, und hinter meinem Bett war ein Geräusch: ta-tata-ta. Ich konnte nicht aufstehen, es nagte irgendetwas. Ich habe gemerkt, da ist ein Wesen in meiner Zelle. Dann habe ich ein Gebet gesprochen, und danach war meine Zelle wieder frei. Ja, es war ein Kobold. (...)

Ich suche Kontakte, ich suche Kontakte nach draußen. Ich brauche Besuch. Ich suche nach Menschen, die zur mir passen.

Anschrift des Sozialen Gemeinschaftswerk Berlin e.V., Projekt "Knackpunkt", siehe Kasten auf der den Werkstattgesprächen vorangehenden Seite 184

In den Fängen des Systems

Saño Baño und Thomas Göing

Dieser Bericht schildert den gescheiterten Fluchtversuch aus der DDR 1984 und die anschließende Haft in Gefängnissen der DDR. Er entstand im Gespräch mit der Person, die dieses erlebt hat, und bemüht sich um eine objektive Darstellung der damaligen Tatsachen. Der Bericht gibt einen Einblick in die Verhältnisse vor dem Beginn der Umgestaltung in der DDR und der Neufassung des Reisegesetzes; er wurde auch vorher niedergeschrieben (Red.).

Im November 1984 versuchte ich mit zwei Freunden aus der DDR und einem Fluchthelfer zu Fuß die Grenze von Ungarn nach Jugoslawien zu überwinden. Dabei wurden wir auf ungarischer Seite von einem Grenzsoldaten gefaßt und verhaftet. Man trennte uns sofort voneinander und wir verbrachten eine Woche in Untersuchungshaft in Budapest. Gemäß einem Abkommen zwischen Ungarn und der DDR wurden wir dann an die DDR ausgeliefert. Dort angekommen, wurden wir ohne Angabe irgendeines Zieles in einem Gefängniswagen eingesperrt - jeder in eine fensterlose Zelle -, um so in die Untersuchungshaftanstalt der Staatssicherheit in Rostock überführt zu werden.

Im dunklen Innenhof des Gefängnisses mußte ich aussteigen, ohne zu wissen, wo ich war. Auf Anweisung zog ich meine eigenen Sachen aus - das letzte Persönliche, das ich besaß - und bekam einen Trainingsanzug. Zum wiederholten Male wurde eine Leibesvisitation durchgeführt. Danach kam ich alleine in eine einfach eingerichtete Zelle. Die Einrichtung bestand aus Bett, Klapptisch, Stuhl, Klo und Waschbecken. Zur besseren Überwachung wurde nachts das Licht in der Zelle angelassen. An vernünftigen Schlaf war nicht zu denken. Ich durfte die Zelle nur zu Verhören verlassen, die nun in unregelmäßigen Abständen begannen. Sie stellten die einzige Abwechslung im Tagesablauf dar. Nach drei Tagen Einzelhaft wurde ich mit einer anderen Gefangenen zusammengelegt. Endlich hatte ich eine Gesprächspartnerin, mit der ich nach anfänglichem Mißtrauen über alle Dinge sprechen konnte. Damit war die grausame Einsamkeit der letzten Tage vorüber und der Alltag in der U-Haft begann.

Die Tage und Wochen vergingen in einem monotonen Rhythmus. Frühes Wecken, Waschen und Warten waren der Beginn eines jeden Tages. Jegliche Kontaktaufnahme, und sei es nur ein kurzes "Guten Morgen", war untersagt. Angesprochen wurden wir mit "Bett eins" und "Bett zwei". Das Essen bekamen wir durch eine Klappe in der Tür hereingereicht. Durch meine Appetitlosigkeit nahm ich während der U-Haft zehn Kilogramm ab. Aber nicht nur das war eine Reaktion meines Körpers auf die Haftbedingungen, sondern auch das Ausbleiben meiner Menstruation.

Nach dem Frühstück begann die Phase des endlos langen Wartens - worauf? Die Zeit schien bis zum Mittag nicht vergehen zu wollen. Da sich dem Blick nichts Neues bot, konzentrierte sich die Wahrnehmung auf das Hören. Jedes kleinste Geräusch von außen wurde verstärkt wahrgenommen. Die einzigen Abwechslungen - außer den Verhören -

gaben uns die tägliche Zeitung "Neues Deutschland", das Reinigen der Zelle jeden zweiten Tag und Bücher, die wir einmal wöchentlich erhielten. Nahezu täglich durften wir in einem dreimal vier Schritte großen Hof, der von ca. vier Meter hohen Mauern umgeben war, den Himmel sehen. Den Rest der Zeit verbrachten wir in der Zelle. Das Verhör wurde so meistens zu einer ersehnten Abwechslung.

Die unangekündigten Verhöre fanden in einem karg eingerichteten Raum statt. Die Vernehmung führte ein mit dem Fall betrauter Untersuchungsführer, der sich erstaunlicherweise über einige Fakten aus meinem Leben auskannte, ohne daß ich mit ihm darüber gesprochen hatte. Auch das Kreuzverhör war Mittel, um Tatsachen zu erfahren. Der Kontakt nach außen beschränkte sich während der gesamten Haftzeit auf einen wöchentlichen Brief an meine Mutter, in dem ich mich auf meine dortige Situation nicht beziehen durfte, und auf einen monatlichen 20minütigen Besuch meiner Mutter unter Anwesenheit meines Untersuchungsführers. Nach Abschluß der Ermittlungen der Staatssicherheit durfte ich das erste Mal meinen selbst gewählten Rechtsanwalt sehen. Er arbeitete im Auftrag von Rechtsanwalt Dr. Wolfgang Vogel. Die insgesamt zwei Gespräche ergaben für mich jedoch nicht die erhoffte Erleichterung.

Nach sechs Monaten U-Haft fand die Verhandlung statt. Dieser nicht-öffentlichen Verhandlung wohnten ein Vertreter des Betriebes, in dem ich zuletzt gearbeitet hatte, und Beamte der Staatssicherheit bei. Hier sah ich das erste Mal meine Freunde wieder.

Wir wurden angeklagt, gegen den § 213 StGB DDR, "Verbot des ungesetzlichen Grenzübertritts", verstoßen zu haben. Ein gescheiterter Fluchtversuch wird mit einer Freiheitsstrafe bis zu zwei Jahren geahndet. Im "Namen des Volkes" wurde ich zu einem Jahr und neun Monaten verurteilt. Meine Freunde zu je zwei Jahren.

Nach meiner Verurteilung machte ich eine Fahrt durch die DDR, vom Norden in den Süden, bis in den Bezirk Karl-Marx-Stadt. Mein fahrbarer Untersatz bis zum Gefängnis waren zuerst die Deutsche Reichsbahn und dann ein Auto. Allerdings waren alle Fahrzeuge so hergerichtet, daß mir jeglicher Ausblick versagt blieb.

Nachdem sich die Gefängnistore wieder hinter mir geschlossen hatten, lernte ich meine neue Zelle kennen. Sie befand sich in der untersten Etage des Gebäudes. Es war eine Aufnahmezelle für Neuzugänge, abgeschirmt von anderen Inhaftierten. Die Zelle bzw. der Verwahrraum war zweimal drei Meter groß, untergebracht waren fünf Frauen. Diese Tage glichen einem Dahindämmern. Es geschah nichts, außer daß man morgens aufstehen und abends zu Bett gehen mußte. Das Essen konnte man total vergessen, im Gegensatz zur Speise in der U-Haft.

Für meinen Gefängnisaufenthalt bekam ich Kleidung zugeteilt. Drei Hosen, zwei Paar Schuhe, Unterwäsche, Nachthemden, Blusen, Jacke, Kopftuch. Ich wurde dem Kommando Planet III - was sich auf die Arbeit im Gefängnis bezieht - zugeteilt. Ein Kommando umfaßte ca. 60 Frauen mit den unterschiedlichsten Strafdelikten. So lernte ich harte Kriminelle, Frauen, die politisch aktiv gewesen waren, und Kindesmörderinnen kennen. Zum Kommando gehörten sechs Verwahrräume unterschiedlicher Größe. In meinem Raum waren 23 Frauen untergebracht. Er erschien mir riesengroß, sehr lang, hatte helle Wände und eine unüberschaubare Menge an Doppelstockbetten. Es gab drei Tische und ein paar Hocker. Eine Tür trennte noch einen kleineren Raum ab, der sich als "Naßteil" darstellte. Ein Waschraum mit vier Waschbecken, zwei Toiletten und einem Fußbecken. Die Fenster waren überall sehr klein und vergittert. Der Blick ging weit in einen wunderbaren Wald. Meine Wäsche mußte ich nach genauem Schema in einen kleinen Spind einsortieren. Jedes Wäschestück bekam meinen Namen, den ich auf ein Wäscheband sticken mußte. Die ganze Atmosphäre an diesem Ort war von Zucht und Ordnung durchsetzt.

Mein Tagesablauf richtete sich nach meiner Arbeitsschicht. Bei einer Frühschicht (Arbeit im dritten Schichtsystem, außer Sonntag) sah er zum Beispiel folgendermaßen aus: um 04.30 Uhr Wecken durch Klopfen an die schwere Tür, nach dem Aufstehen im Kommando antreten, Meldung und geschlossener Gang in den Speisesaal. Das Frühstück besteht aus Brot, Margarine und Marmelade. Das Getränk ist Malzkaffee - eine "sehr ermunternde Flüssigkeit". Dem Essen und den Getränken waren Stoffe beigegeben - zum Beispiel Hefeextrakte -, die uns wohlernährt aussehen lassen sollten. Nach dem Frühstück ging es geschlossen zur Arbeitsstelle. Jeder kannte seinen Arbeitsplatz, wußte, wo er den Vormittag zu verbringen hatte. Wir mußten Bettwäsche nähen. Unter Anleitung lernte ich auch diese Tätigkeit. Es wurde im Akkord gearbeitet. Eine bestimmte Leistung brachte eine zusätzliche Tasse Tee ein. Die anderen, die diese Leistung nicht erbrachten, konnten beim Teetrinken zuschauen - ich natürlich auch, aber eine Freundin teilte mit mir. Bei Arbeitsverweigerung kam man in den Bunker (Einzelhaft). Am Vormittag wurden Medikamente ausgegeben, besonders für Frauen, die schon länger als zehn Jahre einsaßen (zum Beispiel Antidepressiva und Beruhigungsmittel).

Ansonsten passierte nichts - wir arbeiteten eben so dahin. Arbeit wofür? Für wen? Von den Verpackerinnen erfuhren wir, daß in die Bettwäschepakete Kataloge von "Quelle" beigelegt wurden. Also ging es mal wieder um Devisen, und wir waren dabei sehr billige Arbeitskräfte im Arbeiter- und Bauernstaat, in dem alles für das Wohl des Volkes getan wird ... Kaputt von der Arbeit gab es Mittag und anschließend Freistunde. Jeden Tag sehnte ich mich nach dieser schönen Stunde. Endlich frische Luft, im Gegensatz zu der düsteren und staubigen Arbeitshalle. Ich traf andere Kommandos, zum Beispiel von Esda-Strumpfhosenherstellern. Gerade diese angenehme Zeit verging zu schnell, und schon befand man sich wieder in seinem Verwahrraum. Häufig erwartete uns ein totales Chaos. Es hatte wieder eine Razzia stattgefunden! Wollte ich nun gerne schlafen, war bei 23 unterschiedlichsten Frauen natürlich nicht an Ruhe zu denken. So unterhielten wir uns, die einzige Beschäftigung, die wir dann hatten.

Einmal in der Woche gab es Bücher. Die Literatur war nicht anspruchsvoll, und zum Lesen fand ich keine Muße, denn es gab kein stilles, unbeobachtetes Plätzchen. Abgesehen davon hatte ich in dieser Zeit auch Konzentrationsprobleme. Bei guter Führung bekam unser Kommando am Sonntag einen Plattenspieler oder einen Ball. - Einmal wöchentlich durfte ich an meine Mutter schreiben. Briefe konnte ich viele erhalten, allerdings auch nur von einer Kontaktperson. Im letzten Monat meiner Haft hatte ich sogar das Glück, ein Paket von meiner Mutter zu bekommen, aber auch nur, weil ich mich an die Arbeit gewöhnt hatte und gute Leistungen erbrachte. - Einmal im Monat gab es einen halbstündigen "Sprecher". Meine Mutter reiste extra durch die ganze DDR, um mich zu sehen. Getrennt durch eine Scheibe und ohne Berührungen mußte das Gespräch, oft unter Tränen, ablaufen.

Das Gefängnis hatte auch einen Freizeittrakt, den natürlich auch nur Privilegierte besuchen konnten. Dort gab es verschiedene Beschäftigungsmöglichkeiten, zum Beispiel Arbeitsgruppen für Handarbeiten, Tanz und Chor. Meine Arbeitsleistungen reichten nicht aus, um diesen Vorzug selbst kennenzulernen.

Der Aufenthalt im Gefängnis stellte für mich einen bis dahin nicht gekannten Freiheitsentzug dar. Auf der einen Seite war ich von Haß erfüllt, auf der anderen Seite versuchte ich, gemeinsam mit den anderen Frauen das Beste aus der Situation zu machen. Ich wollte mir mein Rückgrat nicht brechen lassen. Das System hatte zum Ziel, mit Strafe und Belohnung die totale Anpassung zu erreichen.

So plötzlich wie die Gefängniszeit begonnen hatte, endete sie schließlich nach einem Jahr. Unangekündigt und unerwartet wurde ich eines Tages nach Karl-Marx-Stadt verlegt. Mit der Unterschrift auf einer Urkunde war ich aus der Staatsbürgerschaft der DDR entlassen und wurde nach in die Bundesrepublik Deutschland abgeschoben.

Die DDR bestreitet offiziell, daß es in ihren Gefängnissen politische Häftlinge gibt. Trotzdem werden seit 1963 aufgrund laufend erneuerter Vereinbarungen zwischen der Bundesregierung und der DDR politische Häftlinge aus DDR-Gefängnissen freigekauft und in den Westen entlassen. Als Gegenleistung erhält die DDR Sachleistungen (Südfrüchte, Kaffee und andere Lebensmittel, Düngemittel, Rohstoffe, Industriegüter oder Medikamente). Als Bevollmächtigter der DDR für humanitäre Fragen ist der Ost-Berliner Rechtsanwalt Dr. Wolfgang Vogel Anlaufstelle für bundesdeutsche Behörden in allen Fragen im Zusammenhang mit den Aktionen "Familienzusammenführung" und "Häftlingsfreikauf"[1]. In der "Unterabteilung humanitäre Aufgaben" des Innerdeutschen Ministeriums werden Wunschlisten erstellt. Die Listen mit politischen Häftlingen, deren Freikauf die Bundesregierung begehrt, werden Wolfgang Vogel übergeben. Die Entscheidung wird von der Generalstaatsanwaltschaft der DDR getroffen[2]. So sind es Jahr für Jahr zwischen 500 und 1.200 Gefangene, die von den Vollzugseinrichtungen in Bautzen, Hoheneck, Cottbus oder anderswo nach Karl-Marx-Stadt verlegt werden, wo sie einen Sammelbus besteigen, der sie zur innerdeutschen Grenze bei Wartha/Herleshausen und von dort aus ins Notaufnahmelager Gießen fährt[3].

Anmerkungen:

1) Jens Schmidthammer: Rechtsanwalt Wolfgang Vogel, Mittler zwischen Ost und West. Hoffmann & Campe, Hamburg 1987, S.25

2) ebd., S.43

3) ebd.

Bücherschau

Horst Heuwold (Hg.): Den Faden wieder aufnehmen - Arbeit an der eigenen Biographie Beispiele aus dem Strafvollzug.
Verlag Freies Geistesleben, Stuttgart 1989, 160 Seiten, kart., DM 20,-

"Warum gibt es tausende Männer mit ähnlicher Biographie, die nicht straffällig wurden? Warum ist in meinem Leben ein Knick? Warum habe ich getötet?" (S.99)

Auf diese im Buch gestellten Fragen eines Inhaftierten namens K. Schl. eine Antwort zu suchen, setzt zuerst voraus, diese Fragen überhaupt stellen zu können. Der überwiegende Teil von Inhaftierten stellt sich diese Fragen gar nicht; diese Menschen wollen sich nicht mit ihrem "Lebensfaden" und schon gar nicht mit dem "Lebensknick" auseinandersetzen. Im Gegenteil, sie weisen jeden Eigenanteil von Schuld zurück. Horst Heuwold zählt zu diesem Typ von Strafgefangenen solche, die ein "Entschuldigungsbewußtsein" haben, d.h. sie führen schlechtes Erbgut, schlechte häusliche Verhältnisse (Mutter: Prostituierte; Vater: Trinker) als alleinige Ursache ihrer Kriminalität an. Überdies meinen diese "Entschuldigungsbewußten", sie könnten ja nichts dafür, daß ihre Eltern sie gezeugt hätten. Diese Einstellung läuft darauf hinaus, daß man immer andere für seine bloße Existenz und letztendlich auch für seine Taten verantwortlich macht. Eine Spur von Eigenverantwortlichkeit findet man bei diesen Menschen nur in verquerter Form: Man war eben nicht durchtrieben genug, um sich nicht erwischen zu lassen. Man schwört sich, sich in dieser Hinsicht zu "bessern" - also sich noch tiefer in die Amoralität zu verstricken.

Die "Anderen" sollen - da sie ja für mich und meine Tat verantwortlich sind - demnach auch für meine Wiederaufrichtung und Besserung, sprich für mein seelisches Wohlergehen und für das Eliminieren der negativen Auswirkungen und der Sanktionen um die eigene Kriminalität herum, sorgen. Auch in diesem Bereich wird die Eigenverantwortlichkeit und der Eigenbeitrag für ein besseres Leben ohne Kriminalität abgelehnt.

Die andere Gruppe von Inhaftierten haben oder entwickeln bald nach ihrer Tat bzw. Verhaftung ein ausgeprägtes Schuld- und Sühnebewußtsein. Sie wollen an sich arbeiten, um ihre Fehler zu überwinden und ihre Schuld zu sühnen, und setzen sich daher intensiv mit ihrem Lebensfaden und dem Knick darin auseinander. Diese Menschen haben einen weitaus sensibleren Zugang zu moralischen Fragen, ja, Horst Heuwold meint sogar, nach seinen Erfahrungen seien es "Menschen, die oft moralisch weit über den Normalbürgern stehen" (S.20). Eine nachdenkenswerte Aussage, die geeignet sein mag, so manches Vorurteil gegenüber Inhaftierten zu revidieren! Regelrechte Hochachtung kann sich einstellen, wenn man bedenkt, daß die Verhältnisse und Strukturen im heutigen Strafvollzug auf genau das Gegenteil ausgerichtet sind, wie aus der Schilderung des Tagesablaufes in einer Justizvollzugsanstalt sowie aus der Darstellung in dem Abschnitt "Gedanken zum Strafvollzug" eindrucksvoll, präzise und nüchtern hervorgeht: Kontrolle, Ruhe, Sicherheit, Ordnung und Verwahrung der Inhaftierten. Alles bleibt erstarrt wie es ist, auch der

Täter; obwohl von der Idee der sogenannten Resozialisierung her erwartet wird, daß dieser sich ändert und fähig werden soll, ein Leben ohne Straftaten zu führen. Ein Widerspruch in sich.

Bemerkenswert ist in dem Entwurf für einen therapeutisch ausgerichteten "Behandlungs-Vollzug" (S.46 ff.) die Klarstellung, daß es dabei nicht darum geht, der Erwartung vieler Inhaftierter an eine Hilfe, wie sie es sich (bequemer) vorstellen, zu entsprechen: Als Hilfe zur Bekämpfung von depressiven Zuständen verlangt der Inhaftierte beispielsweise vom Anstaltsarzt die Verabreichung starker Psychopharmaka oder ein anderer gegen Langeweile mehr Fernsehen. "Es ist klar, Hilfestellung - wird sie zum Wohle des Inhaftierten geleistet - kann in dessen Augen etwas völlig Unpopuläres darstellen. Von daher wird ein erneuerter Strafvollzug eine Fülle von Unannehmlichkeiten für ihn beinhalten. Kein angenehmer Zeitvertreib auf der Ebene des Halbschlafs in schöngeistiger Umgebung ist angesagt, sondern ein Aufwachprozeß, der durchaus schmerzhafte Begleitumstände haben kann." (S.54)

Der freiwillig vom Straftäter zu wählende "Behandlungs-Vollzug" wird folgendermaßen skizziert:

- Das *Rechtsleben* des Gefängnisses (Verordnungen, Richtlinien zur Regelung des Zusammenlebens) soll weitgehend von den Inhaftierten im Rahmen der Strafgesetzgebung selbst gestaltet werden;
- das *Wirtschaftsleben* soll durch sinnvolle Arbeitstätigkeiten gekennzeichnet werden, deren Erlös tatsächlich den Namen Entgelt verdient. Aus dem soll ein gewisser Prozentsatz in einen Gemeinschaftsfond, zum Beispiel zu Entschuldungszwecken, finanzieller Wiedergutmachung gegenüber den Opfern der Tat, zum Existenzaufbau Entlassener oder zur Unterstützung von Familienangehörigen fließen;
- schließlich soll das *Geistesleben* (Bildung, Ausbildung, Weiterbildung, Kunst und Kultur) auf ein Niveau jenseits von notgedrungen geduldeten Freizeit- und Bastelbeschäftigungen durch qualifizierte, künstlerisch gestaltete Veranstaltungen, Arbeitsgemeinschaften und Kurse gehoben werden.

Diese anregungsvolle Darstellung eines humanen Strafvollzugs mag bei manchem Realisten resigniertes Kopfschütteln über solcherlei "Pfirsichblüt-Anthroknast-Utopien" hervorrufen. Daß diese Möglichkeit aber gar nicht *so* utopisch ist, beweist zum Beispiel die Initiative Jugend-Werkhof Köln vom Verein "Maßstab e.V." (*siehe dazu das Interview in diesem Heft;* Red.), wo ein Stück dieser Utopie anfängt, reale Gestalt anzunehmen, nach dem Motto: "Begrabe Deine Träume nicht, Du schuldest ihnen Dein Leben", und: "Wer keine Träume hat, hat nicht den Mut zum Kämpfen".

Der größte Wert der in dem Buch dargestellten Biographien liegt sicherlich darin, daß sie überhaupt von den Strafgefangenen aufgeschrieben wurden, denn sie lassen in ihrer Schlichtheit, mit der oft erschütternde Lebensbedingungen und deren psychische Auswirkungen geschildert werden, etwas von der tiefgreifenden Arbeit der Verfasser an sich selbst erahnen. Man fragt sich: Wie halten sie dieses Schicksal aus? Es ist ermutigend und verlangt einem Respekt ab, daß sie es nicht nur aushalten, sondern aus der Arbeit mit der eigenen Biographie Kraft für ihr gegenwärtiges und zukünftiges Leben schöpfen.

So gesehen kann das Buch eine wertvolle Hilfe sein, um sich auf eine mögliche berufliche oder ehrenamtliche Arbeit mit Strafgefangenen einzustimmen, und kann für Menschen von Interesse sein, die in irgendeiner Form mit dem Schicksal dieser Personengruppe in Berührung gekommen sind, und kann letztlich auch eine leise Ermutigung für diejenigen sein, die schon länger in dem Bereich Strafvollzug tätig sind, und last but not least für interessierte, auseinandersetzungsbereite Inhaftierte.

Wer allerdings tiefergreifende, umfassendere und weiterführende Hilfen für die biographische Arbeit mit Strafgefangenen sucht, stößt auf eine große Schwäche des Buches, welches nur die Selbstdarstellungen für sich sprechen lassen will: Es fehlt die exemplarische Analyse der Biographien (oder zumindest eine analytische Kurzfassung) im Sinne der Sichtbarmachung und Verdeutlichung sowie der methodischen Anwendung der Gesetzmäßigkeiten von Biographien. Es fehlen die Gewichtung und Wertung von subjektiv und objektiv bedeutenden Ereignissen im Sinne einer darin verborgenen Aufgabenstellung, wie die speziell für diesen einen Menschen gegebene Chance zum Begreifen dieser Aufgabenstellung wahrgenommen und/oder ergriffen wird oder auch nicht. Beispielsweise hätten Wiederholungen neuralgischer Schicksalsereignisse oder Wegekreuzungen des Lebensweges aufgezeigt werden können, bei denen der Mensch die Freiheit gehabt hätte, ja oder nein zu sagen in bezug auf die Moralität seiner Handlungs- und Lebensweise. Ebenso wäre die Darstellung des allgemein-menschlichen Zusammenhangs der Siebenjahres-Phasen mit den vorliegenden Biographien nützlich gewesen, zum Beispiel welche Lebensfragen sich in welcher Siebenjahresphase stellten und wie darauf von dem nun Straffälliggewordenen geantwortet wurde; welche Phasen entwicklungsmäßig mißglückt waren und wie sich die Auswirkungen davon auf die Persönlichkeit für eine andere Siebenjahresphase als verhängnisvoll erwiesen haben.

Auf diese Weise wäre man vielleicht der Frage auf die Spur gekommen, ob es speziell für das Schicksal von später Straffälliggewordenen auch Gesetzmäßigkeiten im Lebenslauf gibt, deren Kenntnis man ansatzweise für eine präventive bzw. intensivere soziale Pädagogik anhand des Einzelfalles nutzen könnte. Aber was nicht in dem ersten Buch ist, kann ja in einem zweiten noch werden.

Marietta Biermann

FLENSBURGER HEFTE
ISSN 0932-5859

AUS UNSEREM VERLAGSPROGRAMM

Wolfgang Gädeke

ANTHROPOSOPHIE UND DIE FORTBILDUNG DER RELIGION

In dieser Studie wird erstmals der Religionsbegriff der Anthroposophie anhand der Schriften und Vorträge Rudolf Steiners dargestellt und der Unterschied zwischen anthroposophischem Erkenntnisweg einerseits und der religiösen Übung in Gebet und Kultus andererseits herausgearbeitet. Es wird erkennbar gemacht, wie sich die Anthroposophie als Geisteswissenschaft zur Religion im allgemeinen und zum Christentum im besonderen verhält. Daraus wird deutlich, wie es zur Gründung einer neuen christlichen Kirche, der Christengemeinschaft, mit der Hilfe und dem Rat Rudolf Steiners gekommen ist. Die letzten Kapitel erhellen das bis heute von vielen Fragen überschattete Verhältnis von anthroposophischer Bewegung und Gesellschaft einerseits und Christengemeinschaft andererseits. — Einführung: Die Aufgabe der Anthroposophie und das Wesen der Religion. / I. Anthroposophie und die Religionen. / II. Religiöses, Kultisches und Sakramentales in der Anthroposophie. / III. Religiöse Übungen und ihre Wirkungen. / IV. Der Weg zur Gründung der Christengemeinschaft. / V. Die Monate nach der Begründung der Christengemeinschaft. / VI. Wie Rudolf Steiner das künftige Verhältnis von Anthroposophischer Gesellschaft und Christengemeinschaft veranlagte. / VII. Das Verhalten Rudolf Steiners 1923 und nach der Weihnachtstagung.

Erscheint Dezember 1989; Leinen, ca. 400 Seiten, DM 44,- ISBN 3-926841-23-0
Kart., ca. 400 Seiten, DM 33,- ISBN 3-926841-24-9

Carola Cutomo

MEDIALITÄT – BESESSENHEIT – WAHNSINN

Die lebensnahe Schilderung einer Frau, die durch spiritistische Praktiken – Glasrücken, Tischrücken, automatisches Schreiben – in den Sog von Dämonen geriet. Carola Cutomo beschreibt ihre Zustände der Besessenheit, wie sich ihr in spiritistischen Experimenten angebliche Verstorbene nähern und nach und nach so weit aufdrängen, daß sie ganz in den Bann, Besitz und Gehorsam dieser Wesenheiten gerät. Ihre Medialität führt schließlich dazu, daß sie erleben muß, wie sie tagein, tagaus innere und äußere Stimmen hört, die sie durchs Leben hetzen und sogar zwingen, aus ihrem physischen Leib herauszutreten.

Carola Cutomo – der Name wurde vom Herausgeber geändert – stand am Rande des Abgrunds, kurz vor dem Wahnsinn, aber sie wurde geheilt und hat diesen Tatsachenbericht – der nicht auf der Grundlage der Anthroposophie geschrieben wurde – noch unter den Eindrücken ihrer Besessenheit geschrieben.

188 Seiten, kart., DM 19,80 ISBN 3-926841-19-2

Sonderheft Nr. 1 – PARTNERSCHAFT UND EHE

3. Auflage (14. - 30.Tausend), 174 Seiten, kart., DM 12,80

Gesetzmäßigkeiten einer Lebensgemeinschaft. Menschenkunde der Geschlechter. Mann und Frau in der Partnerschaft. Liebe und Ehe sind erlernbar: Das Soziale schaffen anstelle von Kampf und Flucht! Krisen und Brüche im 27. Lebensjahr. Notwendige Ich-Entwicklung der Frau. Sexualität und Liebe. Ehe-Idee, Ehe-Vorbereitung, Ehe-Pflege und Ehe-Alltag. Praktische Tips und Beispiele aus der Ehe-Beratung. Ein zeitgemäßer Ratgeber für die Gestaltung von Partnerschaft und Ehe.

Interviews mit Wolfgang Gädeke und Klaus Thoma. Vorträge von Klaus Fischer und Wolfgang Gädeke. Weitere Artikel und zahlreiche Abbildungen. ISBN 3-926841-04-4

Sonderheft Nr. 2 – DAS GEHEIMNIS DER EAP

212 Seiten, kart., DM 12,80

Eine kenntnisreiche Hintergrundanalyse der Europäischen Arbeiterpartei - eine politische Gruppierung, die unter verschiedenen Tarnnamen Schlagzeilen macht. Die EAP: Idee, Geschichte, Programm, Praxis, Hintergrund. / "Ich hätte einem Monster zur Geburt verholfen" – Erstmalige Enthüllungen eines ehemaligen EAP-Mitgliedes. Wenn die EAP an die Macht käme ... / Helga und Lyndon LaRouche. / Der Weg von der ersten Kontaktaufnahme zum selbständigen Kader. – So etwas haben sie noch nie gelesen! Text von Wolfgang Weirauch; Interview mit Herbert Knoblauch. Zahlreiche Abbildungen. ISBN 3-926841-05-2

Sonderheft Nr. 3 – COMPUTER, MEDIEN

144 Seiten , kart., DM 14,80

Spider in the web – die Vernetzung der Welt. / Faszination der Medien, die Angst vor dem Computer. / Welcome to the machine. / Mythos und Wirklichkeit – Was ist ein Computer? Entstehung, Funktion, Anwendungsmöglichkeiten und Gefahren, Auswüchse der Forschung. / Kann ein Computer denken? Menschliches Denken und Verantwortung. / Hacker – Datendemokratie oder technischer Terror? Reisen mit trojanischen Pferden – das Tor zur Welt. / Computerviren – der Tod der Systeme?! / Computerkinder – Mechanisierung der Kindheit. / Die Faszination der Bilder – die Droge im Wohnzimmer. / Medien im Dienst der Lüge. Interviews mit Prof. Dr. Klas Diederich, Prof. Dr. Claus Eurich, Dr. Rainer Patzlaff, Steffen Wernéry, Prof. Joseph Weizenbaum; weitere Artikel, u. a. von Prof. Dr. Heinz Buddemeier und Prof. Dr. Helmut Göttsche, und Abbildungen. ISBN 3-926841-12-5

Sonderheft Nr. 4 – PARTNERSCHAFT UND EHE II – BRIEFE

80 Seiten, kart., DM 9,80

47 Briefe von Leserinnen und Lesern zu den Themen Partnerschaft, Ehe und Sexualität. - Zerstört Sexualität die Liebe? / Männlicher Chauvinismus. / Aha und Oha. / Zumutungen der Eifersucht. / Wie Schuppen von den Augen... / Anstoß zur zweiten Halbzeit. / Archa-ische Leidenschaft. / Brutal ernüchtert. / An der Seite eines Mannes. / Ich bin Ich. / Reifere Frau und jüngerer Mann. / Allein leben – keine Partnerschaft? / Eine wirkliche Hilfe : zur Idee erheben. / Die Liebe bullert. / Vertrauen. / Eine natürliche Verhütungsmethode. / Mit Konflikten leben. / Vom Stuhl gerissen. ISBN 3-926841-14-1

Sonderheft Nr. 5 – VOLKSSOUVERÄNITÄT – DEMOKRATIE – VOLKSGESETZGEBUNG

Die Emanzipation des Rechtslebens im sozialen Organismus

Forschungsergebnisse aus dem Achberger Institut für Dreigliederungsentwicklung

Der Kampf um die Emanzipation des Rechtslebens, dargestellt an den Beispielen Bundesrepublik Deutschland, Deutsche Demokratische Republik und Luxemburg. / Arbeitsergebnisse und Initiativen der "Achberger Schule". / Achberger Memorandum: Direkte Demokratie in der BRD 1946–1989; mit Dokumenten. / Weimarer Memorandum: Direkte Demokratie in der DDR 1946–1989, mit Dokumenten. / Luxemburger Memorandum: Direkte Demokratie in der Geschichte Luxemburgs 1789–1989, mit Dokumenten. / Europäisches DialogForum: Der Kongreß "Zur Lage der Demokratie in Europa", 1.–7. Juli 1990.
Erscheint Anfang 1990; ca. 320 Seiten, kart., DM 19,80 ISBN 3-926841-18-4

Heft 11 – ÜBER TOD UND STERBEN

2. erweiterte Auflage, 268 Seiten, kart., DM 19,80

Vom Jenseits: Berichte von Menschen, die über die Schwelle des Todes geschritten sind; Christus führt die Verstorbenen vor ihr gesamtes Lebenspanorama. / Sterben im Leben und Leben nach dem Tod. Allgemeinmenschliche Sterbeübungen. Die Sterbesakramente in der Christengemeinschaft. Ist die Aufbahrung sinnvoll? Begleitung der Toten. Was wollen die Toten für uns tun? / Wie der Tod in die Welt kam. Gilgamesch; Isis und Osiris. Die Bedeutung der Pyramidenanlage für die Menschen in ihrer Beziehung zum Tod. Das Schattenreich und das Licht der Mysterien. / Todeswissen, Todesglauben und Todesbräuche in alten Mythen und Kulturen. / Das Für und Wider von aktiver und passiver Sterbehilfe. Der Sterbeprozeß als Chance für die Menschheit. Freiheit zwischen Selbstbestimmung über den eigenen Tod und der planetarischen Solidarität aller Lebenden. Der Sinn des Leidens. / Deutsche Gesellschaft für Humanes Sterben; Freitod. Patientenverfügungen. Die Machtfrage und die Terrorisierung aller Sterbenden. / Das Recht von Arzt und Patient. Der Arzt an der Schwelle des Todes: Erfahrungen während eines Todeskampfes. / Seelsorge mit Sterbenden. Der Tod von Ehepartnern. Ein Sterbender hört alles. Wenn Kinder sterben. Arzt und Priester am Krankenbett. / Der Bestatter und die Hinterbliebenen. Anonyme Bestattung. Rechtliche Verbindlichkeit der Bestattungsvorsorge. / Vom Altwerden. Die Aufgaben des Menschen im Alter. Die Alten sind unsere Zukunft. / u.v.m.
Interviews mit Hans-Henning Atrott (DGHS), Irmgard Bauer, Peter Berg (Bestattungsunternehmer), Wolfgang Gädeke, Gisela Gaumnitz, Dr. Jörg Jungermann, Dr. Raymond Moody, Dr. Conrad Schachenmann, Prof. Dr. Philipp Schmitz (SJ), Frank Teichmann. Zahlreiche Abbildungen. ISBN 3-926841-11-7

Heft 13 – HEXEN, NEW AGE, OKKULTISMUS

2. erweiterte Auflage, 204 Seiten, kart., DM 14,80

"Der schwarze Pfad" / Satanslyrik. / Dämonenaustreibung / "Ich war besessen" / Über Mediumismus und Spiritismus. Die Entstehung des Spiritismus. / Was steckt hinter den Aussagen von Medien? – Eine Skizze zum anthroposophischen Weiterstudium. / "Die feine Art zu töten" / Schwarze Messen, spiritistische Sitzungen – der neue Trend vieler Jugendlicher. / New Age, das Zeitalter des Wassermanns – die Sehnsucht nach dem Geist und die Verwirrung der Begriffe. / Berichte vom Kongreß "Geist und Natur". / Feuerläufe. / Neokeltismus und Neoschamanismus. / Heilige Pilze. / Die Glasrückerin. / "Ich werde absolut geführt" / Das "Geist- und Heilzentrum Saint-Germains".

Interviews mit Schwarzmagierin Ulla von Bernus, Carola Cutomo, Hexe Petra Singh, Gesundbeterin Edith Heldt und Herbert Wimbauer sowie weitere Artikel. ISBN 3-926841-08-7

Heft 14 – ERNEUERUNG DER RELIGION – DIE CHRISTENGEMEINSCHAFT

3. erweiterte Auflage, 186 Seiten, kart., DM 12,80

Die Hierarchie in der Christengemeinschaft. Gemeindebildung. Ist die Sprache der Christengemeinschaft noch zeitgemäß? Anthroposophische Erkenntnisvertiefung des religiösen Lebens. / Die Sakramente im Wandel der Zeiten. Die ersten Gottesdienste. / Die Wandlung im Kultus der Christengemeinschaft. Der Phantomleib des Christus. Engel, Verstorbene, Elementarwesen, Dämonen. / Das evangelische und das katholische Sakramentsverständnis. / Ein Brief aus Leipzig zur Situation der Christengemeinschaft in der DDR. / Friedrich Rittelmeyer. / Das Dogma der Unfehlbarkeit. Gibt es eine katholische Anthroposophie?

Interviews mit Ekbert Lasch, Johannes Lenz, Andreas Rüß, Arnold Suckau und Prof. Dr. Franz Georg Untergaßmair; weitere Artikel. ISBN 3-926841-07-9

Heft 15 – WALDORFSCHULE UND ANTHROPOSOPHIE

3. Auflage, 132 Seiten, kart., DM 9,80

Wie sollte, kann oder darf die Anthroposophie in der Waldorfschule leben? In welchem Verhältnis stehen der Waldorflehrer und die Waldorfschule zur Anthroposophie und zur Anthroposophischen Gesellschaft? / Die spirituellen Grundlagen der Waldorfpädagogik und die inneren Aufgaben des Lehrers. / "Zusammenklang im Gesamt" – Die Waldorfschule im Beziehungsgefüge der sozialen Wirklichkeit. Zur Sozialgestalt der Waldorfschule. / "Lebendige Quellkräfte" – Zur Esoterik des Waldorflehrerberufes. Die Freie Hochschule für Geisteswissenschaft und ihre Gliederung in Sektionen. / "Kritik, wo ist dein Stachel?" – Kritiker und Gegner der Waldorfpädagogik. Der Vorwurf der Dogmatik.

Interviews mit Johannes Kiersch, Stefan Leber und Jørgen Smit; weitere Artikel. ISBN 3-926841-00-1

Heft 16 – KULTURVERGIFTUNG: RAUSCHGIFT, SUCHT UND THERAPIE

182 Seiten, kart., DM 7,80

"Das vergiftete Jahrhundert" – Neue Impulse durch die Jugend. Verschüttete Ideale. Der karikierte Himmel. / "Auf fremden Pfaden" – Über die Wirkung verschiedener Drogen. / "Der Kampf mit der Hydra" – aus der Arbeit des Rauschgiftdezernats Hamburg. / Aus der Praxis der anthroposophisch orientierten Drogentherapie – "Hilfe zur Selbstentwicklung" –"Kulturtherapie!"

Interviews mit Ron Dunselman und Jaap van der Haar, Dr. Olaf Koob, Kurt Burghard und Peter Fischer (Heilstätte Sieben Zwerge), Elliot Hiller (Lebensstudien-Gemeinschaft Melchiorsgrund), Aalt van den Berg (Stichting Arta), Bodo Franz und Hans Bergmann; weitere Artikel und Abbildungen. ISBN 3-926841-01-X

Heft 17 – KULTURVERGIFTUNG: ALKOHOL

168 Seiten, kart., DM 7,80

"Der mürbe Becher" – Die historische Mission des Alkohols. / Über die physischen, seelischen und geistigen Wirkungen des Alkohols. Alkohol und Meditation. / "Seele im Schatten" – Gespräch mit Anonymen Alkoholikern. / "Alfred" – Selbsterfahrungsbericht. /"Wer zahlt die Zeche?" – Therapie im sozialen Verbund. / "Im Schatten des Räderwerks" –Alkohol in der Arbeitswelt.

Interviews mit Günter Mazur, Rita Rußland (IG Metall), Dr. Olaf Titze und Dr. Heinz Hartmut Vogel; weitere Artikel und zahlreiche Abbildungen. ISBN 3-926841-02-8

Heft 18 – BIOLOGISCH-DYNAMISCHE LANDWIRTSCHAFT, ÖKOLOGIE, ERNÄHRUNG

220 Seiten, kart., DM 12,80

Die Grundlage und die Methoden der biologisch-dynamischen Landwirtschaft. Beispiele aus Praxis, Erkenntnisbemühung und Forschung. / Saatgut und Pflanzenveredelung. / Der landwirtschaftliche Hof als Organismus, Individualität und Kulturstätte. / Konflikte oder Ergänzung zwischen Landwirtschaft und Naturschutz. / Degenerierte und vollwertige Ernährung. / Zusammenhänge zwischen Radioaktivität und AIDS?
Interviews mit Hellmut Finsterlin, Prof. Dr. Berndt Heydemann, Dr. Manfred Klett, Prof. Dr. Herbert H. Koepf, Dr. Udo Renzenbrink und Georg W. Schmidt, weitere Artikel und zahlreiche Abbildungen.

ISBN 3-926841-03-6

Heft 19 – MUSIK

2. Auflage, 184 Seiten, kart., DM 16,80

Entwicklung der Musik; Musik der Gegenwart. / "musica humana" - Was ist Musik? Die Verständnisschwierigkeiten für den Laien. Anthroposophie und Musik. / "Wo Dir der liebe Gott den Bleistift hält" - Durch Musik zum Selbst. Musik und Meditation. / "Jazz - Ausdruck des Zeitgeistes oder Magie?" / "Höre, so lebt Deine Seele jetzt!" - Wege zu einem neuen Hören. / "Ich kann mich verpuppen, sooft ich will" - Kosmische Klänge und Wiedergeburt. / "Wo Musik lebendig ist..." - Karlheinz Stockhausen. / "Schräge Töne" - Impressionen außereuropäischer Musik. / "Urmusikalisches" - Die Bedeutung des Zahlenhintergrundes der Musik im Wandel der Musikepochen. / Arvo Pärt. / Bob Dylan. / Terje Rypdal. / Frank Zappa. / "Natas - Satan" - Rückwärts gesprochene Texte auf Rock-Platten.
Gespräche und Interviews mit Pär Ahlbom, Prof. Joachim Ernst Berendt, Peter Michael Hamel, Diether Rudloff, Dr. Ingo Schultz und Karlheinz Stockhausen; weitere Artikel, u. a. von Prof. Dr. Hermann Pfrogner, und Abbildungen.

ISBN 3-926841-06-0

Heft 20 – SEXUALITÄT, AIDS, PROSTITUTION

2. Auflage, 170 Seiten, kart., DM 14,80

Anthroposophische Grundlagen der Sexualität. Instinkt, Trieb, Begierde. Der Unterschied von weiblicher und männlicher Sexualität. Die Paradoxie der Sexualität in sich selber. Perversionen der Liebe. / Geschlechtserziehung. AIDS in der Schule. / AIDS-Aufklärungskampagnen des Sozialministeriums von Schleswig-Holstein. Ein Besuch in den AIDS-Kliniken San Franciscos. / Gesprächsrunde mit einem HIV-Positiven über die Arbeit in Beratungsstellen. / "Die Lady mit der Peitsche" - Gespräch mit einer Domina über Prostitution und sadomasochistische Praktiken. / Gespräche mit einer minderjährigen Prostituierten, Mitarbeiterinnen des Café Sperrgebiet (Beratungsstelle für minderjährige Prostituierte) sowie Mitarbeiterinnen der Kaffee-Klappe (Treffpunkt für Frauen in St. Pauli). / Sexuelle Gewalt in der Familie.
Interviews mit Sozialministerin Gräfin Ursula von Brockdorff, Christina, Martina Funke, Wolfgang Gädeke, Marianne Kipp, Stefan Leber, Hilde Müller, Liliane von Rönn; weitere Artikel.

ISBN 3-926841-09-5

Heft 21 – AIDS

164 Seiten, kart., DM 14,80

HIV-Infektion und Immunschwäche - Verwechslung von Ursache und Wirkung. Schwächung des Immunsystems durch radioaktive Niedrigstrahlung und andere Umweltbelastungen. Der Petkau-Effekt. / AIDS - Krise des Männlichen? / "Die Rache des Kongo" / AIDS-Bekämpfung. Ist AIDS ein Problem Homosexueller? Epidemiologisches. / Was ist ein Virus? Wie funktioniert das Immunsystem? Die stofflichen Grundlagen der HIV-Infektion und des AIDS. / Naturwissenschaftliche Grundlagen der HIV-Infektion. AIDS-Forschung. Gibt es Hoffnung auf einen Impfstoff?
Interviews mit Michael Debus, Dr. med. Ruth Jensen, Prof. Dr. Meinrad Koch, Dr. Michael G. Koch, Prof. Dr. Jens Scheer, Prof. Dr. Wolfgang Stille.

ISBN 3-926841-10-9

Heft 22 – ERKENNTNIS UND RELIGION

Zum Verhältnis von Anthroposophischer Gesellschaft und Christengemeinschaft

132 Seiten, kart., DM 14,80

Der Erkenntnisakt. Der anthroposophische Schulungsweg. Der menschenkundliche Ansatz der Erkenntnis und der Religion. Der Lebens- und Willensaspekt der Religion. Kultus als Bindemittel für das soziale Ganze. Anthroposophie will keine Religion sein! Die sieben Kultusformen. Religion im Lebensgang Rudolf Steiners. Die Christengemeinschaft kam in letzter Sekunde. Der Vortrag vom 30.12.1922. Das Verhältnis von Anthroposophischer Gesellschaft und Christengemeinschaft zueinander und das des einzelnen Menschen zu beiden Bewegungen. Sakramente. Die Bestattungsfrage.
Interview mit Rudolf und Wolfgang Gädeke.

ISBN 3-926841-13-3

Heft 23 – ENGEL

192 Seiten, 8 farbige Abbildungen, kart., DM 16,80

Die Wesenheit des Engels. Schutzengel und ihre Mitgestaltung im menschlichen Schicksal. Die nächtliche Begegnung mit dem Engel. Wenn die Verbindung zu dem Engel abreißt. Das Mitwirken der Engel im Kultus, beim Gebet und der Meditation. Höhere Engel und ihre Verbindung mit Menschengemeinschaften. Der Mensch als Partner des Engels. / Schicksalsbejahung. / Engel und Kinder. Engel als Vorbild in der Selbsterziehung. / Zur Engellehre des Scotus Eriugena und des Thomas von Aquin. Die wechselseitige Beziehung von Mensch und Engel im Denken. / Geflügelte Wesen in der Kultur der Menschheit. / Entwicklung der Engellehre vom AT bis heute in der jüdischen und christlichen Tradition. Entwicklung der Engeldarstellung in der christlichen Kunst. / Auszug aus dem ersten Treatment Wim Wenders zu seinem Film "Der Himmel über Berlin".
Interviews mit Gwendolyn Fischer, Dr. Dr. Wolf-Ulrich Klünker, Helmut v. Kügelgen, Hans-Werner Schroeder; zahlreiche Abbildungen.

ISBN 3-926841-15-X

Heft 24 – DIREKTE DEMOKRATIE

1789–1989 – 200 JAHRE FRANZÖSISCHE REVOLUTION

240 Seiten, kart., DM 14,80

Möglichkeiten der direkten Volksgesetzgebung in der BRD und Schleswig-Holstein. Repräsentative und direkte Demokratie. / Die Französische Revolution als ruckartige Nachholung einer verhinderten Entwicklung. Menschenrechte. Die Ideale Freiheit, Gleichheit, Brüderlichkeit. Tugend und Terror. Robespierre und Rousseau. "Während der Französischen Revolution sprachen zum ersten Mal Menschen als Menschen." Vormärz und die deutsche Revolution von 1848. Der preußische Nationalgedanke als Todeskeim für Mitteleuropa. / Als Anthroposoph im Bundestag. Die sinnlose und festgelegte Zeremonie der Bundestagsdebatten. Das Gewissen der Abgeordneten. Arbeitsüberlastung in den Ausschüssen. Politisches Engagement. Die Gestaltung einer neuen Rechtsordnung aus dem Zusammenleben der Menschen. Die Rechtssphäre als vergessene Schicht. Direkte Demokratie. Gibt es ein Unabstimmbares? / "Die Erweiterung des Ozonlochs ist nur durch die Erweiterung des Kunstbegriffs zu stoppen!" – Soziale Skulptur und erweiterter Kunstbegriff. Politik als Gestaltungsaufgabe. Falsche Einweihungsdampfer und freies Geistesleben. Das Beispiel der Waldorfschulen. Der Hase und die Sonne. / "Beuyme" – ein Telefongespräch mit Joseph Beuys / Jumbo – Omnibus für Direkte Demokratie / Die Petition an die Enquete-Kommission des schleswig-holsteinischen Landtags.
Interviews mit Joseph Beuys, Hans Peter Bull (SPD, Innenminister des Landes Schleswig-Holstein), Gerald Häfner (MdB, DIE GRÜNEN), Heiko Hoffmann (CDU, Oppositionsführer im schleswig-holsteinischen Landtag), Brigitte Krenkers, Prof. Dr. Renate Riemeck, Johannes Stüttgen sowie weitere Artikel und Abbildungen.

ISBN 3-926841-16-8

Heft 25 – RECHTSLEBEN UND SOZIALE ZUKUNFTSIMPULSE

Von Rudolf Steiners Dreigliederungsidee zur direkten Volksgesetzgebung

242 Seiten, kart., DM 16,80

Direkte Volksgesetzgebung, plebiszitäre Elemente in der historischen Entwicklung. Volksgesetzgebung in der Weimarer Verfassung und der Gründungsverfassung der DDR. Volksbegehren in den Besatzungszonen. Der Parlamentarische Rat und die Entwicklung des Grundgesetzes. Die Verankerung der direkten Volksgesetzgebung im Grundgesetz. Rechtslogik im Grundgesetz. Vorgehensweise der Aktion Volksentscheid. Unterschiedliche Standpunkte und Kritik am Volksentscheid. Der Souverän des Geisteslebens, des Rechtslebens und des Wirtschaftslebens. Der Demokratiebegriff. Die Sphäre der Rechtsideen. Recht und Gewissen. Soziale Meditation. Der Rechtsfindungsprozeß in Gruppen. Der Politikbegriff. Anthroposophie, Anthroposophen und Politik. Das Walten der Erzengel in den Prozessen des Rechtslebens. / Volksentscheid ein Weg zur Mediendiktatur? / Zukunftswerkstätten: Die Kraft der Ideale und der menschlichen Verbindung. / Der unbewußte Schwellenübertritt der Menschheit und der Kulturimpuls der Anthroposophie. Auf dem Weg zur Freiheitsgesellschaft neue Fähigkeiten ausbilden! / u.v.m.

Interviews mit Karl-Martin Dietz (Hardenberg-Institut, Heidelberg), Wilfried Heidt (Aktion Volksentscheid, Institut für Dreigliederungsentwicklung, Achberg), Robert Jungk (Internationale Bibliothek für Zukunftsfragen, Salzburg), Karl Otto Meyer (SSW) sowie weitere Artikel und Abbildungen. ISBN 3-926841-17-6

Heft 26 – MICHAEL / JANUSKOPF BUNDESREPUBLIK

184 Seiten, 8 farbige Abbildungen, kart., DM 16,80

Der Erzengel Michael in der bildenden Kunst. / Michael-Verehrung im Mittelalter. / Michael im Kampf mit dem Bösen. Luzifer, Ahriman, Sorat. Die Drachenkämpfe in der Vergangenheit, Gegenwart und Zukunft. Die zerstörerische Kraft des Nationalismus. Noch nie war klares Denken so notwendig. Die Erlösung des Bösen. / Michaels Wirken im Denken. / Zum michaelischen Impuls der Naturwissenschaften. / Das Michael-Bild in der Waldorfschule. / Michaeli im Waldorfkindergarten. / "Er wallet als Wesen wie eine Welt". / Zum 1. September 1989. / Gegenwärtige Probleme der Forschung über den deutschen Volksgeist. Wes Geistes Volk? / "Januskopf Bundesrepublik" – Eine Bilanz nach 40 Jahren. Vortrag von Ralph Giordano. / u.v.m.

Ein Interview mit Gabriele Moje, ein Reihe von Artikeln und der Vortrag von Ralph Giordano sowie zahlreiche Abbildungen. ISBN 3-926841-22-2

Heft 27 – STRAFPROZESS – STRAFVOLLZUG – RESOZIALISIERUNG

224 Seiten, kart., DM 16,80

Eine Dokumentation über dieThemengebiete Strafprozeß, Strafvollzug, Resozialisierung, Erneuerung des Strafvollzugs, das Wesen der Kriminalität, Grundlagen des Strafrechts, Eurythmie im Strafvollzug sowie über die Wurzeln der Isolationshaft in der Verhaltens- und Deprivationsforschung.

Interviews mit dem Leiter der JVA Hannover, Götz Bauer, Staatsanwalt Karl-Heinz Denzlinger, einem Bewohner der Wohngruppe der Carl-Theodor-Welcker-Stiftung, den Mitarbeitern und Initiatoren des Vereins für Straffälligenhilfe, "Maßstab e.V.", dem Richter des OLG Schleswig, Dr. Ernst-Martin Krauss, dem ehemaligen Insassen Denìs Pécìc, dem Professor für Strafrecht und Rechtswissenschaft, Dr. Wolfgang Schild, dem ehemaligen Direktor der JVA Santa Fu, Dr. H.-D. Stark sowie Berichte aus der Arbeit des Sozialen Gemeinschaftswerks e.V., Projekt "Knackpunkt". Abbildungen. ISBN 3-926841-20-6

Sämtliche Ausgaben der FLENSBURGER HEFTE sowie die Buchveröffentlichungen unseres Verlages können über den Buchhandel oder direkt beim Verlag bezogen werden.

Abonnement-Bedingungen: Jahresabonnement (1990: Hefte 28 bis 31) DM 39,50 inkl. Porto; ermäßigt: DM 29,50. — Das Abonnement kann jederzeit beginnen, und es verlängert sich jeweils um ein weiteres Jahr, wenn es nicht bis zum 30.11. des laufenden Jahres gekündigt wird (Ausnahme Geschenk-Abonnement). Sonderhefte sowie zurückliegende Jahrgänge (Hefte 11 bis 23; ab 01.01.1990 also auch Hefte 24 bis 27) sind nicht (mehr) im Abo erhältlich.

Einzelversand: Verkaufspreise zuzüglich Porto und Verpackung. Vorbestellungen werden vorgemerkt, Lieferung sofort nach Erscheinen. **Zahlungen bitte erst nach Rechnungserhalt!**

FLENSBURGER HEFTE VERLAG, Holm 64, D-2390 Flensburg, Tel.: 0461/2 63 63 u. 2 14 72